JÜRGEN UDOLPH
SEBASTIAN FITZEK

Professor Udolphs Buch der Namen

Buch

Aussuchen dürfen wir ihn nicht, aber er prägt unser ganzes Leben: der Nachname. Professor Udolph lädt ein zu einer spannenden Reise in die Vergangenheit, hunderte Jahre zurück bis zu den Ursprüngen der ersten Familiennamen. Dabei entschlüsselt er Herkunft und Bedeutung von bekannten, aber keinesfalls selbsterklärenden Nachnamen wie *Adenauer, Kafka, Beckenbauer* oder *Klum* und verdeutlicht, dass komische oder unanständig erscheinende Namen wie *Rescheiße* in der Regel falsch verstanden werden, wohingegen scheinbar eindeutige Namen wie *Klauer, Hupe* oder *Flegel* oftmals in die Irre führen. Wussten Sie, dass *Nonnenmacher* einer genannt wurde, der ... Schweine »zur Nonne machte«, also kastrierte? Von Kalendernamen (z.B. *Merz*), Satznamen (*Störtebecker* = »stürz den Becher«) über Pseudonyme bis hin zur ersten vollständigen Analyse des Namens *Hitler* – dieser aufschlussreiche Streifzug durch die deutsche Namengeschichte bietet unzählige Erkenntnisse, auch aus der jüdischen Namengebung oder der Städtenamenforschung. *Magdeburg* hat demnach übrigens ebenso wenig mit der »Burg der Mägde« zu tun, wie *Berlin* mit seinem Wappentier, dem Bären.

Autoren

Prof. Dr. Jürgen Udolph, Jahrgang 1943, war nach Studium und Promotion (1978) wissenschaftlicher Angestellter an der Akademie der Wissenschaften und der Literatur Mainz in der Kommission für Vergleichende Sprachwissenschaft. Seit Oktober 2000 ist er Professor für Namenforschung (Onomastik) an der Universität Leipzig. Der »Herr der Namen« (SPIEGEL) ist europaweit bekannt und genießt hohe Präsenz in Funk und Fernsehen.

Dr. Sebastian Fitzek, Jahrgang 1971, ist Journalist, Autor und Entwickler von TV-Formaten. Zuletzt hat er mit Jürgen Udolph an der Konzeption einer großen Samstagabend-Show rund um das Thema Namenforschung gearbeitet. Zudem veröffentlicht er Sachbücher und Romane.

Jürgen Udolph
Sebastian Fitzek

Professor Udolphs Buch der Namen

Woher sie kommen
Was sie bedeuten

GOLDMANN

FSC
Mix
Produktgruppe aus vorbildlich
bewirtschafteten Wäldern und
anderen kontrollierten Herkünften

Zert.-Nr. SGS-COC-1940
www.fsc.org
© 1996 Forest Stewardship Council

Verlagsgruppe Random House FSC-DEU-0100
Das FSC-zertifizierte Papier *München Super* für Taschenbücher
aus dem Goldmann Verlag liefert Mochenwangen Papier.

1. Auflage
Taschenbuchausgabe März 2007
Wilhelm Goldmann Verlag, München,
in der Verlagsgruppe Random House GmbH

Umschlaggestaltung: Design Team München
unter Verwendung des Motivs der Hardcoverausgabe,
einer Illustration von Ruth Botzenhart
KF · Herstellung: Str
Druck und Bindung: GGP Media GmbH, Pößneck
Printed in Germany
ISBN: 978-3-442-15428-9

www.goldmann-verlag.de

»Vergib deinen Feinden, aber vergiss niemals ihre Namen.«

John F. Kennedy (35. Präsident der USA; 1917–1963)

Inhalt

Zu diesem Buch

Die Funktion eines Namens ist eindeutig und schnell erzählt: Er dient der Identifizierung einer Person und ermöglicht die Abgrenzung von anderen Menschen. Dieser Funktion wird er zumindest in Deutschland gerecht, obwohl sich in der Bundesrepublik mehr als 80 Millionen Menschen über eine Million Nachnamen teilen müssen. Und abgesehen davon, dass mehr als 755 000 Menschen auf den häufigsten Nachnamen Müller hören, ist eine Unterscheidung zweier Menschen in den meisten Fällen ohne größere Probleme möglich. Denn spätestens seit dem 12. Jahrhundert wurde dies mit der Entstehung eines zweigliedrigen Namens, der fortan aus Ruf- *und* Familiennamen bestand, nochmals erheblich vereinfacht.

Noch interessanter und vielschichtiger als die Funktion von Namen ist deren Bedeutung. Für den einen ist der Name das stolze Zeugnis, einer angesehenen und mächtigen Familie anzugehören (früher sprach man davon, jemand sei »von hohem Stand geboren«). Für die anderen bedeutet er eine lebenslange Last, mit einem vermeintlich einfachen (Hinz), lächerlichen (Morgenschweiß) oder in Verruf geratenen Namen geschlagen zu sein, wie es sicherlich bei *Hitler* der Fall wäre.

Wichtiger als ihre Funktion ist somit der Einfluss, den Namen seit Jahrhunderten auf das Leben der Menschen besitzen. Dieser Einfluss ist – ohne zu übertreiben – nahezu unermesslich.

Da der Nachname uns ohne unser Zutun verliehen wurde, nehmen wir ihn meistens als unveränderlich hin. Deshalb weiß kaum jemand, dass sein Verlust sehr schmerzhaft wäre. Denn erst ein Name macht aus einer Person eine Persönlichkeit. Erst durch ihn klettern wir auf der Leiter der Evolution von der Sprosse eines hoch entwickelten Säugetiers zu der eines Menschen mit eigenem Bewusstsein. Wenn es überhaupt eine Zeit gibt, in der wir ohne Namen auskommen, dann sind es allenfalls die ersten Lebensjahre. Es heißt, das Bewusstsein des Menschen entwickle sich im Alter von drei Jahren. Nach jüngsten Untersuchungen nimmt das Kleinkind erst zwischen dem 18. und dem 24. Lebensmonat sein eigenes Gesicht im Spiegel als Abbild seiner selbst wahr. Davor haben wir dieses Entwicklungsstadium noch mit fast allen Tieren gemeinsam: Mit der Ausnahme von Orang-Utans und Delphinen »wissen« Tiere nicht, dass sie überhaupt auf der Welt existieren, und erschrecken vor ihrem eigenen Spiegelbild. Deshalb brauchen sie im Gegensatz zu uns auch keinen Namen. Als Bestandteil der Herde ist dieser Grad der Identifikation für sie nicht notwendig. So betrachtet hat ein Name ebenso wie die Sprache eine noch viel existenziellere Bedeutung: Er markiert auch den Unterschied zwischen Mensch und Tier. Seine Identifikationsfunktion mag vielleicht durch einen Fingerabdruck oder eine DNA-Analyse ersetzbar sein. Von seiner gesellschaftlichen Bedeutung her ist er unverzichtbar und zählt zu den wichtigsten persönlichen Merkmalen in unserer Zeit. Vielleicht ist er sogar *das* wichtigste Merkmal überhaupt. Denn ohne einen Namen wäre das zivilisierte Leben, wie wir es derzeit in Europa und in den meisten Industrieländern führen, überhaupt nicht denkbar.

Das fängt bereits morgens nach dem Aufstehen an. Damit die Zeitung samt Post im richtigen Briefkasten landet, sollte ein unterscheidungskräftiger Name sowohl auf dem Briefkasten als auch auf den Umschlägen stehen, die der Postbote zu verteilen hat. Das Geld, das wir verdienen, muss auf dem richtigen Konto bei dem richtigen Kreditinstitut landen. Sowohl für die Anstellung in einer Firma als auch bei der Eröffnung des Bankkontos ist ein individualisierbarer Name also unverzichtbar. Interessant ist in diesem Zusammenhang auch der oft beklagte Umstand, man sei als Arbeitnehmer oder als Kunde bei großen Firmen »nur eine Nummer« und keine Person. Doch selbst wenn der Lohn bar ausgezahlt werden würde, gäbe es ohne Namen unüberbrückbare Schwierigkeiten, das Geld wieder auszugeben. Hotels, Autovermietungen, Internetfirmen, Videotheken und viele andere Unternehmen verlangen heutzutage einen Identitätsnachweis, bevor sie ihre Produkte und Dienstleistungen zur Verfügung stellen. Ganz zu schweigen von den meisten ausländischen Nationen, die reisende Urlauber nur dann ins Land lassen, wenn sie einen Pass vorlegen können, in dem der Inhaber mit seinem eigenen Namen unterschrieben hat.

»Wie heißt du?« ist die Frage, die Fremde wohl am häufigsten stellen, meistens gleich zu Beginn der Bekanntschaft. Wenn aus der flüchtigen Begegnung mit einem gut aussehenden, klugen, sympathischen Menschen aber mehr werden soll, ist es unbedingt erforderlich, seinen Namen zu erfahren. Bei vielen würde es ohne ihn noch nicht einmal zu einem ersten Date kommen. Denn wem schickt man eine SMS, wenn der Name nicht im Handy gespeichert ist?

Auch unsere gesamte demokratische Verfassung basiert darauf, dass wir die Dinge *beim Namen* nennen können: Das Grundgesetz spricht in Artikel I nicht von der Würde der Menschheit, sondern von der *des Menschen*. Diese kann aber nur dann unantastbar sein, wenn jeder einzelne Mensch individualisierbar ist. Im DDR-Gefängnis Bautzen II hatten die Häftlinge neben allen persönlichen Dingen auch ihren Namen abzugeben. Bis Sommer 1965 nahm ihnen diese Regelung jegliche Identität. Sie durften sich nicht mit ihrem Namen melden, sondern nur mit ihrer Gefangenennummer.[1]

Der Mensch braucht also einen Namen, wenn er am sozialen und politischen Leben teilhaben will. Tatsächlich würde

1 FAZ vom 13. 12. 2004

ohne ihn unser gesamtes Rechtssystem in sich zusammenbrechen. Denn ein wesentliches Grundprinzip der Demokratie ist es, die Herrschaft des Volkes auf einzelne, ausgewählte Volksvertreter zu übertragen. Die Politiker können Wahlkampf betreiben, so viel sie wollen. Um in einer Wahl zu gewinnen, benötigen sie zumindest ihren Namen auf einer Liste, hinter dem die Wähler ein Kreuz machen können. Die Namen der Politiker stehen hier im Wettbewerb, ganz genauso wie Markenartikel im Supermarkt. Vermutlich ist das der Grund, warum die Werbung für einen Politiker, mit deren Nachnamen wir uns nachher noch ausführlicher beschäftigen werden, mittlerweile durchaus Ähnlichkeiten mit der für einen Markenartikel aufweist.

Auch unser gesamtes Wirtschaftssystem basiert auf dem Gedanken des Wettbewerbs, der immer mehr ein Wettbewerb der Namen ist. Ein Namenloser könnte nie als Sieger im Kampf um die Gunst des Kunden hervorgehen. Hier zeigt sich, dass nicht nur Personen eine Kennzeichnung benötigen, sondern auch Produkte. Der Käufer kann im Supermarkt nur dann zwischen mehreren Erfrischungsgetränken wählen, wenn sie sich für ihn in einer wiedererkennbaren Art und Weise unterscheiden. Das ist der Grund, warum Firmen Millionen und Abermillionen für knallige Produktnamen ausgeben, diese weltweit schützen lassen, um dann noch mehr Geld in Werbekampagnen zu investieren, damit sich der Markenname auch dauerhaft einprägt.

Filme werden mit den Namen großer Schauspieler beworben. Die Bücher von Erfolgsautoren finden größeren Absatz als die eines noch namenlosen Newcomers, und ein *Picasso* oder ein *van Gogh* erzielt ganz andere Auktionspreise als das Bild eines sehr begabten, aber unbekannten, noch nicht *namhaften* Künstlers.

Längst hat sich die Bedeutung von Namen in unserem Sprachgebrauch verankert. Wir sprechen von namhaften Persönlichkeiten und Institutionen. Wir wollen mit unserem »guten Namen« bezahlen, wenn wir unsere Kreditkarte an der Kasse vorzeigen. Wir geben uns am liebsten mit Menschen »von Rang und Namen« ab und bedauern »ein namenloses Heer« von Toten. Der Volksmund irrt, wenn er sich auf Goethes Faust beruft: *»Namen sind Schall und Rauch.«* (Wer genau nachliest, erkennt, dass Faust sich mit diesem Wort nur davor drückt, das »höhere Wesen, an das er glaubt«, mit dem Namen »Gott« zu belegen.) Vielmehr gelten die Worte Jacob Grimms: *»Es gibt ein lebendigeres Zeugnis über die Völker, als Knochen, Waffen und Gräber, und das sind ihre Sprachen«.*[2] Und an anderer Stelle: *»...ohne die eigennamen würde in ganz frühen jahrhunderten jede quelle der deutschen sprache versiegt sein, ja die ältesten zeugnisse, die wir überhaupt für diese aufzuweisen haben, beruhen gerade in ihnen ... eben deshalb verbreitet ihre ergründung licht über die sprache, sitte und geschichte unserer vorfahren.«*[3]

Auf Grimms Initiative hin stellte übrigens die Berliner Akademie der Wissenschaften für das Jahr 1849 eine Preisaufgabe: Ein Wörterbuch der altdeutschen Orts- und Personennamen sollte erstellt werden. Ernst Förstemann legte einen Entwurf vor und erhielt den Preis von 100 Dukaten. Aus diesem Entwurf entstand das für uns nach wie vor wichtigste Werk: *Das Altdeutsche Namenbuch.* Es ist ein großes und wertvolles Hilfsmittel, das ich in meiner täglichen Arbeit an der Universität und natürlich auch für dieses Buch oft konsultieren musste, obwohl es schon mehr als einhundert Jahre alt ist.

Anders als viele hervorragende Schriften zum Thema Namenforschung ist dieses Buch, das Sie gerade in den Händen halten, kein Lehrwerk. Es soll Sie auf unterhaltsame Art mit der faszinierenden Welt unserer Namen bekannt machen. Auf langatmige wissenschaftliche Ausführungen wird daher möglichst verzichtet. Für die Fälle, bei denen es mir nicht gelungen ist, Sie spannend zu unterhalten, bitte ich jetzt schon um Entschuldigung. Meinen Kolleginnen und

2 J. Grimm, *Geschichte der deutschen Sprache,* Leipzig 1845, S. 5.
3 J. Grimm, *Kleinere Schriften,* Bd. 5, Berlin 1871, S. 297.

Kollegen sei gesagt, dass die hier gewählten Namengruppierungen natürlich nicht den anerkannten Grundsätzen der Onomastik (so die griechische Bezeichung für Namenkunde) entsprechen. Sie dienen nur dem Lesevergnügen.

Sollten Sie eine ausführliche Analyse und Interpretation von Vornamen vermissen, so gebe ich Ihnen im Anhang weiterführende Hinweise zur eigenen Recherche. Die folgenden Kapitel beleuchten im Schwerpunkt die Herkunft und die Bedeutung individuell ausgewählter Familien-, also Nachnamen.

Teil I
Woher kommen unsere Familiennamen?

Namen sind etwas Seltsames. Gleichgültig, ob wir Ortsnamen wie *Nordenham, Einswarden, Butjadingen, Waddens, Weser, Lehe* und *Drangstedt* nehmen oder Familiennamen wie *Tirpitz, Szymanski, Stemplinski, Karkowsky, Wewior, Wowereit, Mikulla, Sawade* oder *Riebicke* – der Sinn bleibt uns eigentlich verschlossen. Während wir gedanklich bei Wörtern wie *Stuhl, Auto, Stadt, Fluss, Buch, Computer* und so fort blitzschnell eine Vorstellung von den Dingen haben, ist uns dies bei Namen meistens nicht möglich. Denn welche *sprachliche* Bedeutung haben *Berlin, Moskau, London, Paris, Stockholm, Bremen, Hamburg*? Und warum gibt es so merkwürdige Familiennamen wie *Deutschbein, Wolkenhauer, Giesbier, Zinkernagel, Rathsack, Kochrübe, Holzapfel, Raffke, Bleifuß, Butterbrodt, Himmelheber, Thürnagel, Frankenstein, Knochenmus, Kindervater* oder *Brühschwein*?

Kann man herausbekommen, was dahinter steckt? Natürlich. Denn jeder Name hat eine ursprüngliche Bedeutung, die sich uns nur heute oft nicht mehr von selbst erschließt, weil sich der Name im Lauf von Jahrhunderten in Aussprache, Schreibweise und auch inhaltlich verändert hat. Der Name *Geiler* etwa kommt ursprünglich von dem mittelhochdeutschen *geilaere*, dem »fröhlichen Gesell«. Neben der Schreibweise veränderte sich auch seine vermeintliche Bedeutung. Genauso wie bei *Pagenkopf*: Heute beschreibt das Wort eine Frisur. Früher war es ein gehässiger Name für jemanden mit einem großen Kopf, denn *page* ist niederdeutsch und heißt »Pferd«.

Die wenigsten Menschen wissen, dass die Namenforschung eine anerkannte wissenschaftliche Disziplin ist. Ich selbst verdanke ihr meine Professur für Onomastik an der Universität Leipzig. Wurde man einmal, so wie ich vor langer Zeit, mit dem »Namenvirus« infiziert, so lässt einen der Forscherdrang nie wieder los: Zuerst betreibt man die eigene Ahnenforschung, dann – eher früher als später – wird man zu seinem Telefonverzeichnis greifen und beinahe jeden darin eingetragenen Namen hinterfragen. Bis man schließlich alle Bekannten und Verwandten mit den Worten empfängt: »Hast du dich eigentlich einmal gefragt, was dein Name bedeutet?« Ich warne Sie schon jetzt vor diesem Effekt. Und ich bedanke mich bei Ihnen dafür gleich im Voraus. Denn durch Ihr Interesse und Ihren Wissensdrang sichern Sie den Fortbestand und Erhalt der Namenkunde.

In den folgenden Kapiteln werden wir gemeinsam zu einer Reise zu den Wurzeln unserer Herkunft aufbrechen. Dabei ist es mir leider nicht möglich, die Nachnamen aller Deutschen zu behandeln. Ich habe daher eine Auswahl vorgenommen. Sie als Leser sollen in erster Linie Spaß dabei haben und möglichst Ihre Leidenschaft für Namenforschung entdecken. Ich begnüge mich aber nicht mit einigen netten Anekdoten, sondern werde Ihnen immer auch allgemein gültige Hinweise geben, wie Sie der Bedeutung Ihres eigenen Namens näher kommen. Wichtige Materialien dazu finden Sie im dritten Teil des Buches.

Doch bevor wir unsere Reise beginnen, müssen wir noch einige wenige Vorkenntnisse in unsere Koffer packen. Es ist nämlich wichtig zu wissen, dass es vielfach mehrere und manchmal gar keine eindeutigen Ergebnisse der Bedeutungsanalyse eines Namens geben kann. Warum das so ist, werden Sie verstehen, wenn ich Ihnen kurz einige Grundzüge unserer wissenschaftlichen Arbeit erläutere. Ich verspreche Ihnen, dass es schnell geht – und dass für Sie die Lektüre dieses Buches danach noch unterhaltsamer sein wird.

Zunächst einmal muss klar sein, dass wir es bei der Betrachtung von Namen immer mit Sprache zu tun haben. Und die Sprache ist ein Perpetuum mobile – immer in Bewegung, sie verändert sich ständig. Wenn wir heute einen Namen untersuchen, ist es so, als ob wir einen Film über die sprachliche Entwicklung rückwärts abspielen. Oft reisen wir Hunderte von Jahren in der Zeit zurück: so lange, bis wir bei der Geburtsstunde des Namens angelangt sind. Sie können sich diesen Erkenntnisprozess an einem ganz einfachen Beispiel verdeutlichen. Die Situation dürfte wohl fast allen bekannt sein: Eine Großmutter kommt zu Besuch. Sie hat ihr Enkelkind ein halbes Jahr lang nicht gesehen. Was sagt sie? »Bist du aber groß geworden!« Den Eltern des Kindes ist diese Entwicklung vielleicht gar nicht so deutlich aufgefallen. Durch den ständigen Umgang mit dem Nachwuchs sind Veränderungen relativ schwer zu verfolgen.

Auch die Sprache verändert sich tagtäglich. Und deshalb haben sich ebenso unsere Namen über die Jahrhunderte in Form, Schrift und Klang gewandelt. Prinzipiell geschieht dieser Prozess unmerklich. Für den Wissenschaftler ist er aus dem zeitlichen Abstand heraus aber deutlich erkennbar. Oft ist die Forscherarbeit spannend und gleicht einem Krimi. Im 19. Jahrhundert stellten Engländer in Indien, der damaligen englischen Kolonie, bei der Lektüre von Schriften in Sanskrit fest, dass diese altindische hoch altertümliche Gelehrtensprache gewisse Ähnlichkeiten mit europäischen Sprachen aufweist, zum Beispiel im Wort für Mutter. Altindisch heißt es *mātár*. Es findet sich im Griechischen *meter,* und in Latein lautet es *māter.*

Sprache verändert sich. Namenforschung ist daher zwangsläufig Detektivarbeit. Die Spur der Veränderung muss bis zum Ausgangspunkt zurückverfolgt werden. Wenn Sprache statisch wäre oder ihre Geschichte nicht allzu lange zurückreichen würde, wäre unsere Arbeit um vieles leichter. »Telefon« beziehungsweise »Telephon« etwa kann kein altes Wort sein. Der Familienname »Telephonierer« wäre also zumindest zeitlich leicht einzuordnen.

Durch die Reglementierung der Namengebung mit den derzeit geltenden Namengesetzen und standesamtlichen Vorschriften ist die Entwicklung der Namen deutschen Ursprungs bis in alle Zukunft zementiert. Neubildungen gibt es nur noch bei Doppelnamen, Pseudonymen und Künstlernamen. In die Vergangenheit können wir aber bis in eine Zeit zurückschauen, in der es nur mündliche Überlieferungen, also noch bevor es überhaupt schriftliche Quellen gab. Das indogermanische Wort für hundert zum Beispiel (lateinisch *centum*; russisch *sto*; litauisch *šimtas*; altindisch *satám* und deutsch *hundert*) ist uralt und lässt sich auf eine ungefähre Grundform *kmtom* zurückführen.

Demnach stellt sich eine ganz einfache Frage: Gibt es einen Urnamen? Sind wir tatsächlich alle auch im wörtlichen Sinne auf *Adam* und *Eva* zurückzuführen?

An der Universität Leipzig fanden Sprachwissenschaftler Verwandtschaften zwischen zahlreichen Sprachen wie Germanisch, Keltisch, Lateinisch, Griechisch, Albanisch, Slawisch, Baltisch, Iranisch, Indisch und anderen. Sie folgerten daraus, dass diese Sprachen eine gemeinsame Quelle haben mussten, eine Ursprache, die lange vor Christi Geburt bestanden hat. Wo sie gesprochen wurde, ist bis heute umstritten, und eine Darstellung der wissenschaftlichen Diskussion würde hier den Rahmen sprengen. Fest steht aber, dass es einen einzigen Urnamen wegen der mannigfaltigen Evolution auf unserem Planeten wohl kaum gegeben hat. Und selbst wenn das der Fall gewesen wäre – die Veränderungen und Durchmischungen führten zu einer immer weiter gehenden Differenzierung verwandter Sprachen, sodass die alten Verbindungen für uns heute immer weniger kenntlich geworden sind.

Für die Namenforschung ist eine andere Erscheinung in der Sprachgeschichte von weitaus größerer Bedeutung: Wörter verschwinden mitunter völlig und tauchen nie wieder auf. Nur einige wenige Beispiele: Das althochdeutsche *gomman* für »Mann« ist heute nur noch in einem Wort enthalten: »Bräuti-gam«. Jetzt wird sein Sinn auch klar: Er ist der »Mann der Braut«. Das Wort *quad, quedan* für »sprechen« ist nur noch im Altenglischen und Isländischen erhalten. Das althochdeutsche *mihhil* für »groß« steckt in *Michelbach* und *Michelstadt* im Odenwald und in seiner niederdeutschen Form in *Mecklenburg*, während *Luxemburg* »Kleinburg« ist, da es das althochdeutsche *lützel* für »klein« enthält – erkennbar auch im englischen *little* und im niederdeutschen *lütt*. All diese Wörter sind aus unserem täglichen Sprachschatz verschwunden und werden zur zwischenmenschlichen Kommunikation nicht mehr gebraucht. Sie sind sozusagen »gestorben«.

Aber in unseren Namen bleiben sie oft auf ewig erhalten. Warum? Welche Gesetzmäßigkeit steckt dahinter?

Personennamen, Ortsnamen und Flussnamen sind unglaublich zäh. Sie verändern sich manchmal sprachlich, indem sie die Lautentwicklungen mitmachen, aber sie bleiben konstant am Ort oder in der Familie. Man kann sagen: Namen sind »der Friedhof der Wörter«. Denn ein einmal entstandener Name ändert sich nicht. Niemand wird auf die Idee kommen, zu Herrn *Meier* morgen Herr *Schulze* zu sagen oder zu *Paula Groß* etwa *Erna Klein*. Doch wann – und vor allen Dingen, wie – ist ein solcher Name denn nun endgültig entstanden?

Dies zu entschlüsseln ist die Aufgabe der Namenforschung, die in letzter Zeit dramatische Fortschritte gemacht hat. Zum besseren Verständnis will ich Ihnen einen kurzen geschichtlichen Abriss der Familiennamenentwicklung geben, bei dem gleichzeitig wichtige Begriffe der Onomastik erklärt werden.

Der Nachname war nicht immer da. Bis ins 12. Jahrhundert genügte meistens der Vorname, um eine Person zu identifizieren. Das um das Jahr 800 im Kloster Fulda von zwei Mönchen aufgezeichnete Hildebrandslied, in dem der Zweikampf des Vaters *Hildebrand* mit seinem Sohn *Hadubrand* beschrieben wird, ist ein hervorragendes Zeugnis für die Entstehung unterscheidungskräftiger Namen in der damaligen Zeit. Da ein Familienname noch nicht existierte, der Vater aber die Abstammung seines neu geborenen Sohnes allen anzeigen wollte, bediente er sich nach der Geburt eines üblichen Kunstgriffes. Er verwendete mit *-brand* einen Teil seines eigenen Rufnamens und kombinierte ihn mit einem neuen Bestandteil *Hadu-* zu dem Namen *Hadubrand.* Dadurch erkannte ein Hörer des Hildebrandsliedes in dem Moment, wo der Sohn *Hadubrand* seinen Namen nannte, dass hier Vater und Sohn sich anschickten, gegeneinander auf Leben und Tod zu kämpfen.

Der Nachname war noch nicht »erfunden«. Aber herausragende Persönlichkeiten wie Herrscher oder Heerführer hatten auch schon früher neben ihrem Vornamen einen Zusatz. Man denke nur an *Karl den Großen*, an *Gottfried von Bouillon* oder *Friedrich Barbarossa* »Rotbart«. Die Wirkung, die von dem Namen *»Karl der Große«* ausging, war so gewaltig, dass die Slawen aus dem Namen *Karl* das Wort für »König« ableiteten. Im Polnischen heißt es *król*, im Tschechischen *král* und auf Russisch *korol.* Doch mit dem Tod der Herrscher verschwanden ihre Namenzusätze, die auch Beinamen genannt werden. Sie wurden anders als unsere heutigen Personennamen nicht weitervererbt.

Die Mode der Rufnamengebung führte zu jener Zeit schließlich dazu, dass der heimische Vornamenschatz erheblich ausgedünnt war. Wenige Rufnamen waren populär, die einstige Vielfalt ging verloren, und so teilten sich viele Menschen denselben Vornamen.

Auch das rasante Städtewachstum war für die Entwicklung Rufname –> Beiname –> Nachname von erheblicher Bedeutung. Als Städte für immer mehr Menschen attraktiv wurden, erreichte die Bevölkerung dort bald eine so hohe Dichte, dass ein einzelner Name allein einfach nicht mehr ausreichte. Dennoch mussten die Menschen ja eindeutig anzusprechen sein. So entwickelte sich der Trend, ihren Rufnamen beschreibende Zusätze beizufügen. Man begann mit verlässlicher Regelmäßigkeit den einen *langer Hans* zu rufen, den anderen *Altenburger Hans* oder einen weiteren *Hans der Schmied.*

Auffälligerweise begann diese Entwicklung in solchen Städten, deren Bewohner im regen wirtschaftlichen Kontakt mit romanischen Orten und Ländern standen. Hier war die Namengebung bereits viel stärker vorangeschritten. Belege für Beinamen gibt es schon im Venedig des 9. Jahrhunderts. In Florenz und Verona kamen sie ein Jahrhundert später in Mode. In Städten wie Köln oder Regensburg, die zu den damaligen Drehkreuzen der Wirtschaft zählten, wurde diese Methode zuerst adaptiert. Aus diesem Grund schritt die Verbreitung der Beinamen vom Westen und Süden Deutschlands in die östlichen und nördlichen Richtungen voran.

Die bis zum 12. Jahrhundert noch vereinzelt vorkommenden rein individuellen Beinamen entwickelten sich so allmählich zum wichtigsten Bestandteil der Personennamen. Auch der Adel, der die Ländereien und Privilegien seinen Nachkommen vererben wollte, war ebenso wie die reichen Patrizier in den Städten, die ihr Vermögen ihren Söhnen hinterlassen wollten, an einer Eindeutigkeit in der Namenbezeichnung interessiert.

Hinter allen Vorgängen, die zur Entwicklung von Beinamen zu Familiennamen beitrugen, standen folglich meistens wirtschaftliche Interessen. Eine weitere logische Konsequenz war seit dem 13. Jahrhundert die Entwicklung einer Verwaltung, wie zum Beispiel der Aufbau von Stadtkanzleien in den deutschen Städten, in denen Namen registriert, entsprechende Listen geführt und verwaltet wurden. Doch Rechtssicherheit und Einheitlichkeit waren damit noch lange nicht gewährleistet.

Ein Grund für die heutige Mannigfaltigkeit der Namen ist, dass noch bis ins 17. Jahrhundert in Deutschland alle Namen völlig unproblematisch und ohne größeren Verwaltungsaufwand geändert werden konnten. In Bayern wurde diese Möglichkeit erst im Jahr 1677 per Verordnung abgeschafft. Viele Jahre später hatte man zum Beispiel in Friesland immer noch die Möglichkeit der freien Namenänderung. Der feste Familienname wurde für weite Teile Deutschlands erst 1811 per Dekret Napoleons verbindlich eingeführt.

Im 19. Jahrhundert verlangte der Staat nun auch von der jüdischen Bevölkerung in Deutschland einen festgeschriebenen Familiennamen. Im Rahmen einer Angleichung mit Anhängern christlicher Glaubensgemeinschaften forderte man auch sie zu einer einheitlichen Namenführung auf und gestand ihnen dabei die freie Wahl zu. Viele gaben sich bildhafte, wohl klingende Namen wie *Goldblum, Rosenberg, Rubin* oder *Lilienthal*, andere wiederum wählten Städtenamen wie *Oppenheimer, Mainzer* oder Vornamen wie *David, Isaak*. Der interessanten Geschichte und Herkunft jüdischer Namen ist an anderer Stelle dieses Buches ein ausführlicherer Abschnitt gewidmet.

Der letzte große Schritt zum einheitlichen festgeschriebenen Namen geschah schließlich im Jahr 1874 mit der Institutionalisierung der Standesämter. Jetzt kümmerten sie sich um die Registrierung aller Familiennamen, die nun endlich nicht mehr ohne wichtigen Grund einfach geändert werden durften.

Diese Geschichte der Familiennamengebung ist im Wesentlichen männerdominiert. Die Bäuerinnen, Köchinnen und Mägde des Mittelalters hatten im Allgemeinen weder einen Bei- noch einen eigenen Nachnamen, da sie aufgrund ihrer niedrigen Stellung und ihres leider geringen sozialen Ansehens in der Regel nicht offiziell am Wirtschaftsleben teilnahmen. Schon deshalb kann die heute noch immer weit verbreitete Annahme, der Ortsname *Magdeburg* sei ein »Ort der Mägde«, nicht stimmen. Der wahren Bedeutung werden wir im Kapitel über Städtenamen ausführlicher auf den Grund gehen.

Lediglich Frauen der Adelsgeschlechter und absolutistische Herrscherinnen machten hier eine Ausnahme: wie *Katharina von Medici*, die spätere Königin von Frankreich im 16. Jahrhundert oder *Katharina II. die Große*, Zarin von Russland im 18. Jahrhundert (die vor ihrer Eheschließung mit Zar Peter III. *Sophie Prinzessin von Anhalt-Zerbst hieß*).

Im Lauf der zunehmenden wirtschaftlichen Entwicklung mussten später aber auch einfache Frauen von Händlern und Handwerkern namentlich eindeutig zu identifizieren sein, wenn sie etwa im Heiratsvertrag oder Testament Pflichten begründeten oder Rechte erwarben. Das geschah meist bis zur Eheschließung durch den Zusatz des väterlichen Namens an den weiblichen Vornamen, wie das noch im 20. Jahrhundert in der Sowjetunion vorkam (da hieß beispielsweise die Tochter des Iwan, *Antonia,* mit Nachnamen *Iwanowna*).

Die fehlende Gleichberechtigung der Frau war noch bis Ende des letzten Jahrtausends spürbar. Verheiratete Frauen in Deutschland mussten gemäß dem Bürgerlichen Gesetzbuch (BGB) aus dem Jahr 1900 den Familiennamen ihres Ehemanns tragen. Diese Vorschrift wurde erst Ende des 20. Jahrhunderts hinfällig. Heute können Ehepartner sowohl den Familiennamen des jeweilig anderen führen, gegebenenfalls auch als Doppelname, als auch ihren eigenen Namen behalten.

Sie sehen, Ihr eigener Familienname hat eine lange, Jahrhunderte überdauernde Reise hinter sich, die irgendwann ihren Anfang nahm, als irgendjemand einem Ihrer Ur-Ur-Urahnen eine Zusatzbezeichnung an den Vornamen anhing. Je nach dem Inhalt dieser Bezeichnungen lässt sich heute jeder deutsche Familienname (auch Ihrer) in eine von fünf Gruppen einordnen. Man unterscheidet Familiennamen aus:

1. Rufnamen
2. Herkunftsnamen
3. Wohnstättennamen
4. Übernamen
5. Berufsnamen

Diese Unterteilung gilt selbst dann, wenn Sie keinen deutschen, sondern einen ausländischen Namen tragen. Auch polnische, ungarische, französische und andere Familiennamen lassen sich entsprechend systematisieren. Vielleicht erkennen Sie schon jetzt, zu welcher der folgenden Gruppen Ihr Name zählt.

1. Rufnamen

Innerhalb einer Gemeinschaft konnten zwei Personen mit dem Rufnamen *Friedrich* beispielsweise aufgrund ihrer Zugehörigkeit zu unterschiedlichen Vätern identifiziert werden. Dazu fügte man dem Rufnamen einfach den Namen des Vaters (selten auch den einer anderen Leitfigur) hinzu. So war der eine Friedrich *Gerhards Sohn*, der andere Friedrich *der Sohn des Konrad.* Später konnte sich der Beiname zum Familiennamen verfestigen als *Gerhard(s)* oder *Konrad(s).* Im deutschen Nordwesten und in Skandinavien ist auch die Endung *-sen* weit verbreitet, die vom reduzierten Wort »Sohn« übrig geblieben ist.

Familiennamen aus Vaternamen begegnen uns heute zahlreich. Denken Sie an Jan Ullrich, Sabine Christiansen, Peter-Harry Carstensen. Der Volksmund sagt: *»Wenn in Flensburg drei Menschen zusammenstehen, so heißt mindestens einer Petersen.«*

Wie oben ausgeführt, sind matronymische Familiennamen, also Ableitungen aus dem Namen der Mutter, eher selten.

2. Herkunftsnamen

Dieser Gruppe von Familiennamen ist ein Zusammenhang mit einem Ortsnamen oft sofort anzusehen. *Eisenberg(er), Altenburg(er), Weimar* – eine Herleitung ist schnell gefunden. Generell war es so, dass eine Person, die in eine andere Gemeinde zog, dort den Namen des vorherigen Wohnortes bekam, der sie nun von den Alteingesessenen unterschied. Kam etwa ein Heinrich aus Altenburg nach Kassel, konnte er dort *Heinrich aus Altenburg* oder *Heinrich der Altenburger* gerufen werden. So wurde der Ortsname *Altenburg* in der

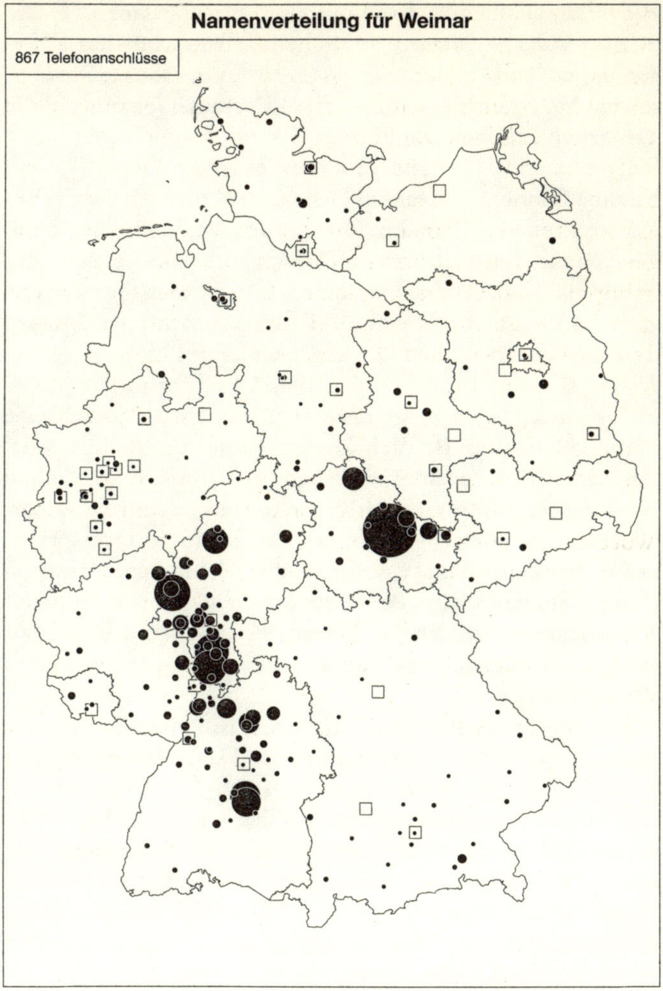
Namenverteilung für Weimar
867 Telefonanschlüsse

Fremde als Beiname angefügt und verfestigte sich später zum Familiennamen. In seiner alten Heimatstadt wäre der gleiche Vorgang für ihn weitgehend ausgeschlossen gewesen, da waren ja alle *Altenburger* – ein unterscheidendes Potenzial hatte der Name dort nicht. Dennoch ist, obwohl die Erklärung der oben angeführten Familiennamen offensichtlich erscheint, Vorsicht geboten. Zwar können all diese Familiennamen auf einen Ortsnamen zurückgehen, aber auf welchen? Für den Familiennamen *Weimar* stehen mindestens zur Auswahl einer in Thüringen und ein anderer bei Marburg. Kartiert man jedoch die Weimarer Familiennamen, so zeigt sich, dass ein Teil auf den thüringer und ein Teil auf den hessischen Ort zurückgeht.

Bei *Altenburg(er)* wie *Eisenberg* kommt dagegen gleich eine Hand voll Orte in Betracht. Schon dieses Beispiel beweist, dass es schlechterdings unmöglich ist, jedem deutschen Nachnamen seine einzige und alleinige Bedeutung zuzuweisen. So wie das Wort *Diäten* sowohl für eine kalorienarme Ernährungsweise als auch für reichhaltige Politikerbezüge stehen kann. Bei Namen sprechen wir hier von »Bedeutungskonkurrenzen«. Der häufige Name *Beck* etwa kann in Süddeutschland »Becker« und in Norddeutschland »Bach« bedeuten.

Entscheidend ist es deshalb, so viel wie möglich über die Herkunft eines Namens zu wissen. Deshalb beginnt der erste Schritt immer mit der Analyse der Nachnamenstreuung, die wir heute vor allem mithilfe von Telefonverzeichnissen und deren Aufbereitung durch spezielle Programme erkennen. Sehr oft deutet dabei die Geschichte einer Familie auf ein Gebiet, das in relativer Nähe zu einem passenden Ortsnamen gelegen ist. Deshalb ist immer auch ein wenig Ahnenforschung notwendig, um einen passenden Ort für den gewünschten Namen zu finden.

Auch die Herkunft aus einer Region ist der Gruppe der Herkunftsnamen zuzurechnen. Einen *Schwabe*, *Sachs(e)*, *Böhme* oder *Bayer* kennen Sie sicher auch.

3. Wohnstättennamen

Diese Namengruppe gibt ebenfalls Hinweise über die Herkunft einer Person, allerdings nicht aufgrund von Zuzug aus der Fremde, sondern nach der *Herkunft innerhalb einer Siedlung*. Besonders markante Punkte in der Nähe der Behausung oder charakteristische Orte der Gegend selbst konnten dabei als Anhaltspunkt für einen Beinamen dienen. Wohnte jemand am Anger, konnte sich daraus der Familienname *Anger* oder *Angermann* entwickeln. Jemand, der am Baum wohnte, wurde *Baum* gerufen, derjenige, der von der Wiese kam, etwa *Wiesner* oder *Wies(e)mann*.

In der Gruppe der Wohnstättennamen treten häufig Wörter auf, die nur in bestimmten Regionen verbreitet waren, im heutigen Wortschatz aber nicht mehr vorkommen und daher völlig unverständlich sind. Passende Dialektwörterbücher oder auch Flurnamenbücher der jeweiligen Region können bei der Namenforschung helfen. Vorsicht ist hier wiederum geboten, weil vermeintliche Wohnstättennamen manchmal in andere Gruppen gehören. *Mühle* kann zum Beispiel sowohl zu den Wohnstättennamen gehören als auch in die Gruppe der Berufsnamen für den *Müller*. *Steinhäuser* kann auf das steinerne Wohnhaus als Wohnstättenname oder auf die Herkunft aus dem Ort *Steinhausen* verweisen.

4. Übernamen

Der Übername wird meistens synonym als Ausdruck für den Beinamen verwendet. »Über-« meint in diesem Sinne, dass der Name eine Bedeutung hat, die *über* den eigentlichen Personnennamen einen Menschen charakterisiert.

Der Name *Spatz* oder *Sperling* meint dann nicht, dass jemand ein Vogelzüchter gewesen ist, sondern vielleicht »keck und von kleinem Wuchs«. Die Wissenschaft spricht hier von einem metaphorischen Beinamen. Diese Kategorie kommt dem, was der Volksmund Spitzname nennt, wohl am nächsten.

Übernamen haben also immer einen tiefer gehenden Sinn, der den eigentlichen Namenkern erweitert. Das kann zum

Beispiel ein Hinweis auf einen Gegenstand oder eine Person sein, zu der der Namenträger eine besondere Beziehung hatte. Oder es definiert den Geburtstag des Menschen wie etwa *Sonntag* als »der am Sonntag Geborene«. Doch auch hier wieder Vorsicht! Nicht jeder Wochentag im Namen weist auf den Geburtstag hin. Bei Namen wie *Montag* oder *Sonnabend* geht deren ursprüngliche Bedeutung meistens darauf zurück, dass jemand an diesen Tagen seine Abgaben oder Arbeitsleistungen erbringen musste.

Familiennamen dieser Gruppe sagen oft etwas über Aussehen oder Charakter einer Person aus. Groß führt zu dem Namen *Groß(er)*, klein zu *Kurz*, helles Haar zu *Weiß(e)*, *Weißkopf* und *Wittkopp*, dunkelhaarig zu *Schwarz(e, er)*. Jemand mit kahler Stirn wurde *Kahlkopf* genannt, ein gefräßiger Mensch *Pfannkuchen* und einer, der dem Alkohol sehr zugetan war, hieß zum Beispiel *Guckinsglas*, so wie der Frühaufsteher *Frühauf* – all das kann sich in Familiennamen widerspiegeln.

Bei Übernamen ist die äußerliche oder charakterliche Abweichung einer Person von der Norm – wenn es denn so etwas gibt – zum Benennungsmotiv geworden. Auch in dieser Gruppe findet man Wörter in Familiennamen verborgen, die im alltäglichen Sprachgebrauch ausgestorben sind.

5. Berufsnamen

Unter den 20 häufigsten deutschen Familiennamen finden wir: *Müller, Schmi(e)d* beziehungsweise *Schmidt, Schneider, Fischer, Meyer, Bäcker, Bauer, Wagner, Koch.* Die wichtigsten Berufe von früher sind die bekanntesten Familiennamen von heute. Wie die Person benannt wurde, liegt auf der Hand.

Zu den Berufsnamen zählen aber auch Familiennamen wie *Krempelsetzer* oder *Gänseräufer*, denen man ihren Sinn nicht unmittelbar ansieht. Ersterer bezeichnete eine Person, die Kurzwaren zum Verkauf anbot, also einen Händler; *Gänseräufer* einen Geflügelhändler, der die Tiere auch rupfte. Viele der früheren Berufe sind heute in Vergessenheit geraten. Ihre Deutung führt wegen der fortgeschrittenen Sprachentwicklung oft zu Missverständnissen. So ist *Sauschneider* nicht etwa als Name für einen mäßig guten Schneider entstanden, sondern aus der Berufsbezeichnung des Schweinekastrators hervorgegangen.[4]

Typische Werkzeuge oder Begleiterscheinungen eines Berufes, die zu Namen wurden, kann man ebenfalls zu den Berufsnamen zählen, etwa die Familiennamen *Mehlhose* für einen Müller oder *Hammer* und *Pinkepank* für einen Schmied. Stellen Sie sich für den letzteren Namen einfach das Geräusch wiederholten Schlagens mit einem Hammer auf Metall vor, und Sie erkennen die Herleitung.

Nach dieser grundlegenden geschichtlichen und wissenschaftlichen Einführung sind Sie nun gerüstet für die Analyse einiger ausgewählter Familiennamen, die mich im Lauf meiner Tätigkeit als Namenforscher, aber auch in meinen zahlreichen Radiosendungen und TV-Auftritten beschäftigt und begeistert haben. Sollten Sie Ihren eigenen Namen unter den hier behandelten entdecken, bitte ich Sie um etwas Vorsicht. So wie Sie selbst ist auch Ihr Nachname ein Unikat. Ihre Familiengeschichte führt zu Ihrer ganz einmaligen, einzigartigen Geschichte. Gerade bei den zahlreichen Namen bekannter und prominenter Persönlichkeiten werden Sie wegen der Bedeutungskonkurrenzen in diesem Buch häufig mehrere Lösungsvorschläge entdecken. Möglich ist aber dennoch, dass gerade das Ereignis, das Ihren Vorfahren den Namenstempel aufdrückte, hier nicht berücksichtigt werden konnte. Ihnen und natürlich allen anderen, deren Name unter Umständen nachfolgend überhaupt nicht erwähnt wird, gebe ich im dritten Teil des Buches eine kleine Anleitung zum Selbststudium, damit Sie Ihrem eigenen Namen und folglich sich selbst einen großen Schritt näher kommen.

4 V. Hellfritzsch, *Familiennamenbuch des sächsischen Vogtlandes,* 1990. In Namen existieren alte Bezeichnungen fort. Das Buch *Falkner, Köhler, Kupferstecher* (R. Palla, 1994) bietet interessante Informationen über solche ausgestorbenen Berufe.

Teil II
Woher kommen eigentlich diese Namen?

1. Kapitel
Gottschalk, Jauch, Maischberger: Die Namen hinter den TV-Gesichtern

Wenn der beliebteste deutsche TV-Moderator in seiner Sendung »Wer wird Millionär?« mit dem Kandidaten den Platz tauschen würde, könnte man ihm die folgende Frage stellen: »Herr *Jauch*, bedeutet Ihr Name a) ein Stück Land, b) ein Automobil, c) etwas, mit dem man Felder düngt, oder d), dass der Ursprungsnamenträger häufig fröhlich war?

Bereits durch intensives Nachdenken käme Günter Jauch sicherlich schnell darauf, dass Lösung b) von vornherein ausscheidet. Automobile gab es in der Zeit, in der unsere Namen entstanden, noch nicht. Zu der Publikumsfrage würde ich ihm allerdings nicht raten, wenn er diesen Joker überhaupt noch besitzt. Immerhin handelt es sich hier meiner Einschätzung nach mindestens um die schwierige 500 000-Euro-Frage. Denn die Zuschauer würden sicherlich zuerst an *Jauch* im Sinne von »Jauche« denken. Doch das ist nicht nur unangemessen, sondern auch falsch, denn *Jauche* ist als Familienname im Deutschen überhaupt nicht nachzuweisen. Zudem ist das Wort für Fäkalien ein Lehnwort aus dem Slawischen und passt damit überhaupt nicht zu der Häufung des Namens *Jauch* im deutschen Südwesten.

Lösung b) und c) fallen also weg, bleiben noch a) ein Stück Land oder b) ein fröhlicher, weil jauchzender Gesell. Das Ergebnis wird überraschen. Denn *Jauch* ist ein Berufsübername; also ein Name, der eine Person mit einer be-

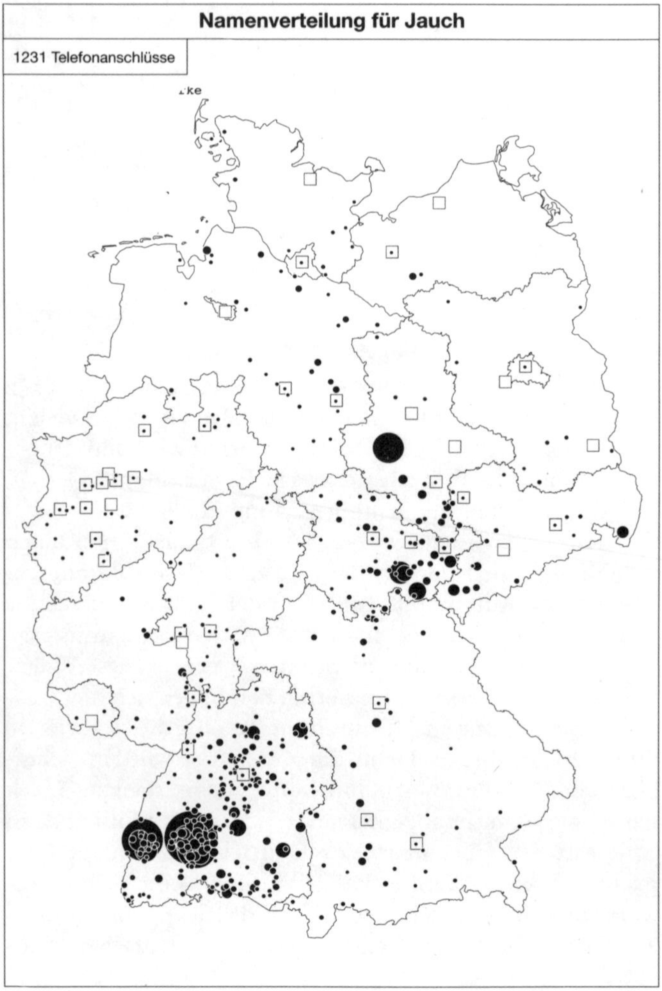
Namenverteilung für Jauch
1231 Telefonanschlüsse

stimmten Berufsausübung in Verbindung bringt. Zurückzuführen ist er auf das *Joch*, das mittelhochdeutsch *joch, jiuch, jeuch* und althochdeutsch *joh, juh* heißt. *Joch* bedeutet letztlich »zusammenbinden«. Mit dem deutschen *Joch* verwandt ist das lateinische *coniux*, »Ehepartner«. Nicht selten spricht man auch bei uns vom »Ehejoch«.

Im namengebenden Sinne ist das *Joch* der Teil des Geschirrs, der auf dem Nacken von Rindern liegt, damit man sie vor den Karren spannen kann. Wenn man so nah wie möglich am Wortsinn bleiben will, ist *Jauch* das »Joch Landes, eigentlich so viel, wie ein Joch Rinder an einem Tag umzuackern vermag.«[5] Sicherlich ist das weniger Grund und Boden, als *Günter Jauch* in Potsdam mittlerweile dank seines unglaublichen beruflichen Erfolges sein Eigen nennt. Und selbst wenn Herr *Jauch*, den viele Fernsehzuschauer für einen der klügsten Menschen Deutschlands halten, bei seinem eigenen Namen ausna(h)msweise einmal danebengelegen hätte – den finanziellen Verlust des Millionengewinns in dieser Runde könnte er verschmerzen. (Der *Spiegel* schrieb einmal über die Medien- und Werbe-Ikone Jauch, er sei der einzige Moderator, der RTL morgens um eine Verdoppelung seines Gehalts bitten würde und mittags eine Verdreifachung bewilligt bekomme.)

Wetten, dass … – auch *Thomas Gottschalk* bei dem Namen »Jauch« ins Grübeln gekommen wäre, wenn sein TV-Kollege ihn als Telefonjoker gewählt und zu Hause in Los Angeles angerufen hätte? Wahrscheinlich ist *Gottschalk* in Bezug auf seinen eigenen Nachnamen aber bestens im Bilde. Bei ihm, dem Sympathieträger der Nation, der selbst in Gesprächen

5 Im Wörterbuch der Brüder Grimm *(Deutsches Wörterbuch)* steht: joch, ein ackermasz, ursprünglich soviel, als ein joch ochsen in einem tage umpflügen können. In Oberdeutschland; wenn man es jagt (das thier bomachus) sô wirft es seinen waichen mist aus dem leib nâch im ain joch ackers lenge; die pflugarbeit hat die erste abmessung der felder anfangs gegeben, dasz man ein joch oder tagwerk acker genennet, so viel man mit dem pflug in einem tag umackern konnte; so viel platz … als zu einem joch in Oesterreich gehöret, als nemlich 1600 gevierdte klaftern.

mit den größten Superstars der Welt locker bleibt und selbstironisch Witze reißt, tippt man unweigerlich auf etwas Naheliegendes: Diesem Mann sitzt »der Schalk im Nacken«. Das sagt doch schon sein Name. Vermutlich würde er selbst beim Papst kein Blatt vor den Mund nehmen. *Gottschalk* also ein »Schalk Gottes«? Sogar Harald Schmidt meinte einmal, der große Blonde mit der auffälligen Kleidung und den höchsten Einschaltquoten habe die Frechheit im Fernsehen erfunden.

Dennoch ist *Schalk* hier anders zu verstehen. Beim Wort *Gott* gibt es natürlich keinen Zweifel hinsichtlich seiner Herkunft. Der Namenteil *-schalk* ist wie *schall* und *schalt* auf das altdeutsche *scalc* zurückzuführen und heißt »Knecht, Diener«. *Gottschalk* ist also *Gottes ... skalk*, ein »Gottesdiener«.

Heute allerdings dient Herr *Gottschalk* profaneren Herren, wie dem Intendanten des ZDF, seinen Zuschauern, aber auch Fastfoodketten und Gummibärchen-Herstellern als Werbefigur ...

Wir leben in einem Medienzeitalter. Kein Wunder, dass die häufigsten deutschen Namen auch auf den vorderen Plätzen in Funk und Fernsehen gefunden werden. Auf jeden Fall in der ersten Reihe sitzt die Journalistin und Fernsehmoderatorin *Sabine Christiansen*, die mit ihrer gleichnamigen Talkshow den Zuschauern jeden Sonntag in der ARD erscheint. Die Endung *-sen* zeigt an, dass es sich hier um eine direkte Ableitung des Vaternamens *Christian* handelt. Heute würden wir von einem »Statement« sprechen, das Vater und Mutter damals mit der Namenwahl abgaben. In *Christian* steckt nämlich der lateinische Ausspruch *christianus sum*, das heißt, »ich bin ein Christ«. *Sabine Christiansen* ist natürlich nicht Christians *Sohn* (also der *Sohn* eines Christen); ihr Namensvorfahr, dem einst dieser Titel verliehen wurde, war es hingegen schon.

Mit *Ulrich Wickert* verbindet Frau Christiansen nicht nur die Tätigkeit bei der ARD und den Tagesthemen. *Wickert* ist ebenso ein Familienname, der ganz ursprünglich auf einen Vornamen zurückgeht. Aus *wig-* und *-hart* wurde einst *Wieghardt*, dann *Wickardt* und schließlich der Nachname *Wickert*. Wie die meisten alten deutschen männlichen Vornamen hat er eine kämpferische, martialische Bedeutung. Er steht frei übersetzt für einen »mächtigen Krieger«.

Es gibt kaum einen Menschen mit bekanntem und bedeutendem Namen, den die Journalistin und Moderatorin *Sandra Maischberger* nicht schon einmal in ihrem Leben getroffen hat: von Gorbatschow bis Heino, von Günther Grass bis Günther Netzer, von Kohl bis Kissinger. Mit einigen Gästen wie dem Altkanzler Helmut Schmid verstand sie sich in ihrer Talkshow so gut, dass sie anschließend beide gemeinsam ein Buch verfassten. Wollte Frau *Maischberger* jedoch einmal einen Namensvetter interviewen, so dürfte sie es außerhalb der Verwandtschaft schwer haben, fündig zu werden. Denn der Name *Maischberger* ist sehr selten, was ihn auch zu einem etwas kniffligen Fall für einen Namenforscher macht. Nur 52 Einträge dieses Namens gab es auf einer Telefon-CD-ROM mit etwa 36 Millionen Namen. Allerdings ist er nur in einer bestimmten Region zu finden, was die Deutung erleichtert: Sein Schwerpunkt liegt zwischen Ulm und München. Um »den Fall« zu lösen, muss man wissen, dass hier auch eine wichtige Dialektgrenze liegt: Westlich des Lechs spricht man schwäbisch, östlich des Flusses bairisch. *(Keine Sorge, das ist kein Druckfehler. Als sprachwissenschaftlichen Terminus schreibt man bairisch/es mit ai, nicht mit ay.)*

Um es Ihnen an einem konkreten Beispiel zu verdeutlichen: Westlich des Lechs sagt man *weischt, hascht, kannscht,* östlich davon aber *weist, hast* oder *kannst.* Daher muss man bei *Maischberger* auch eine Variante *Maisberger* oder *Meisberger* im Auge haben. Sucht man nach dieser, so findet man den Familiennamen *Maisberger* 45 Mal. Und er kommt nur in München und östlich davon vor – also dort, wo man *weist, hast* und *kannst* sagt. Jetzt dürfen wir uns aber nicht mit der lapidaren Übersetzung »Mais« zufrieden geben, denn was soll denn ein *Maisberg* bitte gewesen sein? Butter- und andere Berge waren im Mittelalter noch unbekannt. Hier ist ein Blick in ein Dialektwörterbuch notwendig. Die bairische Ausgabe verzeichnet für *Mais* beziehungsweise *Maiss* »Holzschlag«. Und damit ist der Name klar: Es geht um einen Berg, an dem man häufig Holz schlägt, und der Vorfahre von Frau *Maischberger* siedelte in der Nähe dieser Erderhebung.

Die Namenanalyse von *Sandra Maischbergers* Kollegin *Maybrit Illner* löste eine wahre Vornamenlawine aus. Illner leitet sich von *Ilgner* ab. Die Endung *ner* zeigt an, dass wir es mit einer männlichen Form des Namens *Ilg* beziehungsweise *Ilge* zu tun haben. Und das ist nichts anderes als die verkürzte Form eines Vornamens. Meistens musste *Ägidius* für die Abkürzung herhalten. Möglich wäre aber auch *Ottilie*. Die Bedeutung schwankt dann je nach Vornamen zwischen »Ziegenfell« und »Reichtum«. *Ägidius* ist griechischen Ursprungs und findet seine Herleitung in *aigis, -idos*, dem »Ziegenfell«, mit dem es aber eine ganz besondere Bewandtnis hatte: Es war der Schutzmantel der Götter Zeus oder Athene.

Wäre *Illner* jedoch eine Kurzvariante von *Ottilie*, dann käme dieser Name letztlich von dem alten deutschen weiblichen Wort *Oda*. Das althochdeutsche *ot* steht dabei für »Besitz« und »Reichtum«. Dieser Name und seine Ableitungen waren im Mittelalter sehr beliebt. Damals verehrte man die heilige *Odilia*, auch heute noch wird alljährlich am 13. Dezember an sie erinnert; sie gilt als Schutzpatronin der Augen. Der Grund dafür liegt in einer Legende: Im 7. Jahrhundert n. Chr. soll sie blind geboren worden sein, doch nach ihrer Taufe auf wundersame Weise plötzlich sehen haben können.

Beim Nachnamen kann die Moderatorin also zwischen zwei Vornamen wählen. Und ihr eigener Vorname setzt sich noch einmal aus zwei verschiedenen zusammen. Wie der

Monat *Mai* selbst kommt der Namenteil *May-* von *Maria*, die selbst die Fortbildung der hebräischen *Mirjām* ist. Das Element *-brit* wiederum ist die Kurzform von *Brigitte*. Während die Bedeutung von *Mirjām* noch nicht vollständig geklärt wurde (möglicherweise liegt die Wurzel bei *rym* »schenken« oder *mry* »fruchtbar sein«), ist bei *Brigitte* die Herkunft vom urkeltischen *briganti*, »der Erhabene«, belegt.

Aus dem Standardwerk W. Seibicke, *Historisches deutsches Vornamenbuch*

Maibrit, Mai-Britt w, eindeutschende Schreibweise f. schwed. *Maj-Brit(t)*; Var.: *May-Britt*

Bel.: *Maibrit-Urte* Celle 1979; *Mai-Britt* Goslar 1990 u. 1995

Mai w, niederdt.-fries. KF von Maria (SPECTRUM 251) u. eindeutschende Schreibweise f. schwed. *Maj* u. engl. *May*.

Maria? w, hebr. »wohlbeleibt« od. ägypt. »Geliebte« (STAMM 333; vgl. auch HOMGE 101-103) od. hebr. »widerspenstig« (MOHR briefl.). Die Schreibweise *Mariea* (Ostfriesld. 20. Jh., RAVELING 1983b, 140) ist abzulehnen; Var.: *Marie, Mariam, Mirjam*, türk. *Meryem*

Brigitta zu kelt. *briganti »der Hohe, Erhabene«, altirisch *Brigit* war der Name einer kelt. Göttin des Lichtes und der Poesie, auch Nationalheilige von Irland, neben St. Patrick

Ich selbst hatte das Glück und Vergnügen, als Gast in der *Johannes B. Kerner Show* im ZDF auftreten zu dürfen. Natürlich bat mich der Moderator um eine Analyse seines eigenen Namens, der sowohl ein Berufs- als auch ein Herkunftsname sein kann. Am häufigsten fällt er in die erstgenannte Kategorie, abgeleitet von *Kärrner.* Darin enthalten ist das bekannte Wort »Karren«. Ein *Kerner* war ein Karrenführer, er übte also den Beruf des Fuhrmanns aus. Möglich ist auch, dass im Lauf der Jahre aus einem *o* ein *e* wurde, dann wäre der Ursprung dieses Namens bei *Korner (Körner)* zu suchen. Es war jemand, der mit *Korn*, also mit Getreide, Handel trieb. Allerdings gibt es auch Orte mit diesem

Namen in Schlesien und in Rheinland-Pfalz (Moselkern). Sollte der Namenträger hier seine Wurzeln haben, darf man diese Möglichkeit nicht außer Acht lassen.

Bei Kerners Talkshow-Kollegin *Barbara Schöneberger* hingegen gibt es keinen Zweifel, ob das ein Herkunfts- oder Berufsname ist. Dieser Nachname ist ein eindeutiger Verweis auf bekannte Ortsnamen in Bayern, Rheinland-Pfalz, Hessen, Berlin-Brandenburg und Polen. In Berlin heißt zum Beispiel einer der größten Bezirke Tempelhof-Schöneberg.

Auch der ARD-Talkmaster *Reinhold Beckmann* hat einen einfach zu deutenden Namen. So vermutet man zumindest auf den ersten Blick. Warum sollte *Beck* nicht die Kurzform von Becker sein, dem zurzeit achthäufigsten Familiennamen? Und warum sollte der Name dieses Moderators deshalb nicht »Bäckersmann« bedeuten?

Nun, das ist tatsächlich möglich, wenn auch nicht sehr wahrscheinlich. Fast bei allen Namen, die auf *-mann* enden, ist ein Laie der Auffassung, sie wären einfach und meist ohne Vorkenntnisse zu deuten. Und sehr oft stimmt das auch, wie zum Beispiel bei dem Meteorologen *Jörg Kachelmann*: Die ursprüngliche Bedeutung seines Namens weist auf jemanden hin, der »Hersteller von Kacheln« war.

Wenn aber – wie bei Beckmann – regionale Besonderheiten hinzukommen, ist die Lösung nicht so einfach: Der Name *Beck* hat nur in den ober- und mitteldeutschen Gebieten die Bedeutung »Bäcker«. Da der Moderator und Fußballkommentator *Reinhold Beckmann* aber aus dem niedersächsischen Twistringen stammt, kommt diese Herleitung für seinen Namen nicht infrage. Wie so oft zeigt es sich auch hier wieder, warum man ohne familiengeschichtliche Hintergründe keine genauen Auskünfte über die »eine« Bedeutung des Namens geben kann. *Bek(e)* war das mittelniederdeutsche Wort für »Bach«. Beckmann, wie auch die gerundete Form *Böckmann*, sind nördliche Varianten des Namens *Bachmann* und meinten also »die, die am Bach wohnten«. Das gilt ebenso für die gerundete Form von *Beck* = *Böck*.

Übrigens steckt der Beruf Bäcker manchmal fast wörtlich im Namen und hat doch eine andere Bedeutung. Und manchmal kommt der wahre Bäcker in Namen vor, bei denen wir ihn auf den ersten Blick gar nicht erkennen oder heraushören. Im Lateinischen sagten die Römer für dieses Handwerk noch *pistor,* aus dem sich dann Familiennamen wie *Pfister, Pfisterer* oder *Pistor* ableiteten. Früher war es den Dorfbewohnern aus Gründen des Brandschutzes strengstens untersagt, ihre eigenen Teigwaren herzustellen. Sie mussten sie also kaufen! Das ist der Grund, warum das Bäckerhandwerk so florierte und davon abgeleitete Namen immer noch die Namenhitlisten anführen. Das belegen auch die zahlreichen weiteren Ableger. Später, als der Wettbewerb intensiver wurde und wie heute zu einer Spezialisierung führte, entstanden sich selbst erklärende Namen wie *Kuchler, Semmler,* aber auch *Hipper.* Denn die *hipe* war ein zusammengerollter, oblatenartiger Kuchen. Wir würden heute das auch damals bekannte Wort »Waffel« dafür benutzen.

Bei einem anderen TV-Star glaubt man ebenfalls sofort, die Namenbedeutung zu kennen: *Kai Pflaume.* Doch wie bei Beckmann ist auch hier die Herleitung nicht so einfach, wie sie auf den ersten Blick erscheint. Der gebürtige Hallenser, der seinen ersten Fernsehauftritt als Zuschauerkandidat bei der Kuppelsendung »Herzblatt« hatte und schließlich zum Aushängeschild von Sat1 avancierte, trägt eine Berufsbezeichnung als Familiennamen. Möglich ist es in der Tat, dass seine Vorfahren Obstgärtner oder Obstverkäufer waren. Ebenso gut vertretbar ist aber auch folgende Deutung: Im Mittelhochdeutschen steht *phlume* nicht für *Pflaume,* sondern für »Flaumfeder«. Hier sieht man, wie schnell sich der Sinn eines Wortes durch die Veränderung der Rechtschreibung wandeln kann. *Pflaume* bedeutet demnach, dass der Namenträger früher ein Händler mit Federn oder ein Hersteller von Bettdecken gewesen ist, die mit flaumigen Federn gefüllt waren. Übertragen auf den prominenten Namenvertreter würde dies sehr gut passen. In der TV-Serie »Nur die Liebe zählt« brachte Kai Pflaume schon oft neue Liebespaare zusammen oder versöhnte die alten, damit sie wieder zueinander finden. Auch im Ehebett.

Bei dem am 1. April 2005 gestorbenen Entertainer *Harald Juhnke* ist aus wissenschaftlicher Sicht interessant, dass jemand mit dem Nachnamen *Juhnke* eigentlich niemals »alt« sein kann. Der Name ist slawischen Ursprungs. Er entstand vor langer Zeit aus der eingedeutschten Schreibung des slawischen Rufnamens *Junek* und bedeutet schlicht »jung«. Der Nachname *Jung* wiederum wurde früher innerhalb einer Familie einfach zur Abgrenzung von den Alten und Älteren vergeben. Gelegentlich fungierte er auch als spöttischer Spitzname für einen unerfahrenen Menschen. *Jung-* wurde später wieder anderen Namen vorangestellt, um weitere Differenzierungen zu ermöglichen: *Jungbecker* für einen jungen Bäcker, *Jungbauer* für den jüngeren von zwei Landwirten und *Jungfleisch* für einen jugendlichen Fleischer. Natürlich stehen in diesem Zusammenhang auch Namen wie *Junker* und *Jungfer* und bedeuten »Junger Herr« beziehungsweise »Junge Herrin«. Bei dem außergewöhnlichen Nachnamen *Jungbluth* handelt es sich aber nicht um einen jungen Bluterkranken – *bluot* ist das mittelhochdeutsche Wort für »lebendes Wesen«. *Jungbluth* ist somit nur eine weitere Umschreibung für einen jungen Menschen. Der Name *Junggeburth* wiederum zeigt, welche Tücken die Namenforschung manchmal mit sich bringt. Hier müsste man doch nun annehmen, es wäre ein Mensch von »junger Geburt«, also der Benjamin unter den Geschwistern. Aber nur wenige wissen, dass sich *-geburt* von dem mittelhochdeutschen *gebūwer* bzw. dem mittelniederdeutschen *gebūr* ableitet. Und das heißt »Bauer«. Denken Sie zum Beispiel an den Namen *Gebauer*. Einen jungen Bauern nannte man also z.B. *Junggebuhr*, später wurde *Geburt* hineingedeutet. Harald Juhnke wäre früher von seinen Mitmenschen übrigens *Jungherold* gerufen worden. Und damit wäre er dann ein »junger Kriegsherrscher« gewesen.

Mit *Hans-Joachim Kulenkampff* starb im Jahr 1998 nicht nur eine Fernsehlegende, sondern auch einer der letzten Träger dieses wahrhaft »merkwürdigen« Namens. Zumindest in dieser Schreibweise mit »ff« ist er in Deutschland heute nur noch 68 Mal verzeichnet. Unter der Firmierung *Kulenkamp* findet man ihn mit zwölf Einträgen noch seltener. Und nur noch eine Familie schreibt sich mit »h«, *Kuhlenkampff.*

Seinen Zuschauern war *Kulenkampffs* Name offenbar zu lang. Vielleicht störten sie sich auch an der scheinbar martialischen Endung *-kampff*, nannten sie ihn doch seit seinem ersten großen TV-Auftritt im Jahr 1953 in der Show »Wer gegen wen?« einfach nur *Kuli.* Noch vor einigen hundert Jahren sind durch derartige Abkürzungen als Kosenamen tatsächlich gültige Nachnamen entstanden, wie wir oben zum Beispiel bei *Illner* erfahren haben. Im 20. Jahrhundert führte das aber natürlich nicht mehr zu einem Neueintrag im Pass des Schauspielers und Fernsehmoderators, der sich selbst gerne als »Quizmaster« bezeichnete. Mir ist nicht bekannt, ob in seiner populärsten Show »Einer wird gewinnen«, die er zwischen 1964 und 1987 immerhin 82 Mal moderierte, sein eigener Nachname Gegenstand einer Frage gewesen ist. Wenn, dann hätte der Kandidat so wie in unserem fiktiven Beispiel bei *Jauch* eine schwere Nuss zu knacken gehabt: Schaut man sich die Verbreitungskarten an, dann findet sich *Kulenkampff* in Norddeutschland häufig bei Hamburg, Bremen, Hannover, teilweise auch im Ruhrgebiet und im Rhein-Main-Gebiet. Vergleicht man damit die Streuung der Variante *Kuhlenkamp*, so zeigt sich, dass *Kuhlenkampff* dort verbreitet ist, wo auch *Kuhlenkamp* erscheint. Eine Kernregion tritt aber ganz besonders deutlich hervor: das Wesergebiet zwischen Bremen und Nienburg – dort, wo der berühmte Moderator am 27. April 1921 geboren wurde. Dieser Ursprung des Namens in allen drei Varianten wird auch durch Internetrecherche, zum Beispiel in der Datei der

Mormonen in Salt Lake City unter www.familysearch.org, belegt. Und damit können wir davon ausgehen, dass in diesen Nachnamen niederdeutsches Sprachgut enthalten ist: zuerst das mittelniederdeutsche Wort *kule*, das »Grube«, »Vertiefung« oder »Loch« bedeutet, also dem heutigen Sprachsinn entspricht, ganz entgegen der Bedeutung der Endung *-kampff*. Hier werden keine Kuhlen- oder Grabenkämpfe verewigt. Wenn überhaupt hat es weniger mit Krieg zu tun als etwa mit »Camping« oder »Kampieren«: *-kampff* ist die falsche Verhochdeutschung des niederdeutschen Namenelementes *-kamp*, worunter man früher ein befriedetes, eingezäuntes Landstück, Weide- oder Ackerland verstand. Im Norden ist ein solcher Örtlichkeitsname sehr häufig. Im hessischen Münster trägt beinahe jedes siebte Flurstück den Namenteil *kamp*. Und selbst in Berlin finden sich Siedlungen wie »Eichkamp« am Rande des Grunewalds. Bei einem »Kamp« war es egal, ob es sich um ein Stück Wald, Feld oder Wiese handelte und ob sie durch eine Hecke, einen Zaun oder nur einen Graben abgegrenzt war, wie hier ganz offensichtlich bei *Kulenkampff*. Es ist also ein Herkunftsname. Das bedeutet, einer von Kulis Ahnen lebte in der Nähe eines Flurstücks oder eines Ortes gleichen Namens. Bleibt allerdings die Frage, ob es diesen Ort noch gibt und ob er auf der Landkarte gefunden werden kann. Da, wie ausgeführt, die ältesten Belege in Bremen notiert sind und *Hans-Joachim Kulenkampff* hier das Licht der Welt erblickte, spricht vieles (aber nicht alles) dafür, den Ursprung des Namens bei dem 77-Seelen-Ort Thedinghausen zu suchen. Hier ist *Kuhlenkamp* als ein Ortsteil von Morsum verzeichnet. Weist die Familiengeschichte aber nach Westfalen, so muss der Name neu überdacht werden. Eines ist aber in jedem Falle sicher: Immer liegt ein Ort oder eine Örtlichkeit zugrunde. Familiennamen veranschaulichen noch heute die überragende Bedeutung der Landwirtschaft für die Bevölkerung im frühen Mittelalter. Ungezählte Nachnamen gehen auf landschaftliche Beschreibungen zurück. So ist ein *Fellner* niemand, der mit Tierhäuten zu tun hat, sondern ein *Feldner*; also »jemand, der am Feld wohnt«. Die Heide versteckt sich in *Heider, Heeder, Hedtkamp* und *Heitland*, die Wiese, niederdeutsch *wische*, in *Wese-, Wisch- und Wissmann*. Und der berühmte Schweizer Schriftsteller *Dürrenmatt* ist nicht etwa dem Namen nach ein müder, ermatteter dürrer Mann. *Matte* steht im Westalemannischen für Wiese. *Zermatt* heißt »auf der Wiese«. Bergsteiger rühmen sich mit einer Bezwingung des »Wiesenhorns«, dessen »Matter« in *Dürrenmatt* genau so wie in *Strittmatter* verewigt ist. Der gute, grüne *Rasen* hat in unsere Namensgebung übrigens keinen Einzug gehalten. Das Wort entstand einfach zu spät.

Übrigens haben die wenigsten aktiven und ehemaligen Fernsehgesichter einen Namen, dessen Bedeutung auf ihre persönliche Erscheinung anspielt. Eine Ausnahme ist hier der Name von *Nina Ruge*, wenn auch eine etwas unpassende. Die Analyse ihres Nachnamens wird bei ihr sicherlich keine überschwängliche Begeisterung hervorrufen. *Ruge* würde nämlich sehr gut zu »Goleo« passen, dem Maskottchen der Fußballweltmeisterschaft 2006 in Deutschland. Oder zu der bekannten Star-Wars-Figur »Chewbacka«, dem über zwei Meter großen, affenartigen Begleiter des Helden Han Solo. Der Name *Ruge* ist vor allem in Norddeutschland vertreten und gehört dann zu mittelniederdeutsch *ru, ruw* für »rau, haarig, zottelig«. Er bezog sich also auf einen Mitbewohner mit entsprechendem Aussehen.

Sandra Maischberger im Gespräch

Sandra Maischberger erscheint pünktlich in einem Berliner Politszenelokal, dem »Cinque« in der Reinhardstraße. Viele bedeutende Namen standen hier bereits auf der Gästeliste, wie Altkanzler Helmut Kohl mit seiner legendären Vorzimmerdame Juliane Weber. FDP-Fraktionschef Wolfgang Gerhardt »wohnt« in diesem Restaurant, wenn er in Berlin ist, und die

Grünen halten an den Tischen oft ihre Tagungen ab, einfach weil die Pizza so schmackhaft ist.

Thomas Koschwitz: *Ich weiß von dir, dass du manchmal bei der Vorbereitung deiner Interviews die Herkunft der Namen deiner Gäste erkundest. Warum machst du das?*

Sandra Maischberger: *Ich mache das zum Beispiel dann, wenn es ein außergewöhnlicher, also ein seltener Name ist, mit osteuropäischem Klang. Oder wenn ich etwas über die Herkunft der Familie erfahren möchte, also zum Beispiel bei Oscar Lafontaine oder Lothar de Maizière und deren hugenottische Wurzeln. Zuletzt habe ich es mit dem Namen Geißler versucht. Als CDU-Generalsekretär war er ja einer, der »geißelte«. Heute ist er ein »Jesus-Versteher« und ganz anders gewendet. Deswegen wollte ich wissen, ob sein Name Programm sein könnte. In einem entsprechenden Nachschlagewerk gab es in der Tat eine mit dem »Geißeln« verwandte Deutung. In seinem Fall sei das aber anders, sagte er mir, als ich ihn schließlich im Interview darauf ansprach. Er beschrieb mir in den schönsten Farben einen Berg, aus dessen Umgebung seine Familie komme und der so heißt. Es klang plausibel. Das ist ein guter Anfang für ein Gespräch. Man ist sofort bei den Vorfahren, bei der Geschichte, beginnt ein Gespräch mit einer schönen Anekdote. Auch wenn der Name natürlich keinen Aufschluss über den Charakter gibt.*

Thomas Koschwitz: *Frauen hatten in der westlichen Welt fast immer das Schicksal, den Namen ihres Mannes annehmen zu müssen, wenn sie heirateten.* (Sandra lacht: *Ja, das stimmt!*) *Das ist eigentlich sehr hart, denn es bedeutete eine Identitätsveränderung. Da gehört man dann plötzlich zu einem anderen Stammbaum … Würdest du deinen Namen auf diese Weise hergeben?*

Sandra Maischberger: *Also, meine Großmutter hat es, wie ich finde, in idealer Weise gelöst. Sie ist eine geborene Maischberger. Sie hat einen Mann getroffen, der so hieß wie sie, und den hat sie geheiratet. Das hab ich mir zum Vorbild genommen!* (Lacht.) *Nein, im Ernst. Es würde mir sehr schwer fallen, meinen Namen wegzugeben. Manchmal, wenn Jan* (Jan Kehrhart[6], ihr Lebensgefährte) *und ich verreisen, dann buche ich unter seinem Namen oder melde mich im Hotel unter seinem Namen an. Ich bin in diesem Moment anonym und finde das angenehm. Aber ich merke auch eine Art Clanpatriotismus in mir. Mein Name ist selten. Wir sind nicht so irrsinnig viele, die Verwandtschaft ist sehr überschaubar. Selbst zu Bayern habe ich nicht solche Heimatgefühle wie zu meinem Namen, zu diesem Stück Wurzel von mir. Ich würde mich sehr schwer tun, diesen Namen abzugeben, sondern ihn lieber pflegen und möglicherweise weitergeben.*

Thomas Koschwitz: *Du würdest dann also die Doppelnamenlösung anstreben?*

Sandra Maischberger: *Nein, das ist völlig ausgeschlossen. Ich würde vermutlich streiten. Jan und ich haben schon mal scherzhaft gesagt: Sollten wir Kinder haben, dann würden alle mit blauen Augen seinen Namen tragen und alle mit dunklen, braunen Augen meinen. Jan hat auch so einen seltenen Namen: Kehrhart. Der Clan ist ebenfalls sehr klein und pflegte lange die Tradition des Clantreffens. Du siehst: Wir hätten es nicht leicht, einen Familiennamen zu finden.*

Thomas Koschwitz: *Weißt du, was Maischberger bedeutet?*

Sandra Maischberger: *Ursprünglich dachte ich, weil es in unserer Familie auch Metzger und Gastwirte gab, es hätte etwas mit der Maische zu tun, die beim Bierbrauen entsteht. Mein Bruder hat dies durch Nachforschungen widerlegt. Er konnte den Namen bis ins 18. Jahrhundert zurückverfolgen und fand unterschiedliche Schreibweisen, zum Beispiel* Mayersperger[7]. *Nur was es bedeutet, weiß ich nicht.*

6 Ein äußerst seltener Name! Die entscheidende Spur findet man – mal wieder – auf der Internet-Seite www.familysearch.org. Dort ist der Name sechs Mal vertreten, und die aufgeführten Personen stammen alle aus einem Land, aus Böhmen. Wer sich mit Familiennamen in Tschechien etwas auskennt, sieht, dass hier ein Wechsel von *g* zu *k* nicht selten ist. J. Beneš, *Německá příjmení u Čechů*, Bd. 1, Ústí nad Labem 1998, S. 132 notiert u.a. *Krossl, Keisler, Klück* und auch *Kerhart*, sodass klar ist, dass der Name letzten Endes nichts anderes bedeutet als zu Deutsch *Gerhard*.

7 Das ist sehr unwahrscheinlich, da es diesen Nachnamen gar nicht mehr gibt.

Thomas Koschwitz: *Professor Udolph hat den Namen untersucht und herausgefunden, dass* Maisch *nicht von der Biermaische kommt, sondern auf einer sprachlichen Eigenheit beruht. Westlich des Lech sagt man ja »weischt« statt »weist« wie östlich davon. Deinen Namen müsste man eigentlich Maisberger aussprechen, wobei Mais »Holzschlag« bedeutet. Deine Vorfahren waren vermutlich Holzfäller, die in der Nähe eines Berges siedelten.*

Sandra Maischberger: *Das klingt schön! Professor Udolph hat festgestellt, dass meine Familie aus der Gegend des Lech kommt?*

Thomas Koschwitz: *Die Konzentration des Namens jedenfalls ist in dieser Region am größten.*

Sandra Maischberger: *Ja, das kann ich mir sehr gut vorstellen. Und in der Tat redet meine Verwandtschaft aus dieser Gegend so: »Woischt?« Ich kann mich gut mit dieser Deutung anfreunden. Bierbrauer statt Holzschläger wäre mir zwar lieber gewesen, weil es so gut riecht, aber ich fühle mich zu Hause bei diesem Gedanken, von Holzfällern abzustammen.*

Thomas Koschwitz: *Ist das wichtig für dich zu wissen, wo du herkommst?*

Sandra Maischberger: *Nein, wichtig wäre übertrieben. Spannend finde ich es, etwas Neues über mich zu erfahren, denn schließlich sind das ja meine Wurzeln. In unserer Familie gibt es zum Beispiel eine Anekdote, die erzählt von einem Vorfahren, der nach Indien auswanderte und dort von einem Maharadscha reich beschenkt worden ist. Nun geistert in unserer Familie immer noch die Vorstellung herum, dass es irgendwo versteckt einen Schatz gibt, der uns gehört und der gefunden werden könnte. Ansonsten weiß ich einfach sehr wenig über meine Familie. Die Verwandten aus drei Generationen vor uns, die ich zum Teil noch erlebt habe, sind inzwischen gestorben. Jetzt gibt es im engeren Kreis nur noch meine Mutter, meinen Bruder und mich, zu den anderen Familienmitgliedern der Maischberger-Seite haben wir fast keinen Kontakt mehr. So ausgeprägt ist der Clangedanke doch nicht.*

Thomas Koschwitz: *Hast du mal über einen Künstlernamen nachgedacht?*

Sandra Maischberger: *Als ich anfing, in der Öffentlichkeit zu arbeiten, wurde ein Gruppenbild von der Redaktion gemacht. Es waren fünf Personen darauf zu sehen, und ich hatte den längsten Namen. In der Unterzeile war nur Platz für die Hälfte meines Namens, »Maisch«, und ich habe eine Zeit lang überlegt, ob das nicht eine gute Idee wäre, ihn zu behalten. Sandra Maischberger ist irgendwie sperrig. Es dauert auch lange, bis man mit diesem Namen unterschrieben hat, wenn's lesbar sein soll. Ich habe mir so einen Krakel angewöhnt, der mittlerweile einer EKG-Kurve ähnlicher sieht als meinem Namen. Irgendwann dachte ich auch schon an einen Doppelnamen, indem man einfach einen Bindestrich zwischen* Maisch *und* Berger *setzt.*

Thomas Koschwitz: *In der Schule nannte man dich…?*

Sandra Maischberger: *Maischi oder Maischl. Mein Vater hieß schon so. Wenn ich mich in der Schule aus der letzten Reihe gemeldet habe, drehten sich die Mitschüler zu mir um und riefen: »Da schau her, Zwergenaufstand, das Maischzwergerl!« Ich habe früher meinen Namen furchtbar gefunden.* Sandra *klang wie Sandkasten, und* Maischberger *war zu lang. Heute finde ich ihn richtig schön, auch wenn er mittlerweile ein wenig inflationiert ist. Im Abschlussheft meiner Journalistenschule haben Mitschüler die Prognose abgegeben, ich würde in meiner zweiten Lebenshälfte vermutlich vor meiner Bekanntheit davonlaufen und meinen Namen ändern. So weit wird es aber nicht kommen.*

Thomas Koschwitz: *Nun gibt es zwei Sendungen im deutschen Fernsehen, die deinen Namen tragen, nämlich beim Sender n-tv »Maischberger« und in der ARD »Menschen bei Maischberger«…*

Sandra Maischberger: *Was in beiden Fällen übrigens nicht meine Idee war. Bei n-tv war es die Idee von Friedrich Küppersbusch, in der ARD folgten wir der Sendung von Alfred Biolek, da hatte die Namengebung eine gewisse Tradition. Anfangs hat mich das schwer irritiert, wenn ich in meiner Redaktion* *anrief und sich alle mit meinem Namen meldeten. Ich zuckte auch ständig zusammen, weil ich mich bei jeder Sendungsnennung im Team angesprochen fühlte. Und bis heute fällt es mir schwer, bei der Begrüßung der Zuschauer den Sendungstitel zu nennen – also von mir in der dritten Person zu sprechen. Also lass ich ihn lieber weg.*

Thomas Koschwitz: *Ist deine Familie stolz auf dich, weil du den Namen* Maischberger *in die Welt hinausträgst?*

Sandra Maischberger: *Meine Großmutter Maischberger (geb. Maischberger) würde, lebte sie noch, vor Stolz wahrscheinlich den Boden nicht mehr berühren. Manchmal denke ich an meinen Vater, der leider schon vor langer Zeit gestorben ist, und frage mich, ob er stolz wäre oder ob er den Wirbel unangemessen fände. Bei meiner Mutter und bei meinem Bruder ist es mir eher peinlich. Sie sind die beiden einzigen Maischbergers, die in ihren Städten im Telefonbuch stehen....*

Thomas Koschwitz: *Sandra, danke für das Gespräch.*

2. Kapitel
Adenauer, Rau, Weizsäcker:
Die Namen der Politiker

In Fragen der Wertschätzung und des Ansehens rangiert die Berufsgruppe der Politiker mittlerweile seit Jahren im unteren Bereich der Beliebtheitsskala. In den Kommentaren deutscher Zeitungen wird angesichts steigender Arbeitslosenzahlen und zunehmender öffentlicher Verschuldung, explodierender Kosten im Gesundheitswesen, Entgleisungen von Abgeordneten und Affären von Ministern gewitzelt, bereits der Begriff »beliebter Politiker« sei ein Antonym, also ein unüberbrückbarer Gegensatz. Dies erstaunt deshalb umso mehr, als die berufliche Zukunft jedes einzelnen Volksvertreters fast ausschließlich von der Meinung der Bevölkerung abhängt. Wenn man die Intention von Politikern hinterfragt, die oftmals ihren gelernten Beruf aufgeben, um sich »Volkes Stimme« zu stellen, wird ersichtlich, dass das

Streben nach Macht und Berühmtheit eine sehr große Rolle spielt. Neben Popmusik, Sport und Medien gibt es kaum einen weiteren Arbeitsplatz, bei dem man sich schneller einen Namen machen kann als in der Politik. Selbst *George W. Bush*, der 43. Präsident der Vereinigten Staaten, wird nicht ernsthaft der Behauptung widersprechen können, er habe sich mit dem zweiten Irak-Krieg auch einen Platz in den Geschichtsbüchern dieser Welt sichern wollen. Wie man zu seiner Politik auch stehen mag: Bush hat jedenfalls bewiesen, dass er kein Theoretiker, sondern ein Mann der Tat ist. Er ist also niemand, der lediglich »auf den Busch klopft«, obwohl sein Nachname (in der Übersetzung englisch *bush:* »Busch«) ganz offensichtlich auf ein Gewächs Bezug nimmt. Der auch in Nachnamen wie *Büsch, Busche, Buschner, Büschel, Büsching* oder *Buschmann* vorkommende Wortstamm *Busch* ist ein eindeutiger, unverfälschter Wohnstättenname. In seiner ursprünglichen Bedeutung weist er darauf hin, dass ein Mensch dieses Namens in der Nähe eines markanten Strauches oder vielleicht sogar an einem Wald gewohnt hat, so wie es auch die Vorfahren des deutschen Malers, Dichters und Zeichners *Wilhelm Busch* getan haben. Angenommen, der derzeitige Präsident der Vereinigten Staaten wäre ohne Nachnamen in sein Amt gekommen, könnte er heute zum Beispiel *Whitehouse,* also »Weißhaus«, heißen.

Bush ist es – wie zuvor schon seinem Vater – gelungen, einem eher schlicht anmutenden Namen eine weltweite und sicherlich seinen Tod überdauernde Bedeutung zu verleihen. Dies hat wohl auch mit dem Wahlsystem in Amerika zu tun. Anders als im Wahlkampf der USA stehen sich in der Bundesrepublik Deutschland nicht einzelne Personen, sondern Parteien gegenüber. Zum Glück, könnte man meinen. Denn fragt man die Analytiker nach dem Grund der immer größer werdenden Politikverdrossenheit, bekommt man eine einfache Antwort: In der Parteienlandschaft fehle es heutzutage an großen Namen wie seinerzeit etwa *Konrad Adenauer* oder *Ludwig Erhard*. Eine Behauptung, die ich zumindest vom wissenschaftlichen Standpunkt nicht teilen kann, wie die Namenanalyse unserer aktuellen Volksvertreter gleich belegen wird.

Aber eines ist richtig: Fehlt es an Persönlichkeiten in der Politik, sinkt die Wahlbeteiligung. Auch wenn es unsere Gesetze anders vorsehen – die Wahrheit ist: Menschen wählen keine Parteien. Menschen wählen keine Programme. Menschen wählen Gesichter und Charaktere – sie wählen einen Namen. Und sei es auch nur mit einer einzigen Stimme Vorsprung, wie das bei dem ersten Kanzler der Bundesrepublik, Konrad Adenauer, im Bundestag der Fall war.

Der Name *Adenauer* ist in die Kategorie der Herkunftsnamen einzuordnen. Grundlage des Namens ist der kleine Ort *Adenau*, nur etwa 40 Kilometer von Bonn entfernt. *Konrad Adenauer* hat es also eigentlich »nicht sehr weit« von seinem Ursprungsort bis in die große Politik gehabt. Der Ortsname wurde schriftlich im Jahr 1215 als *Adenowe* und 1389 als *Adenauw* notiert. In ihm ist zum einen der alte Personenname *Ado* enthalten sowie zum anderen das deutsche *Au(e)* für »Land am Wasser«. Letzteres kennen wir auch von zahlreichen anderen Familiennamen wie *Grunau, Lindenau* oder *Gneisenau.* Hier also haben die Adenauers vor langer Zeit einmal den ersten Wohnsitz an einer »Aue« gehabt.

Zum Wasser hatte der erste Kanzler der Bundesrepublik übrigens eine interessante Beziehung, die kaum in der Öffentlichkeit bekannt sein dürfte: *Adenauer* war nicht nur ein herausragender Staatsmann, sondern auch ein Erfinder. Kurz nach dem Ersten Weltkrieg meldete er eine neue Tülle für Gartengießkannen zum Patent an, die mit einer beweglichen Klappe abgedeckt werden konnte.

Unter *Adenauer* arbeitete mit *Ludwig Erhard* ein weiterer bedeutender Namenträger. Als Wirtschaftsminister und später als Bundeskanzler prägte er die Geschicke der Bundesrepublik in der Nachkriegszeit seit der Stunde null. Er trug nur einen Rufnamen als Familiennamen, aber nicht irgendeinen! Zu seiner überaus starken Verbreitung hat etwa im 7. beziehungsweise 8. Jahrhundert die Verehrung des heiligen Erhard beigetragen, der ein Schutzpatron gegen Pest und andere Seuchen war. Ludwig Erhard galt vielen ebenfalls als ein »Patron«, wenn auch nicht gegen Seuchen, sondern für den deutschen Wohlstand der Nachkriegszeit. Sein Name ist immer noch ein Synonym für das so genannte Wirtschaftswunder nach dem Zweiten Weltkrieg.

In den USA hat der Präsident den bekanntesten Namen. In Deutschland ist es vermutlich der Bundeskanzler. In den 1990er-Jahren servierte einer von ihnen seinen zahlreichen ausländischen Gästen wie Margaret Thatcher, Michail Gorbatschow und Ronald Reagan ein typisch deutsches Gericht, den Pfälzer Saumagen, der dadurch Weltruhm erlangte. Der Magen, der übrigens selten gegessen, sondern wie bei einer Weiß- oder Bratwurst als Pelle dient, wird traditionell mit Fleisch, Kartoffeln, Eiern und oft auch Karotten gefüllt. Der Nachname des besagten Bundeskanzlers ist trotz seiner Vorliebe für Fleisch ganz eindeutig auf etwas anderes Nahrhaftes zurückzuführen, den Kohl. Im Mittelhochdeutschen belegen die Worte *kol, koel, koele* ebenso wie das lateinische *Caulis* für »Stängelkohl« einen Berufsübernamen. Die Vorfahren *Helmut Kohls* waren Kohlbauern oder aber Menschen, die einfach nur eine Vorliebe für Kohlgerichte hatten. Und nicht in erster Linie für Saumagen.

Bei dem derzeitigen Bundespräsidenten *Horst Köhler* und dem Bundeskanzler a. D., *Helmut Kohl*, lassen die Nachnamen Gemeinsamkeiten vermuten. Doch die bestehen nicht. Ein *Köhler* hat nichts mit »Kohl« zu tun. Allerdings hätte man früher ohne ihn den Kohl nicht kochen können. Denn ein *Kohler* war jemand, der Holz »verschwelte«, um daraus Holzkohle herzustellen. Das war auch nötig wegen der strengen Winter im Mittelalter in Europa, als Steinkohle noch unbekannt war.

Im östlichen Niedersachsen um Hannover, Braunschweig, Hildesheim, aber auch in Bremen kennt man nicht nur den Namen *Köhler*, sondern auch *Kohlrausch*. Nach den obigen

Ausführungen könnte man jetzt zweifeln: Hat sich hier jemand an Kohlsuppe berauscht? Oder stieß er bei Grabungen auf Kohlevorkommen? Weder noch. Ähnlich wie bei den Namen *Kohlrautz, Kohlrusch* oder *Kohlrust* gab es hier eine Umdeutung aus dem mittelniederdeutschen *Kalkröse*. Die *Kalkröse* ist ein Kalkbrennofen, in dem vermutlich Holzkohle verbrannt wurde. Als Familienname gab es Ableitungen davon bereits im 16. Jahrhundert, zum Beispiel *Kohlroß, Kolrosen*. Hierauf beruht auch der Ortsname *Kalkriese*, der Ort der Varusschlacht bei Osnabrück.

Der bundespräsidiale Amtsvorgänger Köhlers, *Roman Herzog*, hat einen Namen, der auf den ersten Blick scheinbar leicht gedeutet werden kann. Doch wie so oft steckt etwas mehr dahinter. Oder davor? Denn das altdeutsche Wort *herizogo* beschreibt den Mann, der »vor dem Heer in die Schlacht zog«. Heute steckt dieser Adelstitel noch in der Redewendung »über jemanden herziehen«, das heißt »schlecht reden«.

Ab dem 12. und 13. Jahrhundert war ein *Herzog* bekanntlich der Herrscher über eines der zahlreichen zerrissenen Territorialgebiete des Heiligen Römischen Reiches deutscher Nation. Doch nicht jeder, der heute noch *Herzog* heißt, hatte adlige Vorfahren. Ganz im Gegenteil beschrieb der Name seinen Träger oft als Untergebenen. Als jemanden also, der in einem Abhängigkeitsverhältnis stand und dem »Herzog« zu Diensten war.

Hinter dem Namen *Herzog* kann sich vereinzelt natürlich auch ein spöttischer Übername verstecken. Der ursprüngliche Namenträger hat sich vielleicht nur in der Schänke so wie ein Adliger benommen, ohne wirklich einer zu sein. Dann hat man ihm den Namen *Herzog* gegeben wegen seines auffälligen, großspurigen Verhaltens.

Der sechste Bundespräsident der Bundesrepublik Deutschland, *Richard von Weizsäcker*, stammt ohne Übertreibung aus einer wirklich namhaften Familie. Sein Bruder Carl Friedrich ist zum Beispiel ein berühmter deutscher Physiker und Philosoph. *Weizsäcker* ist ein Übername, der einen alten, ehrbaren Beruf umschreibt. Das mittelhochdeutsche *weize* für »Weizen« ist schnell erklärt. Der zum Begriff gehörende *Acker* steht hier nicht für den Boden als solchen, sondern für den Bauern, der ihn bearbeiten muss. Die *Weizsäckers* waren also Weizenbauern, bevor sie später Professoren, Wissenschaftler und Staatsmänner wurden.

Viele Übernamen von persönlichen Merkmalen zeugen noch Hunderte von Jahren später vom ersten Eindruck, den der betreffende Mensch einst hinterließ. *Lang, Lange, Kurz, Kurtz* oder *Kur(t)ze* sprechen für sich. Auch *Schma(h)l, Mager* und *Dürr* brauchen keine weitere Erklärung. Aber wie ist es mit *Rau*? Hatte der gleichnamige frühere Bundespräsident *Johannes Rau* besonders »raue« Vorfahren? Er selbst agierte eher ruhig und unauffällig während seiner Amtszeit. Als er einst die Auseinandersetzungen im Bundesrat um das Zuwanderungsgesetz als »unwürdig« bezeichnete, galt das schon als scharfzüngig. Tatsächlich kann *rau* in der Namenforschung eine Ableitung aus dem Verhalten sein. Ein solcher Mensch war unwirsch, ungestüm und ungebildet. Diesen Vorwurf muss sich der ehemalige Bundespräsident sicher nicht gefallen lassen, selbst wenn er seinerzeit seine Ausbildung im Gymnasium abgebrochen hatte.

Überzeugender ist, dass Rau (wie Ruge) einer von vielen Übernamen ist, die sich auf die Haarpracht des Trägers bezogen. Damals wie heute ist sie eines der auffälligsten Merkmale eines Menschen, und kaum etwas verändert ihn so sehr wie eine neue Frisur. Deshalb gibt es so viele, die *Grau, Weiß, Weißkopf, Schwarz, Rothaar, Glatthaar, Glatze* oder *Kahl* heißen, um nur einige wenige eindeutige Namen zu nennen. Der Name des Grünen-Politikers *Hans-Christian Ströbele* ist übrigens auf *Strubbel-* oder *Struwwelpeter* zurückzuführen. Und auch *Rau* ist ein »haariger« Übername und heißt zum Beispiel »struppig« und »zottelig«. Es kennzeichnete jemanden mit einem ganz besonders auffälligen Haarwuchs.

Den Nachnamen des einstigen Bundespräsidenten *Walter Scheel* kann man gleich zusammen mit dem von *Otto Schily* analysieren. Denn diese Politiker haben mehrere Dinge gemeinsam, abgesehen von der Tatsache, dass sie beide bekannte Volksvertreter sind, die beruflich die Geschicke unseres Landes prägten und prägen: der eine als Bundesvorsitzender der FDP, Außenminister und Bundespräsident, der andere zunächst als RAF-Strafverteidiger, dann als Mitglied des Bundestages und später als Innenminister im Kabinett Gerhard Schröders. Ihre Namen haben eine identische Wurzel. Sie unterscheidet sich nur sprachlich in Niederdeutsch und Hochdeutsch. Die ursprüngliche Bedeutung leitet sich aus dem mittelniederdeutschen *schel(e)* ab. Experten wissen jetzt: Die Vorfahren von *Scheel* und *Schily* hatten zweifellos eine starke Sehbehinderung. Sie litten unter Strabismus, besser bekannt als »Schielen«.

Rund vier bis fünf Millionen Mitbürger haben auch heute noch eine Fehlstellung der Augen. Und früher, als die Medizin noch in den Kinderschuhen steckte (die erste Bügelbrille gab es erst in der zweiten Hälfte des 14. Jahrhunderts), war diese Behinderung natürlich noch sehr verbreitet. Da sie in zahlreichen Familien mehrfach vorkommt, gehen die Augenärzte davon aus, dass zumindest die Veranlagung dazu erblich sein kann. Das würde nicht nur die hohe Zahl der Betroffenen, sondern auch die Vielzahl der vom Schielen abgeleiteten Namen erklären: *Scheel, Schael(e), Scheelke, Schelb, bair. Schelch, Schölch* und *Sche(e)ler*. Selbst den Namen *Schily* gibt es immerhin 24 Mal; die meisten Namenträger leben in Nordrhein-Westfalen. Der Name des österreichischen Malers *Egon Schiele* ist eine weitere Variante dieser Namengebung, auch *Schiller* ist in seinem Ursprung auf »schielen« zurückzuführen.

Ein Kind, dessen Augen »in verschiedene Richtungen« blickten, hatte es nicht leicht. Dies hinterließ auch im Sprachgebrauch bis heute Spuren. Man kann es einfach nicht leiden, von einem Menschen schief oder »scheel« angesehen zu werden. Von den berühmten Herren *Schiller*, *Scheel* oder *Schily* hatte aber niemand mehr diese Augenschwäche, die dem Namen ihrer Vorfahren einen Stempel aufdrückte.

Was für den Handwerker der Werkzeugkasten ist oder für den Chirurgen das Skalpell, ist für den Abgeordneten die Rede in der Debatte, in der er ein Gesetz durch- oder zu Fall bringen will. Nicht nur an den Stammtischen in Deutschland wird häufig beklagt, dass es zu viel *parlare* und zu wenig *laborare* bei den gewählten Politikern gibt. Das Wort Parlament kommt aus dem Lateinischen, allerdings über französische Vermittlung (*parlement:* »Unterredung, Versammlung, Gerichtshof«). Zugrunde liegt altfranzösisch *parler*, »sprechen«, das seinerseits aus spätlateinisch *paraulare* stammt. Hierher gehört auch das französische Wort *parole,* das wir ebenfalls entlehnt haben und zur *Parole* machten.

Einer der bekanntesten Staatsmänner unserer Zeit trägt einen Namen, dessen Bedeutung auf die tägliche Beschäftigung mit schnatternden Lebewesen zurückgeht, dem Gänsehirten. Kommen Sie darauf, wer es ist?

Der Mann war insgesamt 23 Jahre Minister, bevor er 1992 aus freien Stücken sein Amt niederlegte, ganz ohne Skandale gehabt zu haben. Das sichtbare Markenzeichen des Hallenser Juristen waren seine gelben Pullover, die man dank seiner 18-jährigen Karriere als Außenminister der Bundesrepublik überall in der Welt bewundern konnte: auch 1989 in Prag, wo er unter frenetischem Jubel den anwesenden DDR-Bürgern die Nachricht ihrer Befreiung überbrachte. Ihrem Antrag auf Ausreise war stattgegeben worden, und der die Nation teilenden Mauer wurde damit ein erster Stützpfeiler entrissen. Die Rede ist, Sie haben es längst gemerkt, von *Hans-Dietrich Genscher*. Neben dem FDP-Mann gibt es noch knapp 60 weitere Träger dieses Namens. Ihre Familiennamen sind locker über Norddeutschland verstreut, mit einer leichten Konzentration im sachsenanhaltinischen Halle sowie in Sachsen und im Ruhrgebiet.

Das spricht mit einiger Wahrscheinlichkeit für eine Zuwanderung aus dem Osten. Nach einer Meinung gehört der Familienname wie auch *Gensch, Henß, Gentsch* oder *Jentsch* beziehungsweise *Jentzsch* zu einer slawischen Form für *Johannes.* Überzeugender ist aber die Analyse noch früher vorkommender Namen mit Nachweisen in Niederösterreich und Schlesien. Die bekannten Belege sprechen für eine frühe Eindeutschung des Namens aus dem Polnischen, in der das Wort *gonsior* für »Gänserich« steht. Wenn also der frühere Innen- wie Außenminister und Vizekanzler *Hans-Dietrich Genscher* heute in seinem Familienstammbuch zurückblättert, stößt er höchstwahrscheinlich auf polnische Experten in Fragen der Gänsehaltung und -hütung.

Der Nachname von Genschers Kollegen, dem früheren Bundesminister für Arbeit und Sozialordnung, *Norbert Blüm,* birgt einen wahren »Strauß« möglicher Bedeutungen. Die Grundableitung von dem schönen Wort *Blume* liegt klar auf der Hand und bedarf keiner weiteren Erklärung. Doch wie kam es dazu, dass ein Mensch diesen Namen erhielt, zudem in einer verniedlichten oder – wie der Fachmann sagt – in einer umgelauteten Form mit *ü*?

Es könnte sein, dass wir es mit einem sehr modischen Zeitgenossen zu tun haben, der seine Kleidung oder seine Wohnung gerne mit Blumen schmückte. Neben diesem Übernamen ist es auch eine naheliegende Bezeichnung für einen Blumengärtner oder Gewürzhändler. Denn das Wort Blume wurde früher auch für das Gewürz Muskatnuss verwendet. *Blume, Blühme* oder *Blüm* kann natürlich auch spöttisch gemeint sein für einen Menschen mit kleinem Wuchs oder liebevoll als Metapher für eine sehr schöne, zarte Person. In Nordrhein-Westfalen und Niedersachsen wird er sich allerdings eher auf den Ortsnamen *Blume* beziehen.

Alle diese Deutungen sind vorgeschlagen worden, auch von Fachleuten, die keine Verbreitungskarte der *Blüms* erzeugt hatten.

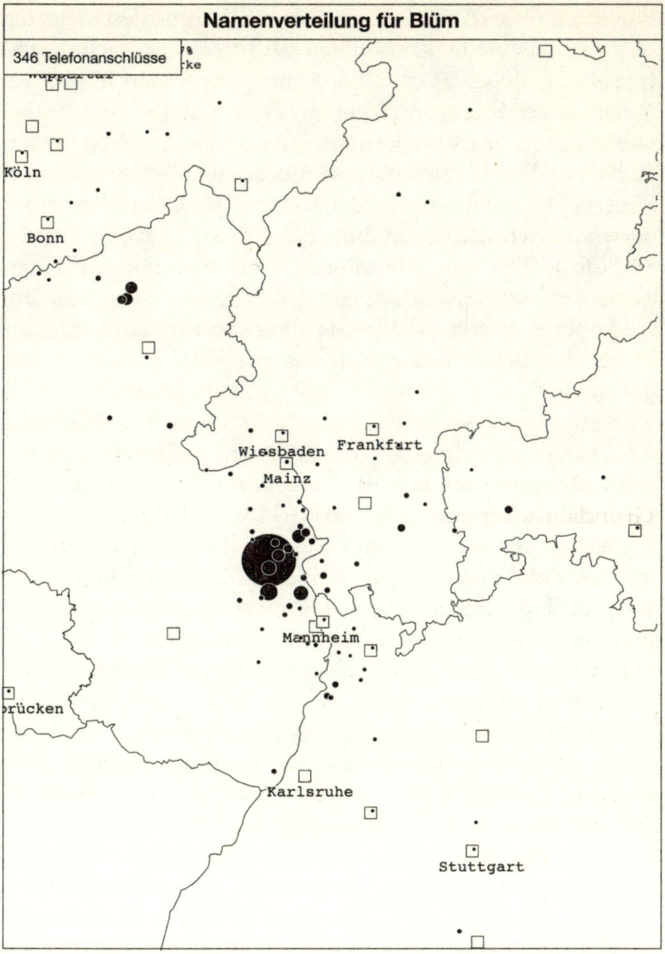
Namenverteilung für Blüm
346 Telefonanschlüsse
Köln
Bonn
Wiesbaden
Frankfurt
Mainz
Mannheim
Karlsruhe
Stuttgart

Wenn man das macht, erkennt man eine absolute Häufung zwischen Frankfurt/Main und Heidelberg. Daher bin ich sicher, dass eine hessische Dialektform von deutsch, *Blume* (mehr norddeutsch) bzw. *Blum* (mehr süddeutsch) vorliegt und dass der Name des Politikers *Blüm* sich in keine der genannten Kategorien einordnen lässt. Er leitet sich wohl vielmehr von dem Namen eines Geburts- oder Wohnhauses ab. Warum? Dazu muss ich ein bisschen ausholen: Unser modernes Leben wird bestimmt durch eine Vielzahl von Zahlen. Ohne Telefon-, Konto- und Geheimnummern hätten wir es sehr schwer, uns im Alltag erfolgreich zu behaupten. Und ohne Postleitzahl und Hausnummer würden uns weder Post noch Besucher erreichen können. Doch das war natürlich nicht immer so. Die städtischen Verwaltungen entschlossen sich erst im 17. Jahrhundert aus Gründen der einfacheren Organisation zur Einführung von Hausnummern. Die wohl interessanteste ist die Kölner Hausnummer 4711, die zum Markennamen für das bekannte Eau de Cologne – »Echt Kölnischwasser« – wurde. Zuvor orientierte man sich im Stadtbild aber nicht an Zahlen, sondern an den so genannten Häusernamen, die in Schrift und Wort über dem Eingang prangten. Heute bringt man Namen wie *Zum Löwen, Zum roten Ochsen* oder *Zur Rose* fast nur noch mit Gasthöfen und gelegentlich Apotheken in Verbindung. Leider kann man sich gerade bei der Gattung der Häusernamen nie hundertprozentig sicher sein, dass nicht auch eine andere Deutung infrage kommt. *Hecht* passt natürlich auch für einen Fisch, Fischer oder Händler, *Taube* kann der spöttisch gemeinte Spitzname für einen Schwerhörigen sein, und bei *Rabe* kommt neben dem Hausnamen *Zum Raben* auch ein Mensch mit schwarzem Haar infrage. Nicht immer ist es so eindeutig wie bei *Molfenter,* missverstanden auch *Mollfinder.* Dahinter verbirgt sich der Name eines Hauses *Zum Olifant,* was so viel heißt wie »Zum Kamel« oder »Zum Elefanten«, abgeleitet vom mittelhochdeutschen *olvant, olbente.* Ganz besonders vorsichtig müssen Sie sein, wenn Ihre Vorfahren aus dem Schwabenland stammen. In schwäbischen

Städten gab es früher kaum Häusernamen. In Städten wie Freiburg musste damals hingegen ausnahmslos jedes Haus einen Namen erhalten; so wollte es eine Verordnung von 1556.

Es ist nur logisch, dass die Sitte, Wohnhäusern einen Namen zu geben, Einfluss auf die Entwicklung der Familiennamen hatte. *Bock* zählt auch heute noch zu den 200 häufigsten Namen. Weitere beliebte Häusernamen waren *Zur Rose, Zum Bären, Zum Speer* oder *Zum Stern.* Diese Hausnamen wurden später oft wegen des schönen Klangs als Familienname von jüdischen Bürgern gewählt. Auch *Jennifer Rush* hieß *Heidi Stern,* bevor sich die Popsängerin mit der markanten Opernstimme diesen Künstlernamen gab. Neben den bereits genannten sind *Biber, Adler, Regenbogen, Drache, Baum, Mai* oder *Schild* wie zahlreiche weitere deutsche Nachnamen häufig ein Hinweis auf die Bewohner eines gleichnamigen Hauses. Und neben dem Bock war auch die Blume eines der beliebtesten Wahrzeichen. Bei Norbert Blüm ist es daher sehr wahrscheinlich, dass sein Name darauf zurückzuführen ist. Ebenso wie *Blümchen, Blohm, Lilie* oder *Rosenstengel.*

Ich ziehe diese Herleitung auch den Erklärungsversuchen vor, wie sie die Familie Norbert Blüms vornimmt. Demnach käme der Name aus dem Französischen: *la plume,* »die Feder«. Die Streuung des Namens in Deutschland erlaubt diese Deutung leider kaum.

Norbert Blüm im Gespräch

Norbert Blüm zählt auch Jahre nach seiner Amtszeit als Bundesminister zu den bekanntesten und beliebtesten Politikern Deutschlands. Wegen seines volksnahen Auftretens und seines unbestreitbaren Humors gelang es ihm über die Jahre hinweg, auch bei CDU-Gegnern Sympathiepunkte zu sammeln. Über seinen Namen redet er gern und war sofort zu einem Interview bereit. Spitznamen und Verballhornung haben bei ihm keine seelischen Narben hinterlassen: anders als die große Wunde, die ihm seiner Meinung nach von einem der ganz großen Männer in der Politik zugefügt wurde. Blüm und Kohl, 16 Jahre gemeinsam in einer Regierung, haben nach der so genannten Spendenaffäre nie wieder miteinander geredet.

Thomas Koschwitz: *Norbert Blüm, weißt du, woher du deinen Nachnamen hast?*

Norbert Blüm: *Ja, das führt in dunkle Gegenden. Offensichtlich waren meine Vorfahren Hugenotten, die aus Frankreich kamen und ihres Glaubens wegen in Deutschland Zuflucht gesucht haben. Sie trugen den Namen* Plume. La plume *ist Französisch und heißt »die Feder«.*

Thomas Koschwitz: *Du sagst »dunkle Gegenden«. Was soll das bedeuten?*

Norbert Blüm: *Ich bin kein Stammbaumforscher und will damit sagen, dass sich die Spuren unserer Vorfahren im Dunkeln verlieren. Ich kann sie nicht genau lokalisieren, und ich kenne nicht genau ihre Namen.*

Thomas Koschwitz: *Aber nicht alle Blüms haben eine französische Geschichte. Professor Udolph hat ermittelt, dass der Name in den meisten Fällen tatsächlich von der »Blume« kommt, etwa weil jemand seinerzeit im »Gasthof Zur Blume« lebte. Was sagst du dazu?*

Norbert Blüm: *Das ist mir sehr sympathisch, aber ich denke, in meinem Fall kommt der Name aus dem Hugenottischen.* La Plume, *»die Feder«, bedeutete, dass meine Vorfahren Schreiber waren. Das führt gar nicht in die Natur, sondern zu einer französischen Berufsbezeichnung. Ich erinnere mich an die Erzählungen meines Großvaters, und der berichtete eben von den hugenottischen Verwandten. Nach seinen Erzählungen könnten es Stadtschreiber gewesen sein, die damals mit Federkiel und Tinte geschrieben haben. Vielleicht waren sie Geldeintreiber. Jedenfalls hatten sie etwas mit dem Schreiben zu tun.*

Thomas Koschwitz: *Wenn du den Kern deiner Persönlichkeit definieren wolltest – welchen Anteil hat daran dein eigener Name?*

Norbert Blüm: *Ich halte den Satz von Jean-Paul Sartre für falsch. Der hat mal behauptet, dass der Mensch das Ergebnis seiner Wahl sei. Ich bin aber höchstens zu zehn Prozent das Ergebnis meiner Wahl. Fangen wir an bei meinem Namen, den hab ich mir doch nicht ausgesucht.*

Thomas Koschwitz: *Genauso wenig, wie man sich seinen Spitznamen selber aussuchen kann. Hattest du einen?*

Norbert Blüm: *Ja, aber der hatte mit meinem Vornamen zu tun:* Nobbi. *Das ist auch irgendwie individueller. Denselben Nachnamen haben mehrere in der Familie, den Vornamen hast nur du allein.*

Thomas Koschwitz: Nobbi *hat sich ja nicht nur bei deinen Freunden, sondern in der gesamten Republik als Spitzname für dich durchgesetzt. Er klingt gutmütig, lieb. Die Menschen scheinen ihn zu mögen. Was denkst du darüber persönlich?*

Norbert Blüm: Nobbi *war ein Name, der fast einem Ausruf gleichkam. Für* Norbert *zum Beispiel brauchste viel mehr Luft.* (Lacht.) *Aber* Nobbi *kam eigentlich erst später. Ganz früher hieß ich auch mal* Bimbo.

Thomas Koschwitz: *Warum* Bimbo?

Norbert Blüm: *Weiß ich nicht. Kinder überlegen sich das nicht so. Das ist was ganz Intuitives. Ich hatte ja eine Kindheit, in der sich viele Veränderungen ergaben. Es war Krieg. Ich wurde mit meiner Mutter und meinem Bruder nach Schafhausen in Rheinhessen verfrachtet, weil Rüsselsheim, gegenüber den Opelwerken, ein zu gefährliches Ziel geworden war und häufig bombardiert wurde. Dann kamen wir in den Schwarzwald, dann nach Bayern. Ich bin mit meiner Mutter durch Deutschland getourt, um in kriegsfernere Gegenden zu kommen. Und ich bekam jedes Mal völlig unterschiedliche Namen. Aber* Nobbi *wie auch* Bimbo *ist ja was ganz Freundliches.*

Thomas Koschwitz: *Norbert, danke für das Gespräch!*

3. Kapitel
Mozart, Küblböck, Grönemeyer: Die Namen in der Musik

Früher war die Welt noch anders. Musiker hießen Spielleute, ihre Instrumente waren Geigen, Trompeten und Trommeln und keine Drum-Machines, Sampler oder Synthesizer. Menschen mit bekannten Namen bekamen damals auch noch nicht mal eben den Gegenwert von 127 Millionen Euro für einen Exklusivertrag, wie der britische Popstar Robby Williams für seine Unterschrift bei der Plattenfirma EMI. Mozart zum Beispiel starb völlig verarmt. Doch auch wenn das Musikantengewerbe im Mittelalter nicht so lukrativ war, wurde es dennoch häufig ausgeübt, was viele Nachnamen beweisen, die sich von diesem Berufszweig ableiten lassen. *Spielmann, Spillmann, Spiehl, Spieles* oder *Speel* stehen noch heute häufig in deutschen Telefonbüchern. Das oberdeutsche Wort für Gesang war *leich*. Jemand, der sich aufs Singen verstand, hieß folgerichtig *Laicher* oder *Leicher* und heißt auch heute noch so, selbst wenn er darin gar nicht geübt ist. Mit den Leichen in der Pathologie oder gar dem Verb laichen (der Fische) haben diese Namen nichts zu tun.

Zu den Musikern zählten früher auch viele *Pfeifer*, die zur Unterhaltung der Menschen beitrugen, dabei aber nicht allein auf ihre Lippen angewiesen waren. Der Name kommt von *pipa*, lateinisch für Hirtenflöte. Es gibt noch immer den *Flöter* und *Flötner* unter uns, genauso wie den *Schallmaier* (der auf der »Schalmeie«, einem Instrument, spielte), den *Posauner, Lautenschläger, Harper* (niederdeutsch für die »Harfe«) oder *Leiermann.*

Heutzutage würde sich Nigel Kennedy zum Beispiel gegen die Bezeichnung Fiedler wehren und stattdessen die des Meistergeigers vorziehen. Dabei hat »die Fiedel« eine edlere Herleitung als die Geige. Die Violine, zu deutsch Fiedel, kommt vermutlich vom lateinischen *vitluare*, was »frohlocken« bedeutet. Die Geige geht auf das Wort *gîge* zurück, das seit dem 12. Jahrhundert scherzhaft für »gieksend« benutzt wurde. Damit zusammen hängt *gigen, geigen,* ursprünglich für »hohe, schrille Töne von sich geben«.

Namen wie *Pauker, Schellenschläger* oder *Posauner* brauchen keine weitere Untersuchung. Ihr Sinn ist klar oder mit kurzem Nachdenken sofort erschließbar. Das ist auch der Fall bei dem Namen des amerikanischen Baumagnaten und Milliardärs *Donald Trump,* der von trumpet, »Trompete«, kommt.

Es gibt Namen, die so klingen, als wären sie wie gemacht für große musikalische Genies. Bereits ihre Erwähnung lässt ganze Sinfonien, Opern und Konzerte in unserem »geistigen Ohr« erklingen. *Haydn, Mozart, Beethoven* sind nur drei von ihnen. Und sie allesamt führen uns in die Irre.

Um *Franz Joseph Haydn* ranken sich mehrere Nameneigentümlichkeiten. Der Komponist klassischer Meisterwerke konnte seinen ersten Vornamen nicht leiden und benutzte ihn daher nie. Das ist auch deshalb bemerkenswert, weil *Haydn* ein frommer Katholik war und *Franz* doch auf den heiligen *Franz von Assisi* zurückgeht. Wann immer *Haydn* beim Komponieren nicht weiterkam, nahm er seinen Rosenkranz zur Hand, um beim Gebet neue Einfälle zu erhalten. Es scheint geholfen zu haben. Schon zu Lebzeiten hatte man den Versuch unternommen, das gesamte Schaffen dieses bedeutenden Musikers und Komponisten in einem Werk zusammenzufassen. Es wurde bis heute nicht vollendet. Die angestrebte Gesamtausgabe ist erst zu zwei Dritteln fertig und soll am Ende 111 Bände in 32 Reihen umfassen. *Haydns* Schaffenskraft zu verdanken sind allein 24 Opern, 83 Streichquartette und über 100 Sinfonien.

Haydns Vorfahren besaßen ganz augenscheinlich nicht so viel Gottvertrauen bei ihrer Arbeit. Sie huldigten anderen Göttern, was der Name beweist, denn *Haydn* kommt wahrscheinlich von *»Heide«,* was also meint: *Gottloser, Nichtchrist.*

Der Ursprung liegt im mitteldeutschen *heiden* für »heidnisch«, jedoch können auch eifrige Kirchgänger ihren nicht so frommen Nachbarn diese Bezeichnung aufgedrückt haben. Der Name hat indes durch die Veränderung seiner Schreibweise einen schönen musikalischen Klang erhalten und ist somit meiner Meinung nach auch für Gläubige ein zumutbarer Familienname für diesen großen Komponisten.

Wolfgang Amadeus Mozart pflegte ab dem Jahr 1781 eine innige Freundschaft mit *Haydn*. Er war mit ihm in derselben Freimaurerloge, und sie spielten gerne und oft gemeinsam Streichquartette, von denen er Haydn sechs Eigenkompositionen widmete. Das Wunderkind *Mozart* trug einen Nachnamen, der zusammengesetzt ist aus dem alemannischen Wort *motzen* und der Endung vieler Vornamen *-hart (Rein-hart etc.)*. Das *Motzen* in diesem Sinne ist nicht zu verwechseln mit dem umgangssprachlichen »meckern«. Es hat eine noch unangenehmere Bedeutung für einen Menschen, der von vielen als der bedeutendste Komponist bezeichnet wird, den die Welt gehabt hat: *Motzen* wie *motschen* meint »im Schlamm herumrühren, unsauber arbeiten«. Dabei war *Mozart* schon im frühen Alter ein Perfektionist. In der ursprünglichen Schreibweise ist *Motzahrt* bereits im 14. Jahrhundert im »bairischen Schwabenland« schriftlich belegt. Der Nachname ist ein so genannter Spottname. Er wurde vergeben für Menschen, die »schlampig arbeiteten« oder so »dreckig« waren, als ob sie im Schlamm gearbeitet hätten.

Johann vom Rübenhof war von dem Kinderstar Mozart so beeindruckt gewesen, dass er von seinem Sohn die gleiche Karriere erwartete. Um sie zu fördern, benahm er sich so wie viele Eltern, die heute ihre kleinen Kinder unerbittlich zum Ballett- oder Gesangsunterricht bringen oder sie gleich bei einer Casting-Agentur vorstellen. Er zwang seinen Sohn, ab dem fünften Lebensjahr pausenlos zu üben. Dazu riss er ihn auch immer wieder unangekündigt mitten in der Nacht aus dem Schlaf. Es ist ein Wunder, dass die Lust des Jungen zu musizieren dadurch nicht für immer verloren ging. 1787 brach er sogar in die Welthauptstadt der Musik auf, um in

Wien bei Mozart höchstpersönlich zu studieren. Damals stellte er sich mit seinem bekannten Namen *Ludwig van Beethoven* vor. Früher wies die Silbe »van« nicht auf die Herkunft von einem edlen Geschlecht hin. Heute führt dieser Nachname oft zu Missverständnissen, und dem Komponisten wird fälschlicherweise ein Adelstitel angedichtet. Das »van« im Sinne von »von« ist eine schlichte Herkunftsbezeichnung bei niederländischen Namen und solchen, die aus dem Nordwesten Deutschlands stammen. *Beethovens* Ahnen kamen von einem *Beet-hof*. *Beet* wiederum kommt aus dem lateinischen *beta*, zuerst für Mangold, dann für rote Rüben. *Ludwig van Beethoven* ist schlicht der Ludwig vom »Rübenhof«. Dass es aber mit seinem Studium bei Mozart nichts wurde, lag nicht am bäuerlichen Namen, sondern hatte mit dem frühen Tod von Beethovens Mutter zu tun, der ihn schon nach zweiwöchigem Aufenthalt zur Heimreise zwang.

Der Mann mit der ungewöhnlichen Vornamenkombination *Herbert Arthur Wiglev Clamor* hat den vielleicht berühmtesten Nachnamen der deutschen Pop- und Rockmusik: *Grönemeyer*. Seit 1978 hat er mehr Schallplatten veröffentlicht und Preise erhalten, als es Menschen gibt, die ebenfalls seinen Nachnamen tragen. Nur noch 55 Mal ist er im Telefonverzeichnis zu finden, vor allen Dingen im westfälischen Gebiet. Auf jeden Fall beginnt er mit der Vorsilbe *grön*, dem niederdeutschen Wort für grün.

Meier in verschiedener Schreibweise ist ein Lehnwort aus dem Lateinischen (*maior*, »der Größere, Angesehenere, Höherstehende«) und bezeichnete ursprünglich den Verwalter, den Oberbauern, der im Auftrag des Grundherrn die Aufsicht über die Bewirtschaftung seiner Güter führte. In diesem Sinne wird heute noch das französische *maire* und englisch *mayor* für »Bürgermeister« benutzt. Ein *Gronmeyer* war also ein Meier, das heißt der »Verwalter eines Gutes«, der im Grünen wohnt.

Über den Vornamen von *Marius Müller-Westernhagen* wird bereits in den ersten Zeilen der Biographie auf seiner website *www.westernhagen.de* nicht ganz uneitel spekuliert: »Marius ist die männliche Form von Maria. Warum heißen nur so wenige Menschen Marius? Da gab es einen römischen Feldherrn, dann den Sohn der norwegischen Prinzessin Mette Marit. Aber in Deutschland gibt es nur einen großen Träger dieses Namens (nach dem später viele kleine benannt wurden), den Sohn von Hans Müller-Westernhagen und seiner Frau Liselotte, geboren am 6. Dezember 1948 in Düsseldorf.«

Wegen ihrer beruflichen wie privaten Differenzen sollen Westernhagen und Grönemeyer in den letzten zwanzig Jahren nur einige Minuten miteinander geredet haben. Dabei hätten sie als Gesprächsthema doch mit dem Nachweis der gemeinsamen Herkunft ihres Nachnamens einen guten Anknüpfungspunkt für ein freundschaftliches Gespräch: *Hagen* ist ein Wohnstättenname, der auf dem mittelhochdeutschen Wort *hagen* für »Hecke, Einfriedung, Schutz« oder einem davon abgeleiteten Vornamen beruht. Die Vorfahren der Rock-Sängerin *Nina Hagen* lebten offenbar in der Nähe eines Gebüsches oder eines davon abgeleiteten Ortsnamens – ähnlich wie die *Westernhagens,* deren Namen sehr wahrscheinlich auf eine Wüstung zurückgeht, das heißt auf eine verschwundene Ortschaft, erwähnt im Jahr 1386 als *van dem Westerenhagen* bei Berlingerode nahe Worbis im Eichsfeld. Zugrunde liegt also die Bedeutung »der nach Westen hin liegende Hagen«.

Der Rocksänger *Udo Lindenberg* müsste heute eigentlich *Udo Hamburg* oder *Udo Atlantic* heißen, wohnt er doch schon lange nicht mehr wie seine Vorfahren an einem der zahlreichen Orte namens Lindenberg. Seit über zehn Jahren ist seine Postanschrift das Fünf-Sterne-Hotel Kempinski Atlantic an der Alster der Hansestadt.

Bei der australischen Popsängerin *Kylie Minogue* fiel mir die Deutung weniger leicht. Ein Anrufer im Berliner Sender

Radio Eins wollte mich auf die Probe stellen. Glücklicherweise ließ ich mich durch den französischen Klang des Namens nicht in die Irre führen. Zunächst dachte ich, der Name komme von einem polnischen Fluss bei Krakau, der »Minoga«. Recherchen machten mir dann aber deutlich, dass *Minogue* aus Irland kommen muss, so wie die Familie des heute in Australien lebenden Stars ursprünglich auch. Damit steht *Minogue* in Verwandtschaft zu *Minnock*, das altirisch *Muineóg* geschrieben wurde. Mit ein wenig Phantasie können anglophile Mitmenschen hier das englische Wort für »Mönch«, also *monk*, herauslesen. Obwohl ich zugeben muss, dass die Etymologie hier nicht völlig gesichert ist, denke ich doch, dass die früheren Verwandten die leichte Bekleidung der Pop-Prinzessin schon aus Glaubensgründen sehr verurteilt hätten. Selbst wenn sie keine Mönche waren.

Der berühmte Nachname ist übrigens noch seltener als ein Konzert von Kylie Minogue in Deutschland. In Osnabrück leben nur noch zwei weitere Menschen, die so heißen.

Die gebürtige Erfurterin *Yvonne Catterfeld* hat sich keinen Künstlernamen gegeben, wie man vielleicht glauben mag, wenn man den einprägsamen Familiennamen zum ersten Mal im Radio hört. Bekannt wurde sie durch ihre Rolle in der populären RTL-Serie »Gute Zeiten, schlechte Zeiten« und später auch durch ihre Erfolge in den Hitparaden. Als Wissenschaftler betrachte ich den Namen *Catterfeld* mit zwiespältigen Gefühlen: Im ersten Schritt ist er leicht zu deuten, im zweiten birgt er ein noch ungelöstes Rätsel: In Deutschland ist *Catterfeld* mit über einhundert Telefoneinträgen gar nicht mal so selten vertreten. In der Schreibweise *Katterfeld(t)* gibt es ihn weitere 70 Mal. Auf der Verbreitungskarte entdeckt man zwei »Streuungszentren«, eins südwestlich von Erfurt, vor allem bei Gotha, und ein weiteres bei Düsseldorf. Jetzt muss man gar nicht lange suchen, um in der Nähe Yvonne Catterfelds Geburtsort den 1280-Seelen-Ort Catterfeld zu finden. Das war der leichte erste Schritt. *Catterfeld* ist ein Ortsname, die Urahnen wohnten hier in der Nähe, haben deshalb ihre Namen danach erhalten und sind im Lauf der Jahrhunderte offensichtlich nicht sehr weit weggezogen. Doch was steckt nun hinter dem Ortsnamen selbst? Was ist ein Catter-Feld?

Einige meinen, dass es ein wahrscheinlich mäusefreier Acker gewesen sein muss. Denn Catter soll eine Abwandlung von dem althochdeutschen *kataro* = Kater sein: das Catterfeld ein Kater-Feld? Das ist allein schon deshalb unmöglich, weil die Aussprache von *Kater* beziehungsweise *Catterfeld* sowohl in der Länge des *a* als auch des *t* nicht zusammenpasst. Der Name *Catterfeld* muss daher anders erklärt werden. Die Namenforschung ist sich letztlich noch nicht klar, aber es besteht wohl ein Zusammenhang mit *Katlenburg* im Kreis Northeim, *Kattorf,* einer Wüstung im Kreis Helmstedt, *Kathorst,* einem verschwundenen Ort bei Zelhem in der Provinz Gelderland, *Kattem* in Belgien und dem *Kattegatt.*

Eine andere Anfrage nach der Herkunft eines Musikernamens hat mich emotional sehr stark bewegt, und das noch lange danach, als wir die Lösung bereits gefunden hatten. Ich weiß noch genau, dass ich am 20. Februar 2004 den Anruf von Frau Dr. Marianne Streisand aus Berlin erhielt. Ihren Namen gibt es in Deutschland nur noch ein einziges weiteres Mal, und zwar im brandenburgischen Senftenhütte. In Polen ist er überhaupt nicht mehr vertreten, denn hier wurde er als Folge der Judenvernichtung ausgerottet. Sieht man auf der schon mehrfach erwähnten website www.familysearch.org nach, findet man immerhin etwa zwanzig Streisands in den USA, unter ihnen natürlich auch die berühmte Sängerin und Schauspielerin *Barbra Streisand.* Dass sich bei ihr die Auseinandersetzung mit dem Thema Judentum wie ein Faden durch ihr Leben zieht, ist evident. Beachten Sie nur den mit einem Golden Globe prämierten meisterhaften Film *Yentl,* bei dem sie auch Regie führte. Dessen Handlung beruht auf Ereignissen in ihrer Familiengeschichte: Die ursprüngliche Heimat der Familie *Streisand* war der ukrainische Ort Bereschany im ehemaligen Galizien, bevor die jüdische Familie in die USA emigrierte. Auch ein Eintrag bei *www.familysearch.org* weist auf diese Region hin. »Maritz Streisand, Male Birth: Galizien, Kroenlande, Austria«. Da die Anruferin die Spuren ihrer Familie ebenfalls bis in die Ukraine zurückverfolgt hatte, ergab sich mit hoher Wahrscheinlichkeit, dass sie tatsächlich eine der letzten Verwandten der Sängerin ist. Der Name selbst ist, typisch jiddisch ausgesprochen, *Streusand* (in den USA auch neun Mal bezeugt), in dem *eu,* wie der Fachmann sagt, »entrundet« wird und wie *ei* klingt. Auch in dem amerikanischen Wort *Bagel* für die jüngst ebenso bei uns populär gewordene runde Backware steckt eine Entrundung, und der Weg, den dieses Wort »gegangen« ist, ist sehr interessant. Es kam aus den Vereinigten Staaten zu uns, dort aber waren »bagels« vor allem jüdischen Einwanderern bekannt. Diese wiederum kamen aus Deutschland und Osteuropa. Deshalb ist das dem Bagel zugrunde liegende Wort auch jiddisch: *beigel für* »Kipfel, Hörnchen«. Dieses ist ebenfalls eine »entrundete« Form, und zwar aus *Beugel,* zu dem es im ersten Buch des Wörterbuchs der Brüder Grimm heißt: »*Beugel,* ein Backwerk, in schlesischer Gegend ... wohl von der gebognen, gewundnen, ringförmigen Gestalt.« Das Wort heißt ins Deutsche übersetzt »biegen«, »Bogen« oder »Bügel«.

Zurück zum Streusand. Damit ist selbstverständlich nicht der heute bei Winterdiensten zum Einsatz kommende Sand gemeint, Streusand ist vielmehr ein anderes Wort für *Schreibsand.* Im Zeitalter von E-Mail und SMS ist Briefschreiben nicht mehr sehr populär. Und selbst einem Anachronisten (wie mir) ist das Verfahren zum Trocknen frischer Tinte auf Schreibpapier mit Sand kaum noch geläufig. Doch früher, bevor das saugfähige Löschpapier für Tinte aufkam, war es üblich, dass man nach beendeter Schreibarbeit etwas Sand über das Papier streute, damit die Buchstaben später nicht verwischten. Ein Mensch namens *Streusand* oder jiddisch *Streisand* schrieb also selbst viel oder hatte die Aufgabe, neben seinem Herrn zu stehen und den Sand zu streuen, sobald dessen Tintenfeder zur Ruhe kam.

Streisand ist von der Bedeutung her mit Namen wie *Stuyvesant* (ein Name, der mit New York und mit einer Zigarettenmarke verbunden ist), *Stoiber, Stauber* oder *Staubesand* zu vergleichen. Der Letztere kommt etwa 70 Mal in Deutschland vor. Hier geht es um Berufe, bei denen Sand oder Mehl, wie etwa beim Müller, gestaubt oder gestäubt, also aufgewirbelt, wird: Denken Sie nur an das heute noch geläufige Wort »aufstöbern« beim Jagdhund.

Der Schlagersänger *Jürgen Drews* (»Ein Bett im Kornfeld«, 1976) ist mit so viel Selbstironie ausgestattet, dass er sofort zugeben würde, musikalisch in einer anderen Liga als *Streisand* zu spielen. In einem TV-Interview bestätigte der Schlagerstar im Frühjahr 2005 öffentlich, dass selbst sein Klo mehr Niveau habe als seine Lieder. Wegen seiner ungezählten Auftritte auf der Baleareninsel hat er sich kurzerhand die Krone aufgesetzt und nennt sich fortan »König von Mallorca«. Sein Nachname ist jedoch von noch höherem Rang. Der Name *Drews* ist sehr häufig; es gibt ihn im norddeutschen Raum über 5000 Mal, vorwiegend in Hamburg und Schleswig Holstein. Er leitet sich vom Namen eines Apostels von Jesus Christus ab. Heute steckt er noch als Endung in dem englischen Vornamen *Andrew,* zu deutsch *Andreas.* Im Mittelalter gehörte er neben *Stephan* zu einem der beliebtesten griechischen Namen. Die Übersetzung wird dem sehr auf sein maskulines Erscheinungsbild bedachten *Jürgens Drews* sicher gefallen: Der Name gehört zu griechisch *aner, andros,* »Mann«, *andreios,* »mannhaft, tapfer«. Hierzu gehört auch *Alexander,* eigentlich »der, der Männer abwehrt«. (Vielleicht sollte man seine Tochter nicht unbedingt *Alexandra* nennen, wenn man später Enkelkinder haben möchte. Das bedeutet nämlich »diejenige, die Männer abwehrt«.)

Es war fast schon ein Skandal, als das ZDF im Jahr 2003 unter der Überschrift »Unsere Besten« die einhundert »größten« deutschen Namen vom TV-Publikum auswählen ließ und schließlich »Küblböck« auf Platz 16 rangierte – unangefochten vor *Mozart* (Platz 20), *Kant* (Platz 43) und *Thomas Mann* (Platz 76). Noch mehr Beachtung fand kurz zuvor eine andere Fernsehsendung, durch die der skurrile Sänger überhaupt erst bekannt wurde: die RTL-Casting-Show »Deutschland sucht den Superstar« mit Dieter Bohlen. Hier belegte *Daniel Küblböck* den dritten Platz, obwohl man über seine gesanglichen Fähigkeiten in der Öffentlichkeit durchaus geteilter Meinung war. Einig waren sich jedoch seine Anhänger. Durch die Boulevardpresse zu einem Kunstprodukt aufgebaut, hat er es mithilfe seiner Fans geschafft, zum drittbesten aller Musiker auf dieser Bestenliste gewählt zu werden: In der ZDF-Telefonabstimmung konnten sich nur noch *Ludwig van Beethoven* und *Johann Sebastian Bach* gegen ihn durchsetzen. *Küblböck* war außerdem die Nummer zwei der lebenden »Besten«. Denn außer *Helmut Kohl* waren alle Höherplatzierten zum Zeitpunkt dieser kuriosen Wahl bereits gestorben.

Ich will mir hier kein Urteil über die Qualitäten dieses bayerischen Medienwunders anmaßen. Aber gäbe es eine Hitliste der sprachlich interessantesten Namen, würde nach meiner Auffassung *Küblböck* zu Recht auf den vorderen Plätzen stehen. In Deutschland ist der Name insgesamt nur 172 Mal bezeugt. Die Variante Küblbeck gibt es etwas häufiger, 185 Mal. Die Namenstreuung, also die Verteilung des Nachnamens im Bundesgebiet, zeigt eine eindeutige Häufung im Südosten Deutschlands, vor allem in Ostbayern nordöstlich von Passau.

Boshafte Zungen würden sagen, dass der Name gut zu dem »Superstar Daniel« passt. Der hatte unter anderem durch einen Weinkrampf in der RTL-Sendung Schlagzeilen gemacht, als eine seiner Freundinnen vom Publikum abgewählt wurde. Auch der ursprüngliche Nameninhaber hatte »nah am Wasser gebaut«, diesmal aber nicht im übertragenen Sinne: *Küblböck* ist ein Herkunftsname für jemanden, der an einem Bach wohnte, der viel Wasser mit sich führte. Bei sintflutartigen Regenfällen spricht man auch heute noch davon, dass es »wie aus Kübeln« gießt. Ein Küblbach leitete hiervon seinen Namen ab.

Im Namen von Küblböcks Mentor und »Entdecker«, *Dieter Bohlen*, steckt hingegen kein Verweis auf das Wasser. Man könnte hier ja an Schiffsplanken denken. Die Streuung spricht aber dagegen. Am wahrscheinlichsten ist die Herleitung von einem Personennamen, und zwar von dem niederdeutschen Vornamen *Bolewin/Boldewin*, der Entsprechung zu hochdeutsch *Bald(e)win, Balduin*, gebildet aus *bald*, »kühn«, und *wini*, »Freund«. Auch die Namen des verstorbenen belgischen Königs *Baudouin* sowie der des afroamerikanischen Schriftstellers *James Baldwin* gehören hierher.

Fast alle bislang behandelten Namen hätte man in mehrere Kategorien einordnen können. *Grönemeyer, Westernhagen, Catterfeld, Streisand* sind zugleich Schauspieler und Musiker. Selbst *Küblböck* hat in einem Kinofilm »Daniel der Zauberer« mitgewirkt, den allerdings nur etwa 10 000 Menschen sehen wollten. Die meisten Musiker haben mehrere Talente und können es schon deshalb nicht leiden, stilistisch in eine Schublade gesteckt zu werden. Wenn überhaupt, gehören sie zur Gruppe der Künstler und sollten nicht durch die Festlegung einer Kategorie abqualifiziert werden.

Echte *Künstler* gibt es übrigens nur noch 908 Mal in Deutschland. Dieser wohlklingende Nachname hat seinen Schwerpunkt im Südwesten der Bundesrepublik. Daneben gibt es noch Abwandlungen wie *Künstling* (11 Mal), *Künstlin* (5 Mal), *Künstel* (65 Mal), *Künster* (251 Mal), *Künsting* (100 Mal), *Künstle* (339 Mal) oder *Künstner* (200 Mal). Für alle diese Namen gibt es mehrere Herleitungsmöglichkeiten, und nur eine entspricht zumindest ansatzweise den schöngeistigen Künsten im heutigen Sinne – im Mittelhochdeutschen und Mittelniederdeutschen ist *künster, künstener* ein »Künstler und freier Handwerker«. Weniger aufregend ist eine andere Deutung: Danach steht der *Künstler* vom Namen her auf der gleichen Stufe wie ein so genannter

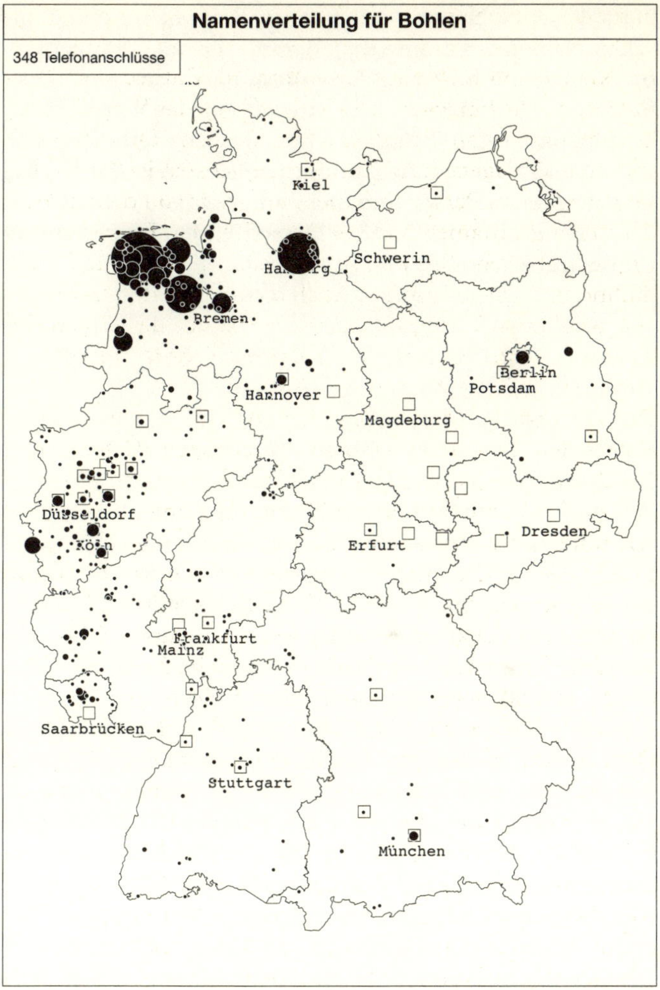
Namenverteilung für Bohlen
348 Telefonanschlüsse
Kiel
Schwerin
Hamburg
Bremen
Berlin
Potsdam
Hannover
Magdeburg
Düsseldorf
Köln
Erfurt
Dresden
Frankfurt
Mainz
Saarbrücken
Stuttgart
München

»Allerweltsname«. Er ist einfach die Erweiterung von *Kunz(e)*. Dass dieser Nachname den Rang 162 der häufigsten deutschen Namen einnimmt, liegt daran, dass er eine Ableitung des beliebten Vornamens *Konrad* ist, dem »tapferen Ratgeber« (zusammengesetzt aus dem althochdeutschen *kuoni*, »kühn«, und *rat*). Im Namen eines Musikers verbinden sich auch heute noch die Bedeutung von Künstler und Kunze, und zwar beim Sänger und Songwriter *Heinz Rudolf Kunze*, das Gleiche gilt auch für den Dichter und Georg-Büchner-Preisträgers *Rainer Kunze*.

4. Kapitel
Engelke, Profitlich, Kerkeling: Die »komischen« Namen

Mit Humor ist es wie mit dem guten Geschmack. Über beides lässt sich trefflich streiten. Die folgende Auswahl an Namen betrifft Prominente, die es sich zur Aufgabe gesetzt haben, uns zum Lachen zu bringen. Sie tun das auf unterschiedliche Art und Weise und sprechen verschiedene Zielgruppen an. Doch eines haben sie gemeinsam, neben der Tatsache natürlich, dass sie einen Nachnamen besitzen: Sie wollen mit Humor unterhalten. Da sie sich ihren Nachnamen nicht ausgesucht haben, hat seine Bedeutung meistens noch nicht mal entfernt etwas mit ihrem jetzigen Beruf zu tun. So wie umgekehrt ein Herr *Jux* nicht ständig zu Scherzen aufgelegt sein muss. Aber den Familiennamen *Jux* gibt es wirklich, und zwar 189 Mal. Man könnte meinen, er sei von dem gleichnamigen Ortsnamen *Jux* bei Sulzbach an der Murr abgeleitet. Dem Herrn, der mich einmal nach der Bedeutung seines Namens fragte, musste ich allerdings eine weniger schöne Auskunft geben. Seine Familie stammte aus Ostpreußen. Daher muss hier das litauische Wort *juksas* bei der Analyse vorrangig in Betracht gezogen werden. Und das bedeutet »Hundsfott, gemeiner Kerl« und Ähnliches. (Ich möchte an dieser Stelle eine generelle Warnung aussprechen: Es ist nicht ausgeschlossen, dass sich auch hinter Ihrem Namen etwas Unangenehmes, Unanständiges, Abstoßendes verbirgt. Sie müssen darauf gefasst sein; niemand kann Sie davor bewahren; auch ich habe darauf keinen Einfluss.)

Bei dem Namen *Scherz* kann es sich tatsächlich um das handeln, wonach es vordergründig klingt. Das mittelhochdeutsche *scherz* bedeutet »Vergnügen, Spiel und Scherz«. Doch auch hier hat die Medaille wieder zwei Seiten. *Scherz* kann sich auch, wenngleich weniger wahrscheinlich, aus dem mittelhochdeutschen *Schart* für »Wunde«, »Scharte« ableiten.

Auch der Name *Witz* hat in seinem Ursprung keine komische Herleitung. Es ist – die Streuung der Namen spricht dafür – eher eine Abwandlung von verkürzten Vornamen, wie zum Beispiel *Wiegandt*. *Witz* hat daneben die Bedeutung von »Wissen, Verstand, Einsicht und Klugheit«. Familie *Schulwitz* bestand übrigens auch nicht nur aus Klassenclowns: Hier handelt es sich um einen slawischen Ortsnamen. Sehr nahe liegt *Schullwitz,* heute ein Ortsteil von Dresden, aber leider weist die Ahnengeschichte der Familie Schulwitz in die Richtung Nordbrandenburg-Pommern. Das letzte Wort ist darüber noch nicht gesprochen.

Auch *Koschwitz* hat nichts mit einem »koscheren Scherz« zu tun, falls es so etwas gäbe. Die Verbreitung der 278 Namenträger in Deutschland zeigt, dass der Name aus dem Osten gekommen sein muss. Es liegt eine Eindeutschung aus polnisch *Kosowicz* oder *Koszewicz* vor. Daher ist der Name des TV- und Radiomoderators *Thomas Koschwitz* auch nicht eindeutig zu klären; zugrunde liegt entweder slawisch *kos,* »Korb« (Korbmacher, Korbhändler), oder *kos*, »Amsel«, bekannt aus dem jugoslawischen *Kosovo Polje/Amselfeld* (vielleicht für einen Vogelhändler) oder *kosic*, »mähen«, (für einen Landarbeiter).

Bei einem anderen Namen sind sich zumindest die Journalisten einig: *Anke Engelke*. Trotz des schnellen Endes ihrer

Late-Night-Show bei Sat1 gilt das komödiantische Talent dieser Frau im deutschen Fernsehen als einzigartig. Ihr Familienname hingegen ist es nicht. Etwa 3000 Mal ist er in Deutschland vertreten. Die meisten *Engelkes* leben im Nordwesten; es handelt sich also um einen niederdeutschen Familiennamen. Schon damals, als dieser Name entstand, neigten die Leute zu Abkürzungen. Auch *Engelke* ist die Kurzform eines Vollnamens, wie uns das Ende verrät. Wenn Sprachwissenschaftler oder Namenforscher sich mit dem Wortende beschäftigen, dann sprechen sie vom »Suffix«. Ein häufiges Suffix des Niederdeutschen ist *k,* dem im Hochdeutschen *ch* entspricht. Mit der Endung *ke* wurde oft eine Verkleinerung, Verniedlichung wiedergegeben, sprachwissenschaftlich ein Diminutiv. Dafür kennen wir zahlreiche Beispiele in der deutschen Namengebung: *Schmidtke* für den kleinen *Schmidt, Jahnke* als Kosenamen für *Johannes* und auch *Steppke* im Berlinischen (zu *Stephan*). Auch im deutschen Wortschatz finden wir es, niederdeutsch als *lütker,* »kleiner«, *bisken,* »bisschen«, im Hochdeutschen und in Dialekten erscheinen dafür *-le* (*Schäuble, Blümle, Bobbele*), *-lein* (*Hündlein, Kindlein*) oder *-chen* (Frauchen, Küsschen etc.). Der *Schmied* erfuhr so zahlreiche Diminutive wie *Schmiedle, Schmiedlein* oder *Schmittchen.* Nicht immer muss das die Bedeutung eines Kosenamens haben. Diese Verkleinerungsform wurde auch gewählt, um den Träger gegenüber einem anderen herabzusetzen oder um Junior und Senior unterscheiden zu können.

Um die Bedeutung von *Engelke* zu analysieren, müssen wir also den Namen auf seine ursprüngliche Ausgangsform verlängern. *Engelke* ist dabei die Kurzform eines Vornamens, wie *Engelbert* oder *Engelbrecht.* Das *ke* ist in vielen niederdeutschen Vornamen noch als Verkleinerung üblich, wie *Elke* (kommt ursprünglich von *Adelheid*), *Heike/Henke* (von *Heinrich*) und *Wiebke* (von *Wiegburg*). Im Niederdeutsch-Friesischen ist *ke* dann zu *je* weiterentwickelt worden: *Hiltje, Geertje* und *Swaantje* sind bekannt. Auch Frau *Antje,* die lange Zeit im Fernsehen für holländischen Käse geworben hat, gehört hier hin, und das, obwohl der Vorname *Antje* im Niederländischen so gut wie unbekannt ist.

Ich bekam in der Universität einmal die interessante Anfrage, den sehr schönen Namen *Engelskind* zu deuten, den es meines Wissens nur noch drei Mal in Deutschland gibt. Sämtliche Träger dieses Namens leben in Westfalen. Etwas häufiger ist der damit verwandte Name *Engelsking*, der zwölf Mal bezeugt ist. Vielleicht waren die Herren und Damen *Engelskind* beziehungsweise *Engelsking* früher wahre »Engels-Kinder«. Der Name aber ist zunächst einmal auch nur eine Abwandlung von *Engelke*. Das wird dem Sprachwissenschaftler durch die Endung *-ing* angezeigt. Diese hat hier keine verniedlichende Bedeutung, sondern weist darauf hin, dass ein Familienname aus einem Rufnamen entstand. *-ing* hat die gleiche Bedeutung von Suffixen wie *-er* oder *-mann*. So entstanden Namen wie *Engeler, Engler* oder *Engelmann*. *Engelsking*, das später zu *Engelskind* wurde, heißt demnach »zu der Sippe der Engelkes« gehörend. Ich denke, *Anke Engelke* wird es durchaus freuen, dass alle Engelskinder Deutschlands zumindest sprachlich mit ihr verwandt sind.

Über den Namen ihres Kollegen *Harald Schmidt*, von dem sie die Late-Night-Show übernommen hatte, bevor der dann zu den öffentlich-rechtlichen Sendeanstalten der ARD wechselte, kann man wenig sagen. Er selbst sagte aber einst über sich selbst: »Ich heiße Schmidt und sehe auch so aus.« Von den Boulevardmedien als »Lästermaul« bezeichnet, von seinen Fans wegen seiner zum Teil zynischen Witze verehrt, gilt er als Galionsfigur für den zeitgenössischen deutschen intellektuellen Humor. Seine TV-Sendungen produziert er mit einer eigenen Firma. Zumindest als »Schmied« von Einschaltquoten bleibt er also seinem Namen treu.

Wie gesagt, die hier aufgeführten Menschen verdienen ihren Lebensunterhalt mit Gags, Sketchen, Witzen und Kalauern. Und manchmal machen sie sich für einen Lacher des Publikums auch über die Namen anderer Menschen lustig. Dass das unangenehme Konsequenzen haben kann, musste das »Vorzeigegesicht« des TV-Senders Pro7 in Sachen Comedy erfahren. *Stefan Raab* hatte einer sechzehnjährigen Schülerin 22 000 Euro Schmerzensgeld zu zahlen, weil er in seiner Sendung »TV-Total« ihren Namen verunglimpfte. Die Richter der 4. Kammer des Essener Landgerichts sahen eine besonders schwere Persönlichkeitsverletzung darin, dass *Raab* sich in anstößiger Weise über *Lisa Loch* lustig gemacht hatte und ihren Namen wiederholt mit dem Pornogeschäft in Verbindung brachte.

Wer einen ungewöhnlichen Namen hat, braucht für den Spott nicht zu sorgen. Der Familienname *Loch* hat in der Tat einen mehrdeutigen Sinn, aber nicht einen einzigen mit frivolem Hintergrund. Er kommt aus dem Mittelhochdeutschen und steht für »Gefängnis, Versteck, Öffnung oder Winkel«. Jemand, der ins Gefängnis muss, wird umgangssprachlich »eingelocht«. Vor allem in Süddeutschland geht dieser Familienname häufig auf *lo(h)* zurück, das auch in Ortsnamen wie *Oldesloe, Gütersloh, Wiesloch* vorliegt und ein altes Wort für »Wald« ist.

Raab selbst kann sich glücklich schätzen, dass er zufällig keinen Nachnamen besitzt, der Anlass für pubertäre Anspielungen gibt. Zu dem blonden TV-Star passt er trotzdem nicht. Denn *Raab* kommt von Rabe und war früher eine Umschreibung für Menschen mit dichtem, schwarzem Haar.

Einen sehr interessanten Nachnamen besitzt der durch Fernsehen und Kinofilme bekannt gewordene *Hape Kerkeling*. Er klingt sehr auffällig, ist aber in Deutschland mit über 110 Einträgen gar nicht mal so selten. Die meisten Familien mit diesem Namen leben nördlich von Duisburg. *Kerkeling* ist ein niederdeutscher Name, der auf *kerk(e)* oder *kark(e)* zurückgeht. Und das steht nicht etwa für Kerker, sondern schlicht und einfach für »Kirche«. *Kerkeling* ist somit eine Berufsbezeichnung von Menschen, die nicht gerade dafür bekannt waren, durch unangemessene Scherze aufzufallen:

Es waren Kirchner im Sinne von »Kirchendienern, Küstern oder Messnern«.

Der Name *Kerkhoff* zum Beispiel hat die gleiche Wurzel. Das mittelniederdeutsche *kerkhof* meint den »Hof, der der Kirche gehört«. Auch *Kerkmann* ist die niederdeutsche Form von »Kirchmann«. *Hape Kerkeling*, der im Laufe seiner Karriere unter anderem den Grimme-Preis und den Deutschen Fernsehpreis bekam, hat sich mittlerweile wohl auf die Wurzeln seines Namens besonnen. 2004 verblüffte er in der Sendung »Menschen bei Maischberger« die Zuschauer damit, dass er den 650 Kilometer langen nordspanischen Jakobsweg nach Santiago de Compostela gepilgert war. Dort habe er eine Gottesbegegnung erfahren dürfen. Manchmal stimmt es eben doch: *Nomen est omen*.

Ebenso spannend wie *Kerkeling* ist der Nachname des Schauspielers und Comedians *Markus Maria Profitlich*. Bekannt wurde er dem Publikum neben *Ingolf Lück* und *Anke Engelke* durch seine Sketche in der Sat1-»Wochenshow«. Später bekam er mit »Mensch Markus« dann seine eigene Sendung. Unter etwa 40 Millionen Telefonbucheinträgen sind mindestens 99 mit dem Namen *Profitlich* und 52 mit dessen Schreibvariante *Profittlich* verzeichnet. Deutlich tritt eine Häufung in einem Gebiet zwischen Duisburg und Frankfurt am Main hervor. Dieser Name ist ein interessanter Spiegel der Namengebung in der Zeit ab dem 12. Jahrhundert. Bevölkerungszuwachs und die zunehmende Mobilität der Menschen, aber auch Modetendenzen in der Namengebung führten dazu, dass die bisherige Bezeichnung einer Person mit nur einem einzigen Namen nicht mehr ausreichte. Um den Einzelnen genau zu identifizieren, lag es, wie bereits an anderer Stelle ausgeführt, nahe, auffällige körperliche oder charakterliche Eigenheiten zur Beschreibung einer Person heranzuziehen. *Johannes* »der Kleine« wurde zu *Johannes Klein*. Johannes »der Kluge« zu *Johannes Klug* beziehungsweise *Johannes Kluge*. Viele dieser Übernamen reflektieren die Normvorstellungen der namengebenden Gesellschaft, indem sie Menschen kennzeichnen, die man für zu dick hielt und sie zum Beispiel *Brichta* nannte (tschechisch *břich*, »Bauch«, *břicháč*, »Dickbauch, Dickwanst«); unter diesem Namen ist ein Moderator und Redakteur bei dem Nachrichtensender n-tv tätig. Oder die als zu dünn erschienen wie zum Beispiel *Schäuble*. Der Nachname des bekannten CDU-Politikers ist eine Metapher für »Strohbund«. Andere waren ihren Mitmenschen gegenüber zu aggressiv, also wurden sie *Zenker* genannt, oder sie waren zu geschwätzig und hießen folglich *Schwätzer*. Menschen aller Zeiten und aus allen Schichten waren gegenüber ihren Mitmenschen oft voller Boshaftigkeit; daher sind Negativbewertungen sehr, sehr häufig.

Zu den auffälligen Charaktermerkmalen gehört natürlich auch der Umgang mit Geld. Konnte jemand geschickt seine Finanzen verwalten oder sogar vermehren, führte das zu Familiennamen wie *Wucherpfennig*. Dagegen kommt der sparsame Umgang in Geldangelegenheiten in dem Familiennamen *Schimmelpfennig* zum Ausdruck. Er bedeutete so viel wie »jemand, der den Pfennig so lange liegen lässt, bis er schimmelt«. Ein Geizhals oder sparsamer Mensch wurde dagegen als *Wehrenpfenning* bezeichnet (*weren* bedeutet mittelhochdeutsch »verteidigen«), oder als *Zippenpfenning* (mittelhochdeutsch *zipfen* bedeutet »langsam gehen oder aufbrauchen«).

In diesen Bereich gehört auch der Name *Profitlich*. Er wurde dem Namen einer profitabel agierenden Person beigefügt, die es verstand, Geld gewinnbringend zu vermehren, und wäre daher auch gut als Nachname für *Otto* geeignet.

Kaum ein anderer Komiker hat über Jahrzehnte hinweg mit Sprüchen wie »Hast du mal 'ne Zigarette? Meine sind noch im Automaten« so viel Geld verdienen können wie er. Otto Waalkes' Gags haben eine augenfällige Parallele zu seinem Namen. Seine Wortspiele schaffen es, Althergebrachtes durch eine simple Veränderung in einen völlig neuen, für die meisten Menschen sehr komischen Kontext zu bringen. So wird aus dem Hohen Gericht das Hohe Gewicht oder aus Waltraut »die, die sich auch im Wald traut«. Und man fragt sich unweigerlich, was es denn mit dem *Waal* in *Waalkes* auf sich hat. Die Antwort ist leicht: gar nichts. *Waal* kommt von *walah*, dem althochdeutschen Wort für »Welsche«. Als »Welsche« wurden von den alten Germanen die »Fremden«, früher die Kelten, später Angehörige romanischer Völker (Franzosen, Italiener), bezeichnet. Einst gab es noch Vornamen wie *Walchardus*, aus denen Kosenamen wie *Waleko* entstanden. Bei diesen alten Vornamen kam dann eine, wie der Fachmann sagt, *patronymische* (vom Namen des Vaters abgeleitete) Bildung mit *s* hinzu. Otto ist also nicht nur ein »Friesenjung«, sondern vor allem ein »Sohn Walekos«.

Die in München geborene *Ruth Moschner* war zunächst Bankkauffrau, dann Radio- und TV-Moderatorin, bevor sie in der RTL-TV-Sendung »Freitag Nacht News« fünf Jahre lang auch ihr komödiantisches Talent unter Beweis stellen durfte. Ihr Nachname ist ein Herkunftsname, bei dem der ihm zugrunde liegende Ort allerdings nicht so einfach zu bestimmen ist. In Deutschland gibt es den Namen *Moschner* ungefähr 510 Mal, vor allen Dingen kommt er in Nordrhein-Westfalen, im Ruhrgebiet, vor. Die Wurzeln liegen vermutlich in Schlesien: Von dort zogen besonders viele Aussiedler 1945 ins Ruhrgebiet. Allerdings gibt es auch ein hessisches *Morschen* sowie den Ort *Mörsch* in Rheinland-Pfalz und Baden-Württemberg. Namenforschung hat – wie bereits erwähnt – im ersten Schritt sehr viel mit Ahnenforschung zu tun. In jedem Falle sollte man wissen, woher die Familie des Namenträgers stammt. Zwar kommt Ruth Moschner aus Bayern, aber die Belege für Schlesien sind so überzeugend, dass man dort auch den Ursprung für die bayerische Moschner-Sippe suchen muss. Außerdem liegt eine Eindeutschung aus polnischen Namen wie *Moszna, Moszny* vor. Unter 38,5 Millionen Familiennamen Polens lassen sich nachweisen: *Moszna* 8 Mal, *Moszner* 55 Mal, *Moszny* 105 Mal. Zugrunde liegt *moszna*, »Sack, Beutel«, und ergibt damit wohl eine Benennung für einen Tagelöhner, der mit seinen »Habseligkeiten« in einem Sack umherzieht.

Apropos »Habseligkeiten«: Der Deutsche Sprachrat hat im Oktober 2004 eben dieses zum schönsten deutschen Wort gewählt. Zur Begründung schrieb eine Sekretärin an der Universität Tübingen, die dieses Wort als Vorschlag eingesandt hatte: »Habseligkeiten bezeichnet nicht den Besitz, nicht das Vermögen eines Menschen, wohl aber seine Besitztümer, und es tut dies mit einem freundlich-mitleidigen Unterton, der uns den Eigentümer dieser Dinge sympathisch und liebenswert erscheinen lässt.« Für ihre »poetisch-philosophische« Begründung wurde sie mit einer Reise nach Mauritius belohnt, obwohl die Wahl aus sprachwissenschaftlicher Sicht mit einem Fehler behaftet war. Denn *selig* in diesem Wort hat mit dem deutschen Begriff »seelig« gar nichts zu tun. Es ist ein Suffix, ein so genanntes Bildungselement, das Substantiva erzeugt hat, wie etwa *Mühsal* (aus mühselig), Labsal (aus *labselig*), Trübsal (trübselig), Drangsal, Rinnsal und so fort. Habseligkeiten sind daher nicht die »seelige Habe«. Das Wort kommt schlicht und einfach von *Habsal*, der »Habschaft«, also doch von dem profanen Besitz. So kann man sich täuschen...

Eindeutiger als bei Frau Moschner ist die Namensbedeutung bei dem Moderator und Kabarettisten *Dirk Bach*. Während er heute noch in seiner Geburtsstadt Köln am Rhein wohnt, hatten seine Vorfahren ihre Wohnstätte – wen wundert's – am Bach. Das Gleiche galt natürlich auch für den legendären *Johann Sebastian Bach*. Doch Vorsicht, wenn Sie Ihren eigenen Namen deuten: Ein einziger Buchstabe kann zu einer ganz anderen namenwissenschaftlichen Bedeutung führen. Und es kommt entscheidend auf die Region an, in der der Name gebräuchlich ist. Der Nachname *Bache* zum Beispiel ist vor allem in Norddeutschland bezeugt, wodurch klar ist, dass er nicht zum Bächlein gehört, denn dieses heißt im Niederdeutschen *bēk(e)*. Hier – wie auch zum Teil in Süddeutschland – bedeutet *bach* »geräucherte Speckseite des Schinkens, Schinkenspeck«. Herr *Bache* war demnach Fleischer.

Dass sich auch hinter kurzen Nachnamen eine lange, unglaubliche Geschichte verbergen kann, beweist der Familienname der Kabarettistin *Lisa Fitz*. *Fitz* geht wie *Fitzek*, *Fitzka* oder *Fietze* auf den heiligen Märtyrer Vinzenz von Saragossa zurück. Der Legende nach soll er im 4. Jahrhundert n. Chr. als Diakon vom Statthalter im spanischen Valencia auf unvorstellbar grausame Art und Weise gemartert worden sein. Zuerst nackt in einen Turm geworfen, legte man ihn auf einen feuerglühenden Metallrost und auf Glasscherben, nicht ohne ihn zuvor gestreckt und mit Fleischerhaken durchbohrt zu haben. Doch mildtätige Engel erschienen und verwandelten die Scherben, die seinen Rücken aufgeschlitzt hatten, in ein Blumenbeet. Der Stadthalter war daraufhin so erbost, dass er den Befahl gab, Vinzenz von Tieren auffressen zu lassen. Die Leiche wurde aber wieder von Engeln bewacht. Zwei Raben hielten die Hunde und Vögel fern. Aber der Statthalter war unerbittlich. Er ließ den Diakon in eine Tierhaut nähen und beschwert mit einem Mühlstein ins Mittelmeer werfen, das seinen Leichnam trotzig wieder ausspuckte. Nun konnte er von einer frommen Witwe endlich doch begraben werden.

Lisa Fitz setzte sich und ihren guten Namen einem moderneren Martyrium aus: Sie zog in das RTL-TV-»Dschungelcamp«, um mit anderen Prominenten vor laufender Kamera im australischen Regenwald Kakerlaken zu verspeisen. Warum sie für dieses zweifelhafte Vergnügen ihre Karriere beim Saarländischen Rundfunk aufs Spiel setzte, ist ein größeres Rätsel als die Frage, warum der spanische Vinzenz ein so beliebter Nachname in Oberschlesien war. Hier wurde er als Schutzpatron der Holzfäller, Seeleute, Dachdecker und Töpfer im Mittelalter sehr verehrt. Angeblich soll sein Haupt im Sankt-Vinzenz-Stift in Breslau ruhen. Nach einer anderen Meinung kann sich *Fitz* auch vom heiligen *Vitus* ableiten, dem es allerdings nicht sehr viel besser erging als seinem Märtyrerkollegen Vinzenz. Er weigerte sich im Jahr 304 n. Chr. vor dem römischen Kaiser Diokletian, seinen christlichen Glauben aufzugeben, und wurde dafür den Löwen zum Fraß vorgeworfen. Als diese ihm nur die Füße leckten, warf man ihn in siedendes Öl.

Welche Nachnamen wurden eigentlich früher Komikern gegeben? Das Unterhaltungsgewerbe blühte, wenn auch anders als heute, schon damals. Statt ins Kino zu gehen oder den Fernseher einzuschalten, versammelten sich die Menschen auf den Marktplätzen und Jahrmärkten, um sich von Musikern, Akrobaten, Spielleuten und Fechtkünstlern unterhalten zu lassen. Ohne den prominenten Damen und Herren zu nahe treten zu wollen, kommt der Beruf des Komikers oder neudeutsch »Comedian« dem des früheren *Gauklers* am nächsten. Seine Aufgabe war es, auf der Bühne zu stehen und die Menge durch Possenreißen zu unterhalten. Gaukeln wurde im Mittelniederdeutschen *goukeln, gogelen* oder *tröllen* genannt. Die entsprechenden Familiennamen sind zum Beispiel *Göckelmann, Triller, Gauger* oder *Gaukler* selbst. Dieser Nachname ist direkt aus dem mittelhochdeutschen Wort *goukelære, gougelære* entstanden, das auch den Sinn von »Taschenspieler« besitzt.

Die Gauck-Behörde muss von dieser Deutung allerdings ferngehalten werden. Sie geht zunächst auf den Namen des Bundesbeauftragen für die Unterlagen der Staatssicherheit, *Joachim Gauck*, zurück und damit auf das mittelhochdeutsche *gouch* für »Kuckuck«. Dieser Name wurde zumeist im übertragenen Sinn für »Tor« oder »Narr« benutzt. Und das wird man Herrn Gauck nun wirklich nicht nachsagen können.

Das Ansehen der *Gaukler* war seinerzeit nicht so hoch wie das der meisten Komiker heute. Das »fahrende Volk« führte ein oft beneidetes Lotterleben, und deshalb entstanden sehr schnell abfällige Berufsübernamen, die darauf Bezug nahmen wie *Lotter, Lotterer* oder *Lötterle*. Der Name *Schimpf* hingegen, der mit dem TV-Moderator *Björn Hagen Schimpf* in der ARD einen prominenten Träger hat, bezieht sich trotz seines für uns heute negativen Klangs auf die positive Wirkung der Tätigkeit eines Gauklers. *Schimpfen* bedeutete früher nämlich ursprünglich »Spaß machen, Scherz treiben«. (Versuchen Sie das mal Ihren Kindern klar zu machen, wenn Sie mit ihnen schimpfen.) Ein *Schimper* hatte entweder einen lustigen Charakter oder war jemand, der andere zum Lachen bringen konnte. Das gilt auch für Nachnamen wie *Schimpfle, Schimp* und *Schimpke.*

Markus Maria Profitlich im Gespräch

Markus Maria Profitlich ist ein unglaublich korpulenter Komiker. Seine Popularität wuchs schlagartig, als er Nachfolger von Marco Rima wurde und zu Anke Engelke und Ingolf Lück in die »Wochenshow« kam. Nachdem sich aber die Mitglieder der SAT1-Wochenshow in alle Himmelsrichtungen zerstreut hatten, kam Profitlich mit seiner neuen Show »Mensch Markus« groß heraus.

Thomas Koschwitz: *Ist dir bekannt, woher dein Name stammt?*

Markus Maria Profitlich: *Nein. Ich weiß nur, dass mein Name rheinischer Uradel sein soll, aber Genaueres weiß ich nicht.*

Thomas Koschwitz: *Profitlich kommt von »Profit«. Dieser Name wurde einer profitabel handelnden Person gegeben, die folglich gut mit Geld umgehen, das heißt es vermehren konnte. Bist du denn jemand, der in diese Namentradition passt?*

Markus Maria Profitlich: *Nee* (lacht). *Dafür hab ich ja meine Frau. Ich selber hab eigentlich schon immer Probleme mit Geld gehabt. Wenn ich welches hatte – und ich hab ja schon früh angefangen zu arbeiten, so mit 14, 15 Jahren – war freitags Lohntütenball, und da war das Geld auch schon wieder weg. Ich musste also montags meine Eltern wieder mal anpumpen.*

Thomas Koschwitz: *Was hast du vor deinem Durchbruch im Fernsehen gemacht?*

Markus Maria Profitlich: *Alles Mögliche. Ich war auf dem Bau. In einer Schiffswerft als Schweißer. Aber das mit dem Geld war nie so mein Ding. Weil auch Mathe nie mein Ding war* (lacht wieder).

Thomas Koschwitz: *Wie ist es allgemein in deiner Familie? Deine Eltern, die Profitlichs, sind das Menschen, die mit Geld umgehen können?*

Markus Maria Profitlich: *Mein Vater, ja. Aber irgendwie hat er uns das nicht vermitteln können. Im Moment geht's mir finanziell wirklich sehr gut, aber das Geld zusammenhalten – wie gesagt – kann nur meine Frau. Deren Name ist übrigens »Einfeldt«. Vielleicht kam diese Familie früher mit einem Feld zurecht.*[8]

Thomas Koschwitz: *Profitlich fällt nicht gerade in die Kategorie »Allerweltsname«. Siehst du das auch so?*

Markus Maria Profitlich: *Nein, in Bad Honnef, wo ich aufgewachsen bin, war der Name* Profitlich *nicht besonders außergewöhnlich. Eher sogar ein typischer Name. Er kommt so aus der Unkeler Ecke, und der bekannteste war der berühmte Bäckermeister* Profitlich. *Es gibt dort viele Bäckereien, die so heißen. Aber dieser Bäckermeister ist dadurch bekannt geworden, dass er dem damaligen Bundeskanzler Adenauer über den Zaun auf Rheinländisch zugerufen hat: »Adenauer, du biss äne Arschloch!«*

Thomas Koschwitz: *Wie kam es dazu?*

Markus Maria Profitlich: *Die hatten immer Streit. Ade-*

8 Der Familienname *Einfeld* ist doppeldeutig. Entscheidend ist die Herkunft des Namenträgers. Kommt er aus Norddeutschland, vor allem aus Schleswig-Holstein und Hamburg, so trägt er einen Herkunftsnamen. Ein Stadtteil von Neumünster heißt Einfeld; zum ersten Mal erwähnt wurde er um das Jahr 1200 als *Ennienuelde*. Zugrunde liegt eine Bedeutung »Siedlung eines Agino, Egino« (s. W. Laur, *Historisches Ortsnamenlexikon von Schleswig-Holstein*, 2. Aufl., Neumünster 1992, S. 231). Andere Namen enthalten Umdeutungen der verschiedensten Art, *Einfeld* kann entstanden sein aus *Eigen-feld*, »ein eigenes Feld besitzend«, Einfalt, »einfach, arglos, einfältig« oder *ohne Feld*, das heißt »kein Feld besitzend«.

nauer und Profitlich waren Nachbarn in Rhöndorf. Und Adenauer hat wohl irgendwann mal während seiner Amtszeit als Bundeskanzler eine Pressekonferenz gegeben, und zwar in seinem Garten. Und Profitlich hatte nichts Besseres zu tun, als ihn über den Zaun hinweg zu beleidigen.

Thomas Koschwitz: *Du wurdest also nie gehänselt?*

Markus Maria Profitlich: *Doch, aber eher wegen meines zweiten Vornamens,* Maria. *Ich bin in einem katholischen Ort aufgewachsen, hatte aber keine streng religiöse Erziehung. Als jüngstes von sechs Kindern bin ich zum katholischen Fest Mariä Verkündigung geboren worden. Alle meine Geschwister wurden immer von derselben Hebamme, einer alten Nonne, zur Welt gebracht. Und die sagte, als sie mich sah: »Frau Profitlich, so wie es aussieht, ist das doch wohl Ihr letztes Kind. Wie wäre es denn, wenn Sie es nach* Markus *auch* Maria *nennen würden?« Also habe ich jetzt von meinem Vater und von ihr meine beiden Vornamen.*

Thomas Koschwitz: *Hast du darunter gelitten?*

Markus Maria Profitlich: *Ja, bis zu einem gewissen Alter. Ich hab einfach meinen zweiten Namen vertuscht. Später, mit 14, 15 oder 16 Jahren, war es natürlich auch wieder interessant für die Mädchen.*

Thomas Koschwitz: *Wird dein Name im Ausland, wenn du zum Beispiel im Hotel eincheckst, sehr verunstaltet?*

Markus Maria Profitlich: *Na, das Problem hab ich ja schon in Deutschland. Man schreibt meinen Namen mit* v *oder mit zwei* t. *Die Franzosen kommen damit gar nicht klar. Und die Amerikaner – meine Frau ist Amerikanerin – sagen einfach »Profitlitsch«. Und sie fragen dann immer, ob ich aus Polen käme.*

Thomas Koschwitz: *Eine alte Regel unter Komikern besagt: Man macht keine Scherze über Namen. Ist mit deinem Nachnamen gescherzt worden?*

Markus Maria Profitlich: *Nein, das ist auch schwer. Mein Vater und mein Großvater hatten beide den Spitznamen »Profi«. Und als ich früher das Comedy-Duo »Profi und Andy« hatte, war ich immer »Profi«. Aber richtig verunglimpfen kanns-*

te den Namen eigentlich nicht. Vielleicht mal zu »Pommes frittlich«, aber das war's schon.

Thomas Koschwitz: *Lieber Markus, danke für das Gespräch.*

5. Kapitel
Bleibtreu, Klum, Rakete:
Die Namen vor und hinter der Kamera

Ein Pessimist würde sagen: Mit der Bedeutung von Namen ist es wie im richtigen Leben. Das Negative überwiegt. Diesen Endruck kann man wirklich schnell gewinnen, wenn es um Nachnamen geht, die besondere persönliche Merkmale oder Eigenschaften beschreiben. Die Vergabe des Namens hatte früher neben der Kennzeichnungs- auch eine Kontrollfunktion. Jemand, der unangenehm auffiel, wurde mit einer gezielten Benennung wieder in die Schranken gewiesen. Daher kennen wir *Wunderlich* als Namen für einen launischen, eigentümlichen Menschen, und Herr *Storm* war wohl »aufbrausend wie ein Sturm«. Der Name *Dick* beziehungsweise *Dicker* ist zwar relativ selten, das liegt aber daran, dass Synonyme wie *feist* oder *faist* früher gebräuchlicher waren. Übergewichtige wurden häufig *Klump, Klumpe* oder etwas kreativer *Vornfett* gerufen. Doch auch den Dünnen erging es nicht besser, wenn man sie *Dürr, Mager* oder *Mägerle* nannte.

Ironie und Hohn waren schon vor Jahrhunderten bekannt. Tiernamen wie *Hahn* oder *Spatz* waren meistens der spöttische Hinweis auf einen angeberischen Gockel oder einen kleinen unansehnlichen Sperling. Doch Menschen waren nicht immer nur gemein, und es gibt natürlich auch freundlichere Namen wie *Schön* oder *Schöne*. Das Adjektiv *schön* selbst kommt von dem mittel- und mittelniederdeutschen *schōn(e)*. Es hat neben seiner wörtlichen Herleitung viele andere angenehme Bedeutungen wie »herrlich, glänzend, hell, weiß oder fein«.

Die Vorfahren von Familien wie *Schönherr* und *Schöne-*

mann hatten ihnen wohl gesonnene Zeitgenossen. Auffällig ist hier aber, dass das weibliche Pendant nicht im Telefonbuch steht. *Schönedame* und *Schönefrau* sucht man vergeblich. Aber wir sagten schon: Die Männerwelt dominierte bis vor wenigen Jahrzehnten auch in der Familiennamengebung. Heute gibt es ungefähr 200 Menschen namens *Schön(e)fuß*, und sicher war dieser Name ursprünglich auf Herren gemünzt – ein eindeutiges Zeichen für die emanzipationsbedürftige Stellung des weiblichen Geschlechts im Mittelalter.

Hübsch, Hübscher und *Hübschmann* gibt es auch nur in der maskulinen Form. Wenn heute jemand mit diesem Prädikat bezeichnet wird, kann das durchaus negativ gemeint sein. »Ganz hübsch« soll einem vernichtenden Urteil gleichkommen, wenn Singles ihren neuen Partner so beschreiben. Früher war hingegen das Kompliment *hübsch* kaum zu überbieten, denn es kommt von *hövesch*, also »hofgemäß, fein, gebildet und gesittet«.

Mit dem Namen kann man es nicht allen recht machen. Selbst mit den »hübschen«, netten und wohl gemeinten nicht. Denn einige »schöne« Namen haben heute einen negativen Klang. Eine Familie *Morgenschweiss* etwa war so unzufrieden, dass sie ihn ändern ließ. Dabei steht *Morgenschweiss* in einer Linie mit *Frühauf* und *Morgenroth*. Die Namengeber wollten den Frühaufstehern, die bei der Arbeit bereits den Sonnenaufgang sahen, ihren verdienten Respekt zollen. *Schweiss* stand damals für einen ehrlichen, anstrengenden Beruf und nicht wie heute für einen Menschen mit mangelnder Körperhygiene. Sicherlich spielte hier auch die Forderung der christlichen Glaubenslehre eine Rolle: Im Schweiße deines Angesichts sollst du dein Brot essen.

In diesem Abschnitt werden wir die Namen einiger prominenter Menschen untersuchen, die zur Erhaltung ihres Marktwertes auch auf ein gutes, gepflegtes oder zumindest interessantes Äußeres bedacht sind. Sie verdienen sich überwiegend ihr Geld vor oder hinter der Kamera, sei es als Schauspieler, Fotograf oder Fotomodell. Dabei müssen wir uns nicht lange mit dem bekanntesten deutschen Namen in Sachen Mode und Schönheit aufhalten. Claudia *Schiffer* ist selbst erklärend. Ihre Ahnen kannten nur Boots- und keine Laufstege und haben sich als Schiffsmänner ihren Lebensunterhalt verdient.

Neben *Claudia Schiffer* gibt es kaum ein anderes deutsches Gesicht, das einem seit Anfang der 1990er-Jahre häufiger in der Öffentlichkeit begegnet wäre, kaum einen Nachnamen, den man in den Medien öfter las und liest: *Klum*. Tatsache ist, dass *Heidi Klum* zu den bestbezahlten und meistgefragten Supermodels der Welt gehört, strahlt das Lächeln der blonden Traumfrau aus Bergisch-Gladbach doch von Plakatwänden und Illustrierten im In- und Ausland. Sie macht Werbung für Fastfoodketten, hat ihre eigene Kosmetikserie und machte Schlagzeilen mit ihrer Beziehung zu dem Formel-Eins-Manager *Flavio Briatore* und ihrer Ehe mit dem Popsänger *Seal*.

Zunächst fällt es schwer, beim Nachnamen *Klum* eine positive Assoziation zu gewinnen. Zu nahe liegend sind Worte wie »Klump« oder »Klumpen«. Die wissenschaftliche Beschäftigung mit dem Familiennamen bestätigt zwar, dass die wahre Bedeutung tatsächlich keine Begeisterungsstürme hervorrufen wird. Aber das Model kann dennoch aufatmen: Mit einem Klumpfuß hat ihr Nachname nichts zu tun. (Glücklicherweise stellt sie ihre hübschen Füße unter anderem in den Dienst der Entwicklung und Bewerbung von Gesundheitsschuhen.)

Klums gibt es über 140 Mal in Deutschland. Die Herkunft des Namens leitet sich von dem Adjektiv *klumm ab*. Jemand, der früher in Eile war, hatte eine *klumme* Zeit. Sie war knapp. Ein windschiefes Haus besaß regelmäßig *klumme*, weil feuchte Fenster. Sie passten nicht mehr und gingen schlecht auf oder zu. Man muss nur einen Buchstaben verändern und stößt auf das heute noch gebräuchliche Wort *klamm*, das in seiner Bedeutung auch zu der Haushaltslage der meisten Bundesländer wie des Staatshaushalts passt. *Klumm* und seine Abwandlung *klamm* bedeuten neben

»knapp« auch »ärmlich« und »armselig«. Die Redewendung »geldklumm« war früher ebenfalls gebräuchlich für jemanden, der knapp bei Kasse war.

Zumindest bei Heidi dürfte dieser Nachname deshalb heute nicht mehr passen. Seitdem sie 1992 bei RTL-TV einen von Thomas Gottschalk moderierten Modelwettbewerb gewonnen hat, war sie wohl nie wieder in Geldsorgen. Ihre Tagesgagen können schon mal 50 000 US-Dollar erreichen, und allein das Honorar für einen Fastfoodgiganten soll im mehrstelligen Millionenbereich gelegen haben. Im Jahr 2005 wurde ihr Werbevertrag mit dem Otto-Konzern nicht verlängert, angeblich, weil sie schwanger geworden ist. In den Medien ließ der Konzern diese Begründung zwar dementieren, aber ob *Heidi* der Werbeslogan des Hauses, »Otto find' ich gut«, noch leicht über die Lippen geht, darf trotzdem bezweifelt werden. Namentlich haben *Otto* und *Klum* jedenfalls von vornherein nicht zueinander gepasst: Der königlich-kaiserliche Name *Otto*, der heute in Deutschland als Vor- und Nachname gebräuchlich ist, bedeutet Besitz und Reichtum – abgeleitet von dem althochdeutschen Wort *ōd*. Falls es Sie interessiert: Auch mein Name *Udolph* hat diese Wurzeln. Es ist ein alter Personenname, zusammengesetzt aus germanisch *ōd*, Besitz, und *wolf*. Salopp übersetzt wäre ich demnach ein »reicher Wolf«, was Ihnen jedoch weder meine Frau noch mein Bankberater bestätigen würde.

In diesem Zusammenhang ein wichtiger Hinweis: Viele heutige Nachnamen, die auf alte Vornamen zurückgehen, sind ohne »vernünftigen« Sinn. Am Beispiel Udolph lässt sich erkennen, dass der Name willkürlich zusammengesetzt worden ist. Übersetzungsversuche sind ohne Wert: Ein »Wolfsbesitz« beziehungsweise »Besitzer eines Wolfes« ist kaum verständlich. Auch begegnen wir nicht selten Namen, die in beiden Teilen »Kampf« bedeuten, so wahrscheinlich *Hildebrand* aus *hilt-*, »Kampf«, und *brand*, »Kampf, Schwert«. Auch das erscheint unsinnig. Ohne Zweifel sind in der Frühzeit der germanischen Vornamengebung beide Elemente aufeinander bezogen, also sinnvoll kombiniert worden, etwa

Konrad (»kühn im Rat«), *Volkwin* (»Volksfreund«), *Gottschalk* (»Gottesknecht«). Aber dieses Prinzip wurde schon früh zerstört. Der Vater gab seinem Sohn einen Namen, der die Zusammengehörigkeit ausdrückte, ohne dabei darauf zu achten, ob die Kombination einzelner Namenbestandteile einen neuen logischen Sinn ergab. Wichtiger erschien es ihm, die gemeinsame Familienzugehörigkeit zum Ausdruck zu bringen und sich von anderen Familien abzugrenzen: sei es mit einem Namen, der den gleichen Anlaut aufwies, wie *Ansgar, Agihard, Adalrad,* oder mit einem Namen, dessen einer Bestandteil aus dem Namen des Vaters genommen wurde: *Hildibrand – Hildiman – Hildwol,* oder *Heribrand, Hildibrand, Dietbrand.* Und damit war die ursprünglich sinnvolle Kombination unterlaufen und zerstört. Wir verstehen also bei diesen Namen fast immer die beiden darin enthaltenen Elemente, dürfen sie aber nicht einfach zu einem sinnvollen Ganzen verbinden. Das ist vielleicht betrüblich und wird nicht immer leicht verstanden, aber leider kommen wir meistens zu keinem anderen Ergebnis.

Der unter anderem durch seine Schwarz-Weiß-Fotografien von berühmten Personen bekannt gewordene Manager und Fotograf *Günther* »Jim« *Rakete* besitzt für mich einen der schönsten deutschen Namen. Um einen weit verbreiteten Irrtum gleich klarzustellen: Nein – *Rakete* ist kein Künstlername. Er ist tatsächlich echt. Sein Klang strotzt vor Kraft, Dynamik und Ehrgeiz. Geschult durch vorangegangene historische Betrachtungen, denken Sie sicher jetzt, dass dieser Name wegen seines Alters kaum etwas mit der jüngeren Raumfahrt zu schaffen haben kann. Doch da haben Sie nur teilweise Recht. Schon im vorchristlichen China, dem Land der Feuerwerkskörper, wurde mit Raketen experimentiert. Und den ersten dokumentierten Abschuss eines unbemannten Flugkörpers dieser Art soll es angeblich schon im Jahr 1555 im rumänischen Ort Sibiu gegeben haben. Aus den Aufzeichnungen, die in der Universitätsbibliothek Bukarest eingesehen werden können, geht hervor, dass es sich damals schon um ein Drei-Stufen-Antriebssystem mit einem festen Treibstoff gehandelt habe. Trotzdem haben Raketen und ähnliche Flugobjekte rein gar nichts mit dem gleichlautenden deutschen Nachnamen zu tun.

Hoffentlich sind die weiteren Namenträger in Deutschland jetzt nicht traurig, dass sie in Wahrheit gar keinen »explosiven« Namen tragen: Die technische Rakete kommt aus dem Italienischen von *rochetta*, die Spindel. Der Nachname *Rakete* aber leitet sich aus dem polnischen *rokyta* ab und heißt schlicht »Weide«.

Im einem persönlichen Interview mit dem prominenten Fotografen, das Sie am Ende dieses Kapitels lesen können, äußerte *Jim Rakete* die Überzeugung, sein Name habe einen französischen Hintergrund und komme von *Raquete*. Das Wort kennen wir heute aus dem Englischen; es steckt in *racket* für Tennis-»Schläger«. Wenn die Ergebnisse seiner Ahnenforschung zutreffen und er tatsächlich hugenottische Vorfahren besitzt, so wäre dies eine absolute Ausnahme.

Der Blick auf die Verbreitungskarte spricht nämlich stark gegen eine Herkunft von Hugenotten. Es sind nicht die typischen Länder dabei, die Hugenotten aufgenommen haben wie Preußen/Brandenburg, Hessen, Baden-Württemberg, sondern gerade die, die es nicht taten: Hannover, Sachsen, Rheinland. Einen »Hugenotten-Verdacht« überprüft man am besten, indem man sich in Frankreich selbst umsieht. Dafür steht im Internet die französische website www.notrefamille.com zur Verfügung. Dort gibt man den gesuchten Namen ein und hat in Sekundenschnelle Häufigkeit und Streuung vor Augen. Hier die eindeutigen Ergebnisse: *Rakete* wie *Raquete* sind in Frankreich nicht nachgewiesen; *Raquette* gibt es nur einmal, aber *Raquet* ist in der Tat in Frankreich 71 Mal vorhanden.

Namen sind also doch nicht Schall und Rauch, und für die legendäre österreichisch-schweizerische Schauspielerin *Maria Schell* müsste man den Satz abwandeln zu: Sie sind

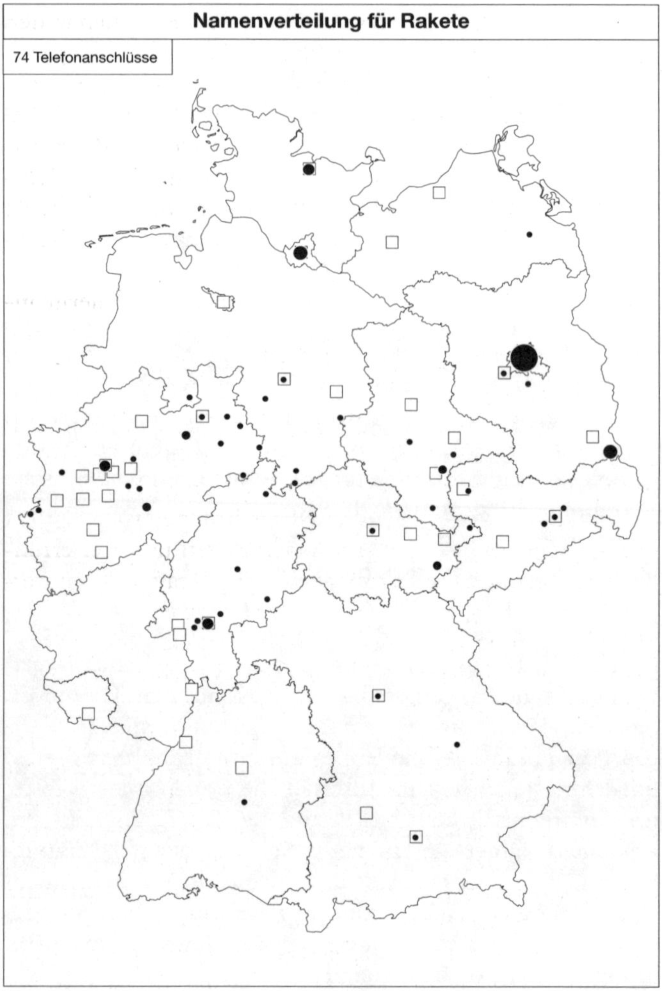
Namenverteilung für Rakete
74 Telefonanschlüsse

nicht »*Schell* und Rauch«. Die Nachnamenanalyse von *Maria Schell* ist beinahe so vielseitig wie die Personen in den Filmen, die sie im Lauf ihrer langen Karriere verkörperte. Bei *Schell* ist alles drin – von einem tollen Menschen über einen Glöckner bis hin zu einem gemeinen Betrüger. Wobei »toll« hier im ursprünglichen Sinne verstanden werden muss als »tollend«, »aufgeregt« oder »wild«. Das mittelhochdeutsche Wort *schell* ist genau so übersetzt worden und steckt auch in *Schellhase* für einen leicht auffahrenden, schnell reagierenden, auch ängstlichen Menschen.

Für wilde Eskapaden war die Charakterdarstellerin indes nicht bekannt. Auch die weitere Bedeutung von *schel* (»Schelm«) wird ihr nicht gerecht. Es sei denn, man zählt ihre berühmten Kinotränen zu den schelmischen Betrügereien, die früher für den Namen *Schell* verantwortlich waren. Die Anspielung auf »Schelle« im Sinne von »Glocke« ist eher bei Nachnamen wie *Schelle* oder *Scheller* anzunehmen.

Am Namen *Maria Schell* kann auch der Beweis geführt werden, dass sich bürgerliche Nachnamen und frei erfundene Spitznamen in ihrer magnetischen Kraft kaum unterscheiden: Sie hängen dem Menschen an, ob er nun will oder nicht. Wegen ihrer emotionalen Ausdruckskraft auf der Leinwand wurde Maria Schell immer »Seelchen« genannt – ein Kosename, den sie Zeit ihres Lebens verabscheute.

Viele halten Maria Schells Landsmann *Arnold Schwarzenegger* für einen lebenden Widerspruch. Er bewies, dass ein trainierter Körper nicht notwendigerweise mit einem untrainierten Geist einhergehen muss. Er war ein Action-Leinwandheld, der auch in zahlreichen Kinderkomödien auf der Leinwand Erfolge feierte. Und er ist ein Österreicher mit amerikanischer Staatsbürgerschaft, dem es gelang, zum US-Gouverneur von Kalifornien gewählt zu werden – trotz seines für Amerikaner fast unaussprechlichen Nachnamens.

Je merkwürdiger und einprägsamer ein Familienname ist, desto anfälliger ist er für Verunglimpfungen. In bösartigen Wortspielen wird *Schwarzenegger* des Öfteren zu »schwarzer

Neger« abgewandelt. Das ist nicht nur rassistisch, sondern auch kompletter Unsinn. *Schwarzenegger* heißt frei übersetzt »das schwarze Eck«. Damit fällt er in die Kategorie der bairisch-österreichischen Wohnstättennamen. Der ursprüngliche Wohnsitz von *Schwarzeneggers* Vorfahren war ein auffälliger Geländevorsprung, der seine dunkle Färbung durch zahlreiche Nadelbäume erhalten hat, die dort standen.

Schwarzeneggers Herkunft wird für jedermann in seinem Namen wie in seiner Aussprache deutlich. Sein starker österreichischer Akzent führte dazu, dass er in Kinofilmen von dem Schauspieler *Thomas Danneberg* synchronisiert werden musste. Auch wenn es in manchen Streifen wie etwa bei »Terminator« nicht sehr viel für Danneberg zu tun gab. Dessen Name *Danneberg* macht wie *Schwarzenegger* auf die Herkunft des Namenträgers aufmerksam. Und das Schicksal hat es offenbar so gewollt: Leinwandheld wie Synchronsprecher verdanken ihren Namen Nadelbäumen. Denn *Danneberg* heißt übersetzt »Tannenberg«. Ein typischer Ortsname, der vorwiegend in Norddeutschland, aber auch in Bayern vorkommt.

Mit Ausnahme von Schwarzenegger stehen schweigsame Menschen im Allgemeinen nicht oft vor der Kamera. Trotzdem ist der Name *Schweiger* nicht hinderlich, wenn man wie *Til Schweiger* eine der größten Schauspielerkarrieren in Deutschland machen will. Und zu Recht, denn in den meisten Fällen war der *Schweiger* kein besonders ruhiger Zeitgenosse, sondern ein Bauer. Das hat seinen Grund im mittelhochdeutschen *sweige* und bedeutete »Hof«. Ortsnamen bewahren das Wort bis heute, das zeigt sich etwa in *Schweighofen* oder auch in *Schwachhausen* bei Bremen, das mit *schwach* natürlich nichts zu tun hat. Häufig war es ein Bauernhof, der sich auf Viehzucht und Milchwirtschaft spezialisiert hatte. Die Nachnamen *Schwaiger* beziehungsweise *Schweiger* leiten sich jedenfalls hiervon ab. Bei *Til Schweiger*, dem Hauptdarsteller von erfolgreichen Kinofilmen wie »Männerpension«, »Der bewegte Mann« und »Barfuß«, würde nach eigener Aussage die Herleitung von *swīgære* als der »Stumme« – aber auch als einer, der andere »zum Schweigen bringt« – besser zu seinem Charakter passen. Er sagt nämlich selbst von sich, er sei von Natur aus schüchtern. Eine dritte Deutungsvariante ist die Ableitung von dem heute vergessenen deutschen Vornamen *Swindger*, der sich aus dem mittelhochdeutschen *swint*, das heißt »stark, heftig, ungestüm«, und *ger*, das heißt »Speer«, zusammensetzt.

Der Nachname von Til Schweigers Schauspielkollegen *Moritz Bleibtreu* (1997 standen sie gemeinsam in »Knockin' on Heaven's Door« vor der Kamera) fällt wieder in die Kategorie der Satznamen. (Sie heißen deshalb so, weil ihre Namen verkürzte Sätze sind.) Wie bei der Pflanze »Vergissmeinnicht« wird hier ein menschliches Anliegen, eine Eigenschaft, der Beruf oder der Charakter mit mehreren zusammengezogenen Worten ausgedrückt: *Bleibtreu* steht für einen besonders »treuen, anhänglichen Menschen«, so wie der ebenfalls existierende Satzname *Bleibinhaus* auf eine häusliche Person gemünzt ist.

Nicht immer erkennt man die Bedeutung sofort wie bei *Drinkgern* (jemand, der gerne trinkt), *Lebefromm, Schlagdot, Thugutt, Knieniede* beziehungsweise *Kehrein* (jemand, der gerne ins Wirtshaus einkehrt). *Früchtenicht* kommt zum Beispiel nicht von einem schlechten Obstbauern oder gar einem unfruchtbaren Menschen, sondern ist ein Lob oder frommer Wunsch: »Fürchte nichts!« *Kiesen* heißt »prüfen«, und daher waren die *Kiesewetters* Menschen, die oft nach dem Wetter sahen. Ein *Zickendraht* ist kein Mensch mit einem merkwürdigen Haar- oder Bartwuchs, sondern ein Drahtzieher, dessen Wortsinn sich im Laufe der Jahre ja wieder zu einem einflussreichen Menschen gewandelt hat. Und bei *Riefenstahl*, bekannt unter anderem durch die Regisseurin und Fotografin *Leni Riefenstahl*, denkt man womöglich gar nicht an einen Satznamen: »Reibe den Stahl« oder »versieh ihn mit Riefeln« = Rillen verbirgt sich dahinter.

In Deutschland gibt es heute noch knapp 60 *Bleibtreus.* Für das Bekanntwerden dieses Namens haben außer dem populären Schauspieler natürlich auch der deutsche Schriftsteller *Karl Bleibtreu* und die österreichische Schauspielerin *Monika Bleibtreu*, die Mutter von Moritz, gesorgt.

Ein anderer Name von einem bekannten Schauspieler klingt ebenfalls wie ein Satzname, ist es aber nicht: der Name *Semmelrogge.* Satznamen erkennt man daran, dass sie ursprünglich mit einem Verb gebildet wurden. Der Familienname von *Martin Semmelrogge*, bekannt durch zahlreiche TV- und Kinofilme, wie zum Beispiel »Das Boot« und »Schindlers Liste«, ist ein Berufsname. Der mittelhochdeutsche *semeler* war ein Weißbrotbäcker. Er stellte die Semmeln her, die in den nördlichen Regionen Deutschlands als »Brötchen« zum Frühstück verzehrt werden. Das mittelniederdeutsche *rocke, rogge* hob hervor, dass sich ein Bauer auf den Roggenanbau spezialisiert hatte. In der Kombination *Semmelrogge* wird auf das vielfältige Warenangebot des Bäckers Bezug genommen. Er verwendete sowohl Weizen- als auch Roggenmehl beim Backen.

Lärm zählt zu den schlimmsten Umweltsünden unserer Zeit. Autos, Flugzeuge und viele andere Segnungen des hochtechnisierten Zeitalters haben den Dezibel-Ansturm auf unser Trommelfell so heftig werden lassen, dass mittlerweile jedes Jahr international ein Datum zum »Tag gegen den Lärm« ausgerufen wird. Nun könnte man ja annehmen, dass die Menschen im Mittelalter, als es weder Rockkonzerte noch Einflugschneisen von Flugzeugen über belebten Wohngebieten gab, von diesem akustischen Problem verschont waren. Oder ist der Name *Lauterbach* doch eine Anspielung auf eine Lärmbelästigung durch ein rauschendes Gewässer? Natürlich nicht. Früher nahmen die frommen Menschen noch nicht einmal am häufigen Kirchengeläut Anstoß. Das Wort *Lauter-* in *Lauterbach* rührt weder von dem Musikinstrument Laute noch vom Lärm her. Es ist vielmehr ein Hinweis auf reine, unverfälschte Natur. Ein lauterer Bach war ein »reines, klares Gewässer«. Auch heute spricht man noch in diesem Sinne von der »Lauterkeit« eines Menschen oder einem »Geläuterten«. Das Wort steckt auch in *Kaiserslautern* und in niederdeutscher Form in *Königslutter* und *Lutter am Barenberge,* wo eine wichtige Schlacht im Dreißigjährigen Krieg stattfand. *Heiner Lauterbach*, der bekannte deutsche Schauspieler, trägt somit einen Herkunftsnamen.

Während Heiner Lauterbachs Vorfahren sich glücklich schätzen konnten, es morgens nach dem Aufwachen nicht weit bis zu ihrem klaren Bach zu haben, mussten sich die Ahnen des verstorbenen Schauspielers *Günther Pfitzmann* mit weitaus weniger Wasser zufrieden geben. Sie waren Männer der *phütze*, wohnten also an einer »Pfütze«. Seinen ersten großen Erfolg hatte er 1961 mit der Fernsehserie »Gestatten, mein Name ist Cox«, sein wohl berühmtester Fernsehname war aber *Dr. Brockmann*, den er in der Serie »Praxis Bülowbogen« verkörperte. *Brock* ist ein anderes Wort für »Bruch«, jedoch nicht im Sinne einer Fraktur, sondern wie zum Beispiel im Wort »Oderbruch« für eine tief liegende, von Wasser durchbrochene Ebene, die mit Gehölz bewachsen ist. In Nordwestdeutschland ist es ein häufiger Ortsname.

Wie mit Günther Pfitzmann verbindet man auch mit dem Schauspieler *Horst Tappert* sofort einen zweiten deutschen Figurennachnamen: *Derrick*. Nach 281 Folgen wurde diese beliebte ZDF-Krimiserie 1997 eingestellt. Auch zum Bedauern des damaligen Papstes Johannes Paul II.: Da die Serie mit dem Schauspieler *Horst Tappert* alias Stephan *Derrick* in 104 Länder verkauft worden war, konnte man sie selbstverständlich auch im Vatikan empfangen, und es hieß, der Papst habe sich diese Filme gern angesehen. Im Vergleich zu seinem bürgerlichen Namen ist *Derrick* relativ einfallslos. Es ist lediglich eine niederdeutsche Kurzform von *Dietrich*. Der wiederum ist einer der »demokratischsten« Vornamen überhaupt. Er setzt sich aus *thiot*, »Volk«, und *rīhhi*, »reich, Herrschaft« zusammen. Es liest sich aber nicht als »Volksherrschaft«, sondern im übertragenen Sinne als »mächtig im Volk«. Auch passend: Über 30 Millionen Deutsche saßen bei der ersten Folge »Waldweg« 1977 vor den Fernsehgeräten. Als hätten sich die Drehbuchschreiber dieser Krimiserie in der Namenforschung ausgekannt, trug doch Inspektor *Derrick* als Markenzeichen unter anderem einen hellen Trenchcoat. Denn in dem Namen *Tappert* verbirgt sich das mittelhochdeutsche Wort *taphart* für einen vornehmen, rund geschnittenen mantelartigen Überwurf. Er wurde von den »Diplomaten« des Mittelalters als Tracht getragen. Die Boten (Herolde) trugen auf den Mänteln (Tapperts) das darauf aufgenähte Wappen ihres Dienstherrn. Bei weit mehr Fernsehzuschauern, die sich an den Mantel von Derrick/Tappert erinnern, blieb der Satz »Harry, fahr schon mal den Wagen vor!« im Gedächtnis haften. Dabei hat er diese Worte nicht ein einziges Mal in einer der Derrick-Folgen gesagt. Sie stammen in Wirklichkeit aus einer Episode im Krimi »Der Kommissar«, in der Tappert gar nicht mitspielte.

Der angebliche Chauffeur, gespielt von *Fritz Wepper*, passt allein schon vom Namen her ebenfalls sehr gut zu *Derrick*. Er geht auf einen alten Vornamen zurück, nämlich *Wig-bert*, zusammengesetzt aus dem alten *Wig-*, »Kampf« (auch bezeugt in *Wiegand*, *Weigand*, eigentlich »der Kämpfende, Kämpfer«) und *-bert*, *-brecht*, »berühmt«.

Bert Brecht war demnach gleich doppelt berühmt, sowohl im Vornamen als auch im Nachnamen. Nomen est omen?

Gespräch mit Jim (Günther) Rakete

Es gibt kaum eine prominente Persönlichkeit, die er nicht in einem seiner typischen Schwarz-Weiß-Porträts verewigt hätte. Bevor er sich ausschließlich seiner Karriere als Fotograf widmete, war er zehn Jahre lang Manager, Freund und Berater von Stars wie Nina Hagen, Nena, Herbert Grönemeyer, Die

Ärzte, Edo Zanki, Ulla Meinecke, Herwig Mitteregger und vielen anderen. Wenn man heute den zweiten Hinterhof in Berlin-Kreuzberg erreicht, an dessen Ende das Atelier von Jim Rakete liegt, betritt man anscheinend eine andere Welt. Jim ist inzwischen fast weißhaarig. Mit einer tiefen Verbeugung begrüßt er seine Gäste. Im Gespräch lässt er einen nur selten in seine klugen Augen schauen. Es dauert immer eine Weile, bis wir Blickkontakt haben. Jim schaut häufig nach unten. Nachdenklich.

Thomas Koschwitz: *Jim, weißt du, woher dein Nachname kommt und was er bedeutet?*

Jim Rakete: *Ja, mit meinem Namen ist es irgendwie blöd. Zunächst einmal: Er ist echt, kein Künstlername. Und er stammt von den Hugenotten. Mein Vater konnte diesen Familiennamen zurückverfolgen bis ins 16. Jahrhundert. Da waren die Hugenotten irgendwie in Ostpreußen gelandet. Und er kommt natürlich von dem* Raquette, *dem Schläger.*

Thomas Koschwitz: *Warum bist du dir da so sicher?*

Jim Rakete: *Das hängt mit meinem Vater zusammen. Leider hat er die Unterlagen darüber mit ins Grab genommen. Aber ich verlasse mich jetzt darauf, was er sagte, denn er war ein sehr kluger Mann. Ich glaube aber, es gibt verschiedene Ursprünge für den Namen* Rakete. *Eine sehr »junge« Version, als man einen Namen für einen Flugkörper suchte, und die alte, die mit den polnischen Wurzeln übereinstimmt.*

Thomas Koschwitz: *Jim Rakete, wie war es, diesen Namen zu tragen, als du jung warst, als Schüler?*

Jim Rakete: *Beschissen! Es gibt die self fulfilling prophecy* [die sich »selbst erfüllende Prophezeiung«], *die ist aber nicht nur bei Vornamen zutreffend. In Amerika gibt's eine Untersuchung darüber, dass Jungen, die* Robert *genannt werden, immer den Spitznamen* Bobby *bekommen. Wenn du einmal* Bobby *heißt, dann bist du immer* Bobby, *verstehst du? Und bei* Rakete *ist es ganz schlecht, weil man in allen Disziplinen, zum Beispiel beim Sport oder wenn es um Schlagfertigkeit geht, stets an seinem Namen gemessen wird. Ich war schon immer überzeugter Leistungsverweigerer. Mein Sport-*

lehrer feuerte mich an, denn ich war ein guter Langläufer. Manchmal auch gut im Sprint. Wenn ich aber keine Lust hatte zu laufen, dann wurde ich immer angetrieben mit den Worten: »Na, die dritte Stufe ist aber ganz schön lahmarschig.«

Thomas Koschwitz: *Hast du erlebt, dass dein Name verballhornt wurde?*

Jim Rakete: *Ja, mein Bruder hat mal eine Prüfungsarbeit, weil er nicht rechtzeitig fertig wurde, unvollständig abgegeben. Er kam nicht mehr dazu, seinen Namen vollständig auszuschreiben. So kam es, dass er die ganze Schulzeit über mit »Rake« angesprochen wurde. Das ist mir erspart geblieben.*

Thomas Koschwitz: *Hast du irgendwann mal darüber nachgedacht, einen anderen Namen anzunehmen?*

Jim Rakete: *Das ist ein Gag, wenn man mit diesem Namen zum Standesamt geht und sagt: »Ich würde gerne meinen Namen ändern…«. Ja, ich hab' schon manchmal drüber nachgedacht.* Rakete *klingt irgendwie nicht richtig Ernst zu nehmen. Und das Schrecklichste ist, dass die Leute denken könnten, man habe sich diesen Namen selbst ausgesucht. Als Künstlernamen! Stell dir vor, dir wird unterstellt, du hast dir ausgerechnet diesen unter allen möglichen Namen ausgesucht* (lacht). *Ich find das ganz furchtbar. Es gibt bestimmt schlimmere Namen. Aber wenn ich gekonnt hätte, würde ich mir bestimmt einen anderen Namen ausgesucht haben.*

Thomas Koschwitz: *Aber* Rakete *ist doch ein Markenzeichen. Ein Klang wie Donnerhall. Leicht zu merken.*

Jim Rakete: Rakete *klingt erst einmal furchtbar brisant und bedrohlich. Raketen haben im letzten Jahrhundert nun nicht die beste Rolle gespielt, außenpolitisch. Was für mich immer ein großer Ansporn war. Ich bin im Zeitalter der bemannten Raumfahrt groß geworden und wollte immer Astronaut werden. Also, das ist mir nicht erspart geblieben, dass ich mich immer sehr für diese Dinger interessiert habe und dir heute noch die Nachteile einer V1 oder V2 erklären kann. Oder* *warum Wernher von Braun grübelnd am Starttisch in New Mexico stand. Und ich wusste über alle Schwächen des ersten Astronautenteams Bescheid. Und natürlich habe ich mir morgens um 4 Uhr, am 21. Juli 1969, die ersten Schritte von Neil Armstrong auf dem Mond angeschaut.*

Thomas Koschwitz: *Neben deinem Nachnamen hast du ja auch einen sehr auffälligen Vornamen.*

Jim Rakete: *Das mit* Jim *hatten sich die anderen ausgedacht. Ich heiße eigentlich Günther. Ein schrecklicher Name. Zur Einschulung waren wir in einen anderen Bezirk von Berlin umgezogen. Ich kannte keinen. Und der erste Junge, der um die Ecke kam, nannte mich sofort Jim. Aus einem mir unerfindlichen Grund. Jim klebte an mir wie Kaugummi, und ich bin ihn nie wieder losgeworden. Ich hatte ganz viele Copyright-Stempel aus meinen beruflichen Anfangsjahren, wo ich immer noch verzweifelt* Günther Rakete *schrieb, aber Jim hatte sich längst überall durchgesetzt. Außer beim Finanzamt. Jim ist nicht zu killen.*

Thomas Koschwitz: *Nun mal Hand aufs Herz. Bei allen Nachteilen, die du bislang aufgezählt hast: Hat dir als Manager von Bands wie den Ärzten, Spliff oder Nena der Name* Rakete *im Showbusiness nicht doch geholfen?*

Jim Rakete: *Kleines Insert dazu –* Nena *ist auch ein Name, den man ihr angehängt hat und den sie nie wieder losgeworden ist. Sie war ein kleines, niedliches Kind und wenn sie in Spanien am Strand spielte, haben die Leute sie immer* La Niña *gerufen, »die Kleine«. Da kommt der Name* Nena *her. Sie heißt eigentlich Gabriele Susanne Kerner. Du siehst: Andere haben sie zur Nena gemacht, und nun trägt sie diesen Namen ihr Leben lang. So ist das Bild vom »raketenhaften Aufstieg« von Leuten, die ich gemanagt habe, eben auch nur ein Etikett, das völlig übersieht, dass viele Erfolge nur durch ausdauernde, minutiöse Planung und Arbeit entstanden sind und eben gar nicht »raketenartig« kamen. Ich glaube, dass ich ganz viele Dinge hart erarbeitet habe und dass ich oft die richtigen »Filme« im richtigen Moment habe abspulen können. Es ist wie bei einem Musiker, der ein großes Improvisationstalent* *hat. Er muss erst einmal das Repertoire erarbeiten, bevor er locker improvisieren kann.*

Thomas Koschwitz: *Jim, danke für das Gespräch.*

6. Kapitel
Beckenbauer, Maske, van Almsick: Die Namen im Sport

Es gibt kaum einen Bereich unseres öffentlichen Lebens, in dem Namen so wichtig sind wie im Sport. Sportler sind die modernen Helden der Gegenwart. Ihre Namen werden in Stadien gesungen, gebrüllt und gegrölt, füllen in übergroßen Lettern die Schlagzeilen der Boulevardzeitungen und symbolisieren die vielleicht letzten Vorbilder unserer Jugend. Mit Namen wie zum Beispiel *Becker, Schumacher, Beckenbauer* und *van Almsick* schmücken sich die größten Markenartikelhersteller in unserer Zeit, um Handyverträge, Turnschuhe, Milchgetränke oder Internetzugänge zu bewerben.

Entgegen allen olympischen Beteuerungen geht es zumindest im Profisport nicht ums bloße »Dabeisein«, sondern um millionenschwere Gagen und Sponsorenverträge. Gerade Deutschlands beliebtester Sport, der Fußball, ist eine überaus ernste Angelegenheit sowohl für Fans als auch Spieler und natürlich ebenfalls für die beteiligten Vereine, deren Namen selbst zu Marken geworden sind.

Welche Folgen ein falsch ausgesprochener Name haben kann, musste in den 1970er-Jahren die erste weibliche Moderatorin des ZDF-Sportstudios schmerzhaft erfahren. Angeblich stolperte sie in ihrer fünften Sendung am 21. Juli 1973 über einen Versprecher. Abgelenkt durch ihre Moderationskarte, auf der »fünf Vereine – Intertoto-Runde« stand, verhaspelte sie sich bei dem Bericht über das Spiel des berühmten deutschen Fußballvereins Schalke 04 gegen Standard Lüttich. Und ging mit »Schalke 05« in die Fernsehgeschichte ein. Allerdings ist es eine glatte Fehlinformation oder ein modernes Märchen, die damals 26-Jährige sei wegen dieses Versprechers entlassen worden. Die *Bild*-Zeitung hatte erst zwei Wochen später die Schlagzeile: »Carmen Thomas im ZDF-Sportstudio gescheitert«. Dennoch erfüllte sie ihren Zweijahresvertrag, doch das will bis heute niemand wahrhaben. Trotz der Darstellung dieser Legende in den Medien beweist die Geschichte aber, wie wichtig der Fußballsport und die mit ihm verbundenen Namen sind. Der *Bild*-Zeitung war der falsche Vereinsname eine groß angelegte Kampagne wert, das ZDF erhielt ungezählte Zuschriften aufgebrachter und zweifellos sehr humorloser (männlicher) Zuschauer, und Carmen Thomas wurde – bekannt. Drei Jahrzehnte später wird sie immer noch auf »Schalke 05« angesprochen, wenn man sie auf der Straße erkennt.

Sehen wir uns das »Corpus Delicti« einmal genauer an: Der Familienname *Schalke* zählt heute zu den seltensten in Deutschland. Etwa 15 Familien gehen auf den Ortsnamen zurück, der urkundlich erstmals im Jahr 1246 erwähnt wurde; er ist heute ein Stadtteil von Gelsenkirchen. Alle diese selten gewordenen Namenträger leben noch heute in dieser Gegend des Ruhrgebiets. Der Orts- wie Familienname kommt von dem alten Wort *Skedelike,* das man zur Deutung in zwei Teile trennen muss: *skede* und *like.* Bei der Übersetzung von *skede* muss man wissen, dass im Ruhrgebiet das Niederdeutsche (Plattdeutsche) die Sprache war, aus der die Namen stammen. Ins Hochdeutsche übersetzt wird aus der *skede* eine »Scheide« im Sinne von »Grenze, Saum, Gürtel, Wasserscheide«. Das Wort kennen wir auch aus *Remscheid, Lüdenscheid, Wattenscheid,* niederländisch *Enschede* und dem Verlag *Langenscheidt. Like* wiederum ist ein sehr altes Ortsnamenelement, das in den heutigen deutschen Dialekten kaum noch existiert. Es ist verwandt mit dem hochdeutschen *gleich* und dem englischen *like,* also »gleich, ähnlich, wie«. Im Niederdeutschen heißt heute noch die Parallele *like.* In der Ortsnamengebung bezieht es sich wohl auf zwei geographische Eigentümlichkeiten, vor allem wahrscheinlich Erhebungen, die nebeneinander oder parallel liegen oder einander einfach nur ähnlich sind. Bei meinem Wohnort in der Nähe heißen zum Beispiel zwei Hügel »die Gleichen«; eine ganze Gemeinde trägt jetzt deren Namen: *Reinhausen, Gemeinde Gleichen*.

Zusammenfassend gesagt dürfte der Name *Schalke* also auf einen alten Landschaftsnamen zurückgehen und letztlich etwa »Grenzhügel, durch Erhebungen gebildete natürliche Grenze« bedeuten. Damit gehört der Orts-, Familien- und Vereinsname *Schalke* in eine Zeit der germanischen Namengebung und hat mit Sicherheit 1500 Jahre oder mehr auf dem Buckel.

Franz Beckenbauer schrieb sowohl als Spieler als auch später als Trainer und Präsident bei einem anderen Verein Fußballgeschichte: Bayern München. Ein Witzbold sagte einmal, mit diesem Namen wäre er als Ehemann von *Franziska van Almsick* geradezu prädestiniert. Schließlich könne sie gut einen Mann gebrauchen, der handwerklich begabt ist und ein Schwimm-*becken* als Mitgift in die Ehe bringt. Doch wieder weit gefehlt. Der »Kaiser« steht vielmehr in einer Namenverwandtschaft mit dem erfolgreichsten deutschen Tennisspieler aller Zeiten: *Boris Becker*. Mit ihm verbinden ihn gleich mehrere Gemeinsamkeiten. Zunächst sind sie beide unzweifelhaft als lebende Legenden in die Sportgeschichte eingegangen. Beide haben, auf ihren Erfolgen aufbauend, den eigenen ruhmreichen Namen zu einem Markenartikel aufgebaut und mehr oder weniger gewinnbringend vermarktet. (Beckers Patentnummer für seine Person ist die Nummer 399 61 882.I/28.) Und sie sind weltweit ein Aushängeschild für den deutschen Sport, zum Beispiel als Botschafter für die Fußball-Weltmeisterschaft 2006 in unserem Land. Die Medien konzentrieren sich häufig auch auf ihr Privatleben, da beide angeblich die schlagzeilenträchtige Angewohnheit besitzen, uneheliche Kinder in die Welt zu setzen. Sei es laut Boulevardpresse in einer Besenkammer oder während einer Vereins-Weihnachtsfeier. Im Fernsehen sieht man ihre Internet- und Mobilfunk-Werbespots oft nacheinander, in Talkshows treten sie mitunter gemeinsam auf. So wie am 9. Dezember 2004 in einer für mich als Namenforscher besonders interessanten Koalition im DSF mit dem Moderator *Reinhold Beckmann*. Während *Becke*r eindeutig von »Bäcker« kommt, *Beckmann* von »Bach«, ist *Franz Beckenbauer* ein Nachfahre eines Menschen, der schon vor Hunderten von Jahren zwei Berufe gleichzeitig ausüben musste. Es handelte sich um einen Bauern, der gleichzeitig ein Bäcker war. Neben dem »Kaiser Franz« gibt es noch über 200 weitere Beckenbauers in Deutschland. Sie alle haben sich an Fragen nach einer bestehenden Verwandtschaft mit diesem Mann sicher gewöhnt; sie wohnen vorwiegend im Raum Bayern und hier vor allem in Regensburg und München. Aus Sicht der Onomastik hatte der Analyst einer großen deutschen Bank daher Recht, als er im September 2000 öffentlich sagte, *Boris Becker* sei der *Franz Beckenbauer* des Tennis.

Boris Becker und sein größter deutscher Tenniskonkurrent *Michael Stich* haben sich lange Zeit auch privat »bekämpft«. Obwohl sie sich bei den Olympischen Spielen 1992 in Barcelona sportlich zusammenraufen konnten und gemeinsam sogar eine Goldmedaille gewannen, wollten sie sich während ihrer aktiven sportlichen Laufbahn nicht wirklich anfreunden. Becker verübelte 1991 Stich dessen Sieg in seinem »Wohnzimmer«, in Wimbledon. Er war nach eigener Aussage »genervt« davon, dass sein Gegner das größere Talent hatte und sich angeblich nicht so hart vorbereiten musste wie er. Stich war verärgert, dass er nie zu so einem Publikumsmagneten wurde wie der jüngste Wimbledongewinner aller Zeiten, Boris Becker. Erst bei einer Begegnung im Sommer 2002 hätte man Gemeinsamkeiten entdeckt, resümierten die beiden Tennisstars in einer ARD-Talkshow. Vielleicht auch die Gemeinsamkeit beim Nachnamen? *Stich* leitet sich nämlich wie *Becker* von einem der häufigsten Berufe des Mittelalters ab, dem Schneider.

Was Becker und Stich für den deutschen Tennissport und *Beckenbauer* für den Fußball erreicht haben, das gilt für den Namen *van Almsick* im Schwimmsport. Er ist ein Herkunftsname und bezieht sich auf einen Ortsteil von Stadtlohn bei Ahaus. Das ist nahe Coesfeld und liegt in Westfalen. Natürlich ist damit noch wenig gesagt, denn als Nächstes drängt sich die Frage auf, woher denn der Ort und damit *Franziska van Almsick* ihren Namen haben. Ich erlebe immer wieder, dass sich Menschen kaum für die Bedeutung von Ortsnamen interessieren. Tragen sie aber einen Herkunftsnamen und heißen *Merseburger* oder *Nürnberger,* so wird für sie auch der Siedlungsname interessant. Bei *Almsick* muss man für des Rätsels Lösung wie so oft das Wort in seine Bestandteile zerlegen: *Alm-* und *-sick.*

Beginnen wir mit dem letzten Teil, der zu »Franzi« ganz hervorragend zu passen scheint. Denn *siek, sik* oder auch *sieck* ist im Niederdeutschen ein bekanntes germanisches Wasserwort. Genau genommen hat es allerdings nichts mit Franziska van Almsicks einstigem Arbeitsplatz, dem Schwimmbad, zu tun. Es bedeutet »Bodensenke, sumpfige Niederung« oder eine stets »feuchte oder sumpfige Stelle im Acker«, manchmal auch einfach nur »Bach«.

Jetzt darf man allerdings nicht vorschnell auf eine sumpfige Almwiese schließen, denn mit einer Bergweide hat der Namensanfang nicht zu tun. *Alm* ist für den Namenforscher und Germanisten ein hochinteressantes Wort; es ist nämlich die germanische Entsprechung zur »Ulme« – dieses Wort haben unsere Vorfahren aus dem Lateinischen *ulmus* entlehnt. Gern sage ich: »Namen sind der Friedhof der Wörter.« Hier ist wieder so ein Fall: Während Franziska van Almsick vor der Wende im Ostberliner Stadtteil Treptow groß wurde, verbrachte ihr erster Namensvetter den größten Teil seines Lebens an einem wasserreichen Ort, an dem eine besonders auffällige Ulme stand. *Almsick* ist wahrscheinlich einfach ein anderes altes Wort für *Ulmenbach.*

Des Deutschen liebstes Kind ist der Fußball. Kein Wunder, dass es aus diesem Bereich die meisten populären und damit auch sehr viele interessante Nachnamen gibt, wie zum Beispiel *Bastian Schweinsteiger*. Seit er mit dem Rekordmeister Bayern München 2005 den Meistertitel holte und auch DFB-Pokalsieger wurde, war sein Name bei den Fans und in der Presse in aller Munde. Erfolgreicher als sein älterer Bruder Tobias, der es »nur« bis in die Regionalliga schaffte, hatte Bastian Schweinsteiger schon mit 19 Jahren einen festen Platz in der Bayern-Mannschaft und fuhr 2004 mit der Nationalelf zur Europameisterschaft nach Portugal, wo ihn die Fußballexperten für seine herausragenden Leistungen besonders lobten. Ich persönlich würde ihm sowohl zu seinem sportlichen Talent als auch zu seinem schönen Nachnamen gratulieren. Nicht jeder Sportler hat einen derart einprägsamen Namen mit einer so interessanten Herleitung. Würde sich das Wort »Schwein« nicht im Laufe der Jahr von der Bezeichnung einer Wirbeltierart als Übername für einen charakterlosen, ungezogenen oder auch schmutzigen Menschen gewandelt haben, könnte man ohne weiteres mit der Analyse der Endung *-steiger* beginnen. So muss ich klarstellen, dass mit Schwein natürlich das Tier und nicht der Mensch gemeint ist. Doch ein *Schweinsteiger* ist niemand, der sich wie ein Schwein verhält oder Schweinen vielleicht wie ein Dieb »hinterhergestiegen« ist. Denn *-steig* hat nichts mit dem deutschen Verb »steigen« zu tun. Es ist eine Abwandlung des mittelhochdeutschen Wortes *stige*, was so viel heißt wie »Stall«. Damit ist *Schweinsteiger* ein Herkunftsname. Der Vorfahre wohnte am Schweinestall.

Überhaupt scheinen solche Wohnstättennamen gerade unter Fußballspielern stark verbreitet zu sein. *Oliver Bierhoff* – der Mann, der im EM-Finale 1996 der deutschen Mannschaft mit einem *Golden Goal* zum Sieg verhalf – ist ebenfalls ein prominenter Träger eines Familiennamens dieser Gattung. Er weckt Assoziationen mit einem Bier-Hof oder vielleicht einem Menschen, der auf Bier »hofft«, was ja mit einiger

Phantasie auf ein Wirtshaus oder eine Hafenschänke verweisen könnte. Doch lassen Sie sich von dem Wort *Bier* nicht in die Irre führen. Angesichts der großen Bedeutung, die dieses leider sehr kalorienhaltige Getränk bereits im Mittelalter hatte (noch vor dem Reinheitsgebot von 1516 wurden bereits zu Beginn des 16. Jahrhunderts Steuern hierauf erhoben), gibt es zwar eine Fülle von Namen, die dieses Wort als Bestandteil in sich tragen, wie *Biermann, Bierei, Bierenbrodt, Bierhake, Biersack, Bierwagen* und so fort. In dem vorliegenden Fall *Bierhoff* hat es aber überhaupt nichts mit dem beliebten deutschen Getränk zu tun. Der Nachname *Bier* alleine ist tatsächlich ein Berufsübername für einen Brauer, Bierhändler oder Wirt. Manchmal wurde er auch jemandem als Übername verpasst, der dem alkoholischen Getränk allzu sichtbar verfallen war. Deutlich ist das in den immer noch existierenden Namen *Bierfreund, Bierhahn, Bierschwall* und *Bierhals* zu erkennen. Auch *Biersack* gab es und war ein Schimpfwort und Nachname zugleich für einen Menschen mit Bierbauch.

Bieräugel hingegen stand ebenfalls für jemanden, der mit dem Gebräu liebäugelte, jetzt jedoch wieder in einem beruflichen Sinne: Dieser Name kommt von dem mittelhochdeutschen *bierouge* und bedeutet einen »Bürger, der das Recht hat, Bier zu brauen«. Auch der berühmte deutsche Liedermacher *Wolf Biermann* hatte zumindest einen Bierhändler oder Wirt als Vorfahre, ebenso Familien mit Namen *Bierschenk*.

Ganz anderes gilt aber für den *Bierer*. Seine Vorliebe galt nicht dem Wasser, Malz und Hopfen, sondern dem Obst. Der *Bierer* war nämlich ein »Birnenverkäufer«. Hier versteckt sich das mittelhochdeutsche Wort *bir[e]*, also »Birne«, im Namen. Ebenso wie bei *Bierhoff*, was folgerichtig mit »Birnenhof« zu übersetzen ist.

Jetzt ist also endlich auch eine namenwissenschaftliche Erklärung dafür gefunden, warum Sie im nordrhein-westfälischen Ort *Bierbaum* lange nach einer solchen forstwirtschaftlichen Sensation Ausschau halten können: Gemeint ist wieder der Birnbaum, der natürlich keine vollen Krüge in der Krone trägt, sondern dessen Geheimnisse eher unter ihm begraben liegen, zumindest nach *Fontanes* Novelle »Unterm Birnbaum«.

Kann es für einen glänzenden Fußballspieler einen passenderen Namen als *Ballack* geben? Ja und nein. Nein, da *Ballack* keine Anspielung auf irgendwelche Bälle oder Ballspiele enthält und mit Lack im heutigen Sinne noch weniger zu tun hat. Ja, weil *Ballack* eine sorbische Abwandlung von *Balthasar* ist. Dieser Vorname ist in Deutschland seit dem 14. Jahrhundert bekannt, vor allem als der eines der heiligen drei Könige aus der biblischen Weihnachtsgeschichte. Er ist eine griechische Form des akkadischen Namens *Bel-scharra-usur.* Und dies heißt wiederum so viel wie »Gott erhalte den König«.

In diesem Sinne passt *Ballack* also doch als Name für einen Mann, der in der Presse oft als bester Fußballspieler Deutschlands genannt wird und von dem es im Internet T-Shirts mit dem Aufdruck »FUSSBALL-GOTT« zu kaufen gibt.

Völlig unpassend für jemanden, der sich mit seinen Füßen den Lebensunterhalt verdienen muss, erscheint hingegen der Nachname *Lahm.* Mit *Philipp Lahm* trägt diesen Namen ein junger Spieler, der im Jahr 2004 von seinem Stammverein Bayern München ausgerechnet zum »Verein für Bewegungsspiele«, dem VfB Stuttgart, ausgeliehen wurde, wo er sich – weitere Ironie des Namenschicksals – einen Kreuzbandriss zuzog. *Lahm* bedeutet in der Tat, dass der Vorfahre »gliederschwach, langsam« oder gar »gelähmt« war. Etwas, was für den beidfüßig versierten Abwehrspieler natürlich außer Frage steht, solange ihn nicht das Bundesliga-Berufsrisiko trifft und zu einer Verletzungspause zwingt.

Mit den Beinen hat es auch bei dem Bundesliga-Mittelfeldspieler *Stefan Beinlich* seine Bewandtnis – sowohl im Namen als auch im Beruf. In seiner Jugend stand er vor ähnlichen Problemen wie zahlreiche Familien vor Hunderten von Jahren, als es noch keine zweigliedrigen Namen gab. Unter seinen Freunden hatten mehrere Jungs denselben Vornamen. Wie sollte man sie jetzt nur beim Spielen auseinander halten? Es ist ein Beispiel typisch berlinerischen Humors, dass man *Stefan* einfach den Spitznamen *Paule* aufdrückte. Der Unterschied war klar hergestellt, und noch heute wird er liebevoll von Fans und Freunden so genannt. (Ohne Kenntnis derartiger Anekdoten würden die Namenforscher verzweifeln, denn mit Logik, Sprachverständnis oder Geschichtskenntnissen kommt man dieser Geschichte wissenschaftlich nicht auf den Grund.)

Der Nachname *Beinlich*, für den seine Freunde anscheinend keine passende Abkürzung gefunden haben, hat eine fast genau so bemerkenswerte Herleitung. Rundfunksprecher werden noch heute gern darauf hingewiesen, das schriftliche »ig« wie »ich« auszusprechen, da das weicher klingt. Aus *lustig* wird das gesprochene *lustich*, aus *zügig* wird *zügich* und so weiter. Ähnlich ist es mit der Endung *ing* bei *Beinlich*, nur umgekehrt: *Beinlich* ist eine Abwandlung des frühneuhochdeutschen *beinling*. Die Besitzer von ganz besonders auffälligen »Hosenbeinen« trugen sowohl markante Strümpfe als auch diesen dazu passenden Nachnamen. Die meisten Namen mit *Bein* sind aber eher nicht für Fußballspieler prädestiniert. Herr *Bein* war aller Wahrscheinlichkeit nach ein Hinke- oder Stelzebein, und *Beinhauer* ist nur ein anderes Wort für Fleischer.

Doch nicht nur die Fußballspieler haben auffällige Namen mit einer interessanten Herleitung. Wie schon bei *Beckenbauer* nachgewiesen werden konnte, gibt es vor allen Dingen unter den Trainern wundervolle »Exemplare« mit nennenswerten Geschichten. Allen voran *Rehagel*.

»Nichts ist erfolgreicher als der Erfolg.« 2004 bewies »König Otto« auf eindrucksvolle Art und Weise die schlichte Wahrheit seiner eigenen Worte. Als Coach der griechischen

Nationalmannschaft führte er einen absoluten Außenseiter zum Titelgewinn bei der Europameisterschaft 2004. Die *Bild*-Zeitung kürte ihn daraufhin sogar zum »Rehakles«. Zuvor stand der Name *Rehagel* nicht immer für geradlinigen Erfolg. Viermal wurde sein Vertrag vor Ablauf der Frist gekündigt. Am 29. April 1978 probierte er am letzten Spieltag der Bundesliga von einem ungefährdeten Tabellenplatz aus »völlig neue Spieltaktiken« aus. Das Ergebnis: Sein Verein Borussia Dortmund verlor 0:12 gegen Gladbach. Am nächsten Tag hatte der gelernte Maler einen neuen Namen. Die Presse taufte ihn »Torhagel«, und er wurde entlassen.

Doch das kreative Wortspiel mit dem Nachnamen führt hier wie so oft in die Irre: Der *-hagel* bei *Rehagel* hat keinen Bezug zu irgendwelchen Wetterphänomenen. Er ist eine Weiterentwicklung aus *Rehage*. Diesen Namen gibt es immerhin 221 Mal in Deutschland. Seine Erweiterung *Rehagel* ist recht selten und mit lediglich 41 Einträgen vertreten. Sie kommt kumuliert im Ruhrgebiet vor. Bei *Rehagel* wie *Rehage* handelt es sich um eine Kombination aus *Reh-* und *-hagen*. Diese Endung finden wir zum Beispiel in Ortsnamen wie *Stadthagen* oder *Langenhagen* und auch als eigenständiges Element in *Den Haag* in den Niederlanden. *Hag, Hagen* stand im Mittelhochdeutschen für ein »umzäuntes Grundstück«. *Rehagel* ist deshalb ein Herkunftsname. Er nimmt Bezug auf einen eingezäunten Bezirk, wahrscheinlich ein Waldgrundstück mit einer Öffnung, an denen das Wild *(Reh)* gefangen wurde. Das klingt fast wie die Beschreibung eines Fußballplatzes, wenn man die Öffnung durch »Tor« und das »Reh« durch den Ball ersetzt. Zu realen eingezäunten Grundstücken hat der Trainer *Rehagel* auch noch eine Lebensweisheit parat: *»Der Sinn des Lebens besteht nicht darin, bis zum 35. Lebensjahr drei Häuser zu bauen und dann den Rest des Lebens darum herumzulaufen.«* – Zumindest nicht, ohne das runde Leder vor den Füßen zu haben.

Vor Beckenbauer führte *Jupp Derwall* als Bundestrainer die deutsche Nationalmannschaft zur Europameisterschaft. In

Würselen, nur wenige Autominuten von der holländischen und belgischen Grenze entfernt, geboren, trägt dieser Nachname eindeutige niederländische Hinweise, weist aber auf eine romanische Herkunft hin. Zusammen mit Varianten wie *Derwael, Derwahl, Durwa(e)l* liegt ein Herkunftsname vor, der das niederländische *Waal* enthält, und das bedeutet »Wallone«. Somit war der Vorfahre von Jupp Derwall ein Wallone, also ein Angehöriger der französisch sprechenden Bevölkerung in Belgien. Die Bezeichnung stammt aber aus dem Niederländischen oder Flämischen. Ein typischer Fall für die belgischen Verhältnisse.

Der auffälligste Finger an unserer Hand ist der Daumen. Im Gegensatz zu allen anderen hat er nur zwei anstatt drei Fingerglieder, ist dicker und um 130 Grad verdreht, damit wir beim Zugreifen einen Gegendruck ausüben können. Wie der festgeschriebene Nachname ist der Daumen ein wichtiges Unterscheidungsmerkmal zu den meisten Tieren. Denn neben den Primaten besitzen nur wir Menschen einen Finger mit diesen Funktionen. Seinen Stellenwert erkennt man auch an den zahlreichen Redewendungen, die sich im Sprachgebrauch eingebürgert haben: Mein Lektor hat sich den Daumen wund gedrückt, dass ich den Abgabetermin einhalte, Pflanzenexperten haben ein grünes Exemplar davon, und viele drehen ihn bei Langeweile. Kein Wunder, dass er auch maßgeblichen Einfluss auf die Entstehung deutscher Familiennamen hatte. Wie auf den des Fußballtrainers *Christoph Daum*. Der versierte Fast-Bundestrainer ist sowohl für seine zahlreichen Erfolge als auch für seine ungewöhnlichen Trainingsmethoden bekannt geworden. Einmal mussten seine Leverkusener Spieler mit nackten Füßen über Glasscherben laufen, um (so Daum wörtlich) »Denkprozesse in Gang zu bringen«.

Der mittelhochdeutsche Daumen schrieb sich noch *dūme*. Frau oder Herr *Dümling* hatten also keine IQ-Ausfälle in ihrer Verwandtschaft zu beklagen, sondern einen *Däumling*. Das waren Menschen mit einem besonders kleinen Daumen, oder sie selbst waren von kleiner, dicker Gestalt. Auch *Daum, Daume* oder *Daumann* gehen auf diese körperliche Besonderheit zurück. Gleiches gilt für *Duhm* beziehungsweise *Duhme,* die die niederdeutsche Form enthalten. Spötter würden an dieser Stelle einwenden, *Christoph Daum* wäre wohl eher an seiner Nase zu erkennen, gestand er doch im Jahr 2000 nach einem positiven Haarprobentest öffentlich, Kokain konsumiert zu haben. Obwohl das Gerichtsverfahren eingestellt wurde, kam er nach dem Rücktritt Rudi Völlers 2004 für das Amt des Nationaltrainers nicht mehr infrage. Die Kokain-Affäre überschattete seine Leistungen auch noch Jahre später.

Neben dem Fußball gibt es vielleicht nur noch einen härteren Sport, das Boxen. Ein Mann, der viel dazu beigetragen hat, dass der Boxsport sein Schmuddelimage verliert, hat den Vornamen *Thomas,* ist aber besser bekannt als *Henry Maske.*

Das Wort *Maske* dürfte über französische und italienische Vermittlung letztlich auf das Arabische zurückgehen. Dort steht das Wort *maskharat* für einen Narren im Sinne von »Posse, Scherz und Hänselei«. Vor allen Dingen den weiblichen Lesern wird der Begriff *Maskara* nur allzu gut vertraut sein. Theater- und Filmschauspieler müssen sich wie TV-Moderatoren vor ihren Auftritten zuerst in die »Maske« begeben, wo sie von Maskenbildnern geschminkt werden. In all diesen Fällen ist mit der *Maske* eine direkte oder indirekte Form der Gesichtsveränderung gemeint. Masken haben eine jahrhundertelange Tradition und wurden schon von Naturvölkern aus religiösen und rituellen Zwecken getragen. Einen Einfluss auf den Nachnamen des ehemaligen Boxweltmeisters *Henry Maske* hatten sie aber nicht, denn dieser trägt letztlich einen christlichen Namen, der vom Slawischen beeinflusst wurde. Zugrunde liegt der Vorname *Thomas.* Im Lauf der Zeit wurde er abgekürzt und verniedlicht. Deutsche neigten zu *Thoms, Tams, Daams,* aber auch *Maaß, Maßel, Maaser,* Slawen zu *Thomaschek, Tommek, Da-*

maschke, Maske, Maschik, Maschke, bis letztlich heute nur noch *-mas* klar erkennbar übrig blieb. *Henry Maske* heißt somit eigentlich *Heinrich Thomas. Thomas* ist der aus dem Aramäischen übernommene biblische Beiname *te'omā* und bedeutet »Zwilling«.

Henry Maske erhielt 2001 das Bundesverdienstkreuz wegen seiner Vorbildfunktion für die Jugend. Seine Fans würden sich daher sicher gegen die Behauptung wehren, *Henry Maske* gebe es doppelt. Noch nicht einmal das Sternbild passt. Er ist Steinbock. Allenfalls der Vergleich mit *Max Schmeling* findet sich hin und wieder in der Presse. *Schmeling,* so viel sei noch kurz gesagt, ist ein noch weniger passender Name für ein Boxidol. Er leitet sich wie *Schmahl* von dem mitteldeutschen *smal,* »schmächtig«, ab und kann sogar »klein, gering und kärglich« bedeuten: Wie geschaffen für einen Weltmeister im Schwergewicht, oder?

Was hat ein Steinmetz im Mittelalter mit einer Eisschnellläuferin im 21. Jahrhundert gemeinsam? Möglicherweise den Namen. *Claudia Pechstein* gilt mit ihren scheinbar unzähligen Olympia- und Weltmeisterschaftssiegen als erfolgreichste Olympionikin aller Zeiten. Doch trotz ihrer vielen Medaillen ist sie vom Pech verfolgt – auf jeden Fall aus sprachwissenschaftlicher Sicht: Der Name *Pech* allein ist zunächst nur ein Hinweis auf das Schustergewerbe. Im Mittelalter wurde die teerartige Masse vorwiegend für Schuhe benutzt, damit die Kunden des Schuhmachers keine nassen Füße bekamen. Während heute patentierte Materialien das Wasser abhalten, wurden früher Lederstiefel und -schuhe mit Pech wasserdicht gemacht. Gleiches galt für Wein- und Bierfässer, und so hatten damals Pechbrenner Konjunktur. Dem stimmlosen, harten *p* entspricht ein stimmhaftes, weiches *b,* das immer noch in zahlreichen deutschen Namen steckt wie *Bech, Becherer, Bechert* oder *Bechmann*: allesamt Umschreibungen für den Beruf des Pechsammlers oder Pechbrenners. Auch der *Pechmann* war kein Unglücksrabe, sondern konnte ganz im Gegenteil sein Handwerk meist gewinnbringend ausüben.

Pechstein ist somit eine vor allem sächsische Abwandlung von *Bechstein.* (Dieser Name ist uns wiederum durch den weltberühmten Klavierbauer bekannt.) In seiner Grundbedeutung bezeichnet er einen extrem schwarzen Kiesel, der auch bei Steinmetzen Verwendung fand. Bemerkenswert ist allerdings die Streuung der *Pechsteins*: Sachsen ist ihre Heimat.

Vorfahren der *Pech-* und *Bechsteins* verbrachten ihr Leben lang mit *Steinmetzarbeiten*, sei es als Meister oder nur als Gehilfe. Claudia Pechsteins berufliche Laufbahn begann noch früher als die der meisten Gesellen im Mittelalter. Bereits im Alter von drei Jahren stand sie auf dem Eis. Die Eltern hatten sie 1975 zum ersten Mal in eine Eislaufhalle in Berlin-Hohenschönhausen gebracht, mit ganz profanen Absichten: Die quirlige »Berliner Göre« (Eigenbezeichnung auf ihrer Homepage) sollte zunächst keine Preise gewinnen, sondern endlich einmal müde werden.

Der Name des erfolgreichsten deutschen Radrennprofis, *Erik Zabel,* ist ein mehrfaches Zeugnis für die Auswirkungen sprachlichen Wandels unserer Namen. Seinen Ursprung hat er im Slawischen. Das Wort *sobol* wurde zu *Zobel* eingedeutscht. Der Pelz dieser Tiere war ein begehrter und sehr teurer Exportartikel vom Osten in den Westen. Wahrscheinlich verdienten die Vorfahren des Sprintspezialisten als Kürschner oder Pelzhändler ihr Geld. Und Esel waren bei ihnen noch aus Fleisch und Blut, nicht aus Draht. Aus *sobol* wurde über *Zobel* schließlich *Zabel,* vor allem im deutschen Norden und Nordosten. So steht der Name auch heute noch über 4000 Mal im Telefonbuch. Der Name *Erik Zabel* selbst ist heute immer noch im Wandel. Wegen seines Berliner Dialektes wird er liebevoll »Ete« genannt.

Jens Weißflog hat braune Haare und gilt als der erfolgreichste Skispringer aller Zeiten. Zahlreiche Generationen zuvor muss das einmal anders gewesen sein. Damals hatten seine Vorgänger entweder weiße Haare oder verdingten sich als Wollkämmerer oder Tuchscherer. Sein Name setzt sich aus der Farbe »weiß« und »Flocke, Flaum« zusammen. Der Zufall will es, dass die »Weißflocke« heute immer noch wie ein selbst gewählter Künstlername anmutet: ideal für einen Menschen, dessen zweite Heimat der Schnee ist. Früher war es die Phantasie der Dorfbewohner, die dazu führte, dass ein Scherer nach den Flocken seiner Wolle benannt wurde. Oder nach der weißen Farbe seiner Haare.

Die Lust des Menschen, sich neue Namen auszudenken, ist seit Entdeckung der Sprache ungebrochen. *Weißflog* ist hier wie *Pechstein* oder *Pinkepank* (für den Schmied) ein hervorragendes Beispiel. Auch heute noch ist der Wunsch nach Neuschöpfungen ungebrochen, selbst wenn der Mensch schon berühmt ist und ausnahmsweise einen passenden, weil sinnvollen Nachnamen besitzt. Jens Weißflog musste das erfahren, als ihm der Spitzname »Floh« verliehen wurde in Anspielung auf sein geringes Körpergewicht.

Zu den vielleicht außergewöhnlichsten Namen in diesem Kapitel zählt für mich der von der Turniertänzerin *Beata Onefater,* die in der internationalen Presse nicht selten als »Sexy Latin Dance Diva« bezeichnet wird. Der auf den ersten Blick seltsam anmutende Name *Onefater,* den man sofort mit deutsch »ohne Vater« assoziiert, geht tatsächlich auf diese Bedeutung zurück. Offensichtlich aus jüdischer Familie stammend, ist ihren Vorfahren von der russischen, preußischen oder österreichisch-ungarischen Administration der Beiname »Ohne Vater« als Familienname zugeschrieben worden. Die Schreibung *Onefater* verrät, dass der Name aus dem Jiddischen stammen dürfte und von einem des Deutschen unkundigen Beamten notiert worden ist. Sonst hätte der vielleicht die wahre Bedeutung erkannt.

Nachdem wir uns ausführlich mit den Namengrößen im Sport unserer Zeit beschäftigt haben, ist die Frage erlaubt, wie es sich eigentlich früher mit dieser Berufsgruppe verhielt. Denn schon vor mehreren hundert Jahren gab es selbstverständlich sportlich aktive Menschen, von denen sich noch heute zahlreiche Familiennamen ableiten. Allerdings war die Zahl der Sportarten damals weitaus begrenzter als heute, wo man beinahe annehmen kann, dass jede Woche eine neue moderne Disziplin hinzukommt. (Jüngst habe ich mich darüber aufklären lassen, dass es neben »Monster Truck Racing« und »Profiskat« sogar »Hallen-Trockenangeln« gibt.)

Die damaligen Sportler würde man aktuell im Wesentlichen zu den Leichtathleten zählen. Früher unterhielten sie die Menschenmassen nicht in Stadien, sondern auf dem Dorfplatz als Akrobaten. Hiervon leiten sich noch heute Nachnamen wie *Springer, Spranger, Sprenger* oder *Sprengert* ab. *Gumpen, gampen* oder *gampeln* hat die gleiche Bedeutung: leicht zu erkennen an dem englischen Wort für »springen«, das schulpflichtige Kinder in den ersten Unterrichtsstunden lernen, *to jump*. Menschen mit sprunghaften sportlichen Fähigkeiten wurden daher auch *Gumpel, Gumbelmann, Gamber* oder *Gemperlein* genannt. Und wer mit Florett und Degen umgehen konnte, hieß ganz unspektakulär *Fechter.* Aber auch andere Namen wie *Schirmer* und wohl auch mancher *Schirmeister* sind hiermit verwandt und beschreiben Menschen, deren Verteidigungs- beziehungsweise Abschirmhaltung ganz vorzüglich war. Wenn jemand hingegen eher als Kämpfer auftrat, gleich, in welcher sportlichen Disziplin, rief man ihn *Kampf, Kempf, Kömpf* oder *Kemp* in allen möglichen Varianten. Derartige »Sportkanonen« konnten sich ihren Ruf allerdings auch auf dem Schlachtfeld erworben haben: leider einem der zahlreichsten »Sportplätze« im Mittelalters.

7. Kapitel
ALDI, Porsche, Haribo: Die Namen der Wirtschaft

Eine Marke ist nach § 3 Absatz I des Markengesetzes etwas, das geeignet ist, Waren oder Dienstleistungen von denjenigen anderer Unternehmen zu unterscheiden. Diese Eigenschaft können Zeichen, Wörter, dreidimensionale Darstellungen, Verpackungsformen und vieles mehr sein. Doch wie man es auch dreht und wendet: Am Ende ist eine Marke immer auch ein Name. Werbestrategen investieren Millionen von Stunden und noch mehr Geld, um bestimmte Buchstabenkombinationen emotional so aufzuladen, dass sie uns mit bestimmten Eigenschaften für bestimmte Verwendungszwecke nie wieder aus dem Kopf verschwinden. Mit Coca-Cola, Microsoft und IBM haben sie es geschafft. Sie zählen wie Marlboro, Ikea, Nokia und McDonald's zu den wertvollsten Marken auf unseren Planeten. Wollten Sie dem Getränkehersteller in Atlanta seinen guten Namen abkaufen, müssten Sie allein für die acht Buchstaben 56 Milliarden Euro auf den Tisch legen. Selbst dann wären Sie aber immer noch nicht im Besitz einer einzigen Flasche der koffeinhaltigen Brause. McDonald's bekommen Sie etwas billiger. Hier kostet der Fastfood-Markenname nur 21,6 Milliarden Euro. Und den schönen spanischen Vornamen *Mercedes* gibt's als Schnäppchen für 16,6 Milliarden fast schon im Marken-Schlussverkauf hinterhergeschleudert. *Mercedes* in seiner generellen Bedeutung und bezogen auf seine eigentliche Herkunft kommt übrigens von dem spanischen Fest »Maria de las Mercedes« zu Ehren von *Maria de mercede redemptoris captivorum*, also der »Maria von der Gnade der Gefangenenerlösung«. Das gleichnamige Auto hat seinen Namen von Mercédès Jellinek (1889–1929), der Tochter des österreichisch-ungarischen Diplomaten, Generalkonsuls und Autohändlers Emil Jellinek. Sie ist nicht nur die Namenspatronin der Automobilmarke Mercedes-Benz, sondern auch des Mercedes-Hotels in Paris. Ihr Vater meldete im Jahr 1900 in Nizza einen Sportwagen der Daimler-Motorengesellschaft (DMG) zu einem Autorennen an, benutzte dabei und seitdem stets bei Rennen den Namen seiner Tochter als Pseudonym und schuf damit den weltweit bekannten Markennamen. Doch obwohl ihr Name eine der erfolgreichsten Automarken geprägt hat, besaß Mercédès Jellinek selbst nie ein Auto.

Der Allgemeinheit ist oft gar nicht bewusst, dass sich hinter vielen Marken uralte und schöne Familiennamen verbergen. Die vielleicht bekannteste Geschichte ist die von *Adolf Dassler,* den seine Freunde kumpelhaft verkürzt »Adi« nannten. Im Jahr 1900 in Herzogenaurach bei Nürnberg geboren, beendete er zuerst eine Schuhmacherlehre und übernahm dann 1920 den Betrieb seines Vaters. Bis dahin hatte der auch Schuhe produziert, aber in der Produktpalette fehlten die Sportartikel, die Adolf schnell in sein eigenes Produktionsprogramm mit aufnahm. 1947 überwarf er sich mit seinem Bruder *Rudolf Dassler*, der 1924 erst mit in die Firma eingestiegen war, sich dann aber selbstständig machte, und zwar mit der bekannten Firma *Puma.* Als Alleininhaber wählte Adolf Dassler für das Schuhunternehmen jetzt seinen eigenen Namen als Kennzeichen aus. Wobei er seinen Spitznamen *Adi* mit den ersten drei Buchstaben seines Familiennamens zusammenzog. Die Marke *Adidas* war geboren.

Die *Dasslers* kommen mehrheitlich aus Sachsen. Sie haben einen Übernamen zu mittelhochdeutsch *taselen*, »tätscheln, tändeln, schäkern«, *dässeln*, »streichen, schmeicheln«, *tätscheln.* Der Vorfahre scheint also ein begabter Flirter gewesen zu sein.

Als Dassler 1978 starb, hinterließ er einen Weltkonzern. 1997 bekam dieser durch den Zukauf eines großen Ski- und Sportartikelkonzerns einen königlichen Beinamen und firmiert fortan als Adidas-Salomon AG. Salomon kommt von dem hebräischen *schalom*, »Glück, Wohlergehen, Friede«. Der glückliche Friede währte jedoch nicht sehr lange. 2005 trennte sich Adidas wieder von Salomon, und die Aktionäre begrüßten die dadurch einsetzenden Kursgewinne.

Eine der bekanntesten Marken Deutschlands ist paradoxerweise dadurch groß geworden, dass im Angebot für Kunden auf teure Namen weitgehend verzichtet wurde. Ich meine das Einzelhandelsunternehmen ALDI. Sparsam waren die Unternehmensgründer schon beim eigenen Firmennamen. Zusammengesetzt aus dem Familiennamen der Brüder *Karl* und *Theodor Paul Albrecht* und ihrer **Di**scount-Geschäftsidee wurde *ALDI*. »Discount« kommt aus dem Englischen und heißt »Preisnachlass, Rabatt«. Die Brüder hatten die simple Idee, den Rabatt, den andere Handelsketten zumeist am Jahresende ihren Kunden zurückerstatteten, von vornherein vom Kaufpreis abzuziehen. Kombiniert mit einem zunächst begrenzten Artikelsortiment, das in sehr großen Produktionsmengen hergestellt und billig weiterverkauft werden konnte, sowie dem völligen Verzicht auf anspruchsvolle Warendarbietung, Werbung und Kundenberatung, ging ihr Konzept auf. Gegenwärtig kaufen über 75 Prozent aller Deutschen bei ALDI ein und füllen die Kassen des Familienunternehmens. In Deutschland soll der Umsatz im Jahr 2004 rund 22 Milliarden Euro betragen haben – offizielle Daten dazu gibt es nicht, wohl aber Berechnungen des Marktforschungsunternehmens M+M Eurodata, die dem Fachblatt *Lebensmittel Zeitung* vorliegen. Den weltweiten Umsatz schätzt man auf über 50 Milliarden Euro, die Anzahl der Filialen in der Welt auf mehr als 6500. Allerdings schwanken die Angaben je nach Quelle, und täglich kommen neue Filialen hinzu. In jedem Fall ist das ein wahrhaft »glänzendes« Ergebnis, passend zum Familiennamen der beiden Brüder: *Albrecht* ist die jüngere Variante des alten männlichen Vornamens *Adalbrecht,* auch verwandt mit *Adalbert*. Das althochdeutsche *adal* meint edel, vornehm, und *beraht* heißt »glänzend«, sodass es zusammengesetzt die Bedeutung »von edlem, glänzendem Geschlecht« hat.

Der Familienname *Albrecht* taucht heute über 50 000 Mal in deutschen Telefonlisten auf, aber nur zweimal in der Forbes-Liste der Dollarmilliardäre. Hier rangiert Karl Albrecht auf Platz 8 der reichsten Menschen dieser Erde mit einem geschätzten Gesamtvermögen von 18,5 Milliarden, vor seinem Bruder Theodor. Der befindet sich »abgeschlagen« auf Platz 20 mit »nur« 15,5 Milliarden Dollar. Der Grund für die unterschiedlichen Vermögensverhältnisse ist der, dass die Brüder sich 1960 nicht über die Aufnahme von Tabakwaren in ihr Sortiment einigen konnten und deshalb die Firma in ALDI-Nord (Theo) und ALDI-Süd (Karl) aufteilten.

Die Sparsamkeit der ALDI-Brüder zeigt sich übrigens nicht nur in ihren Filialen. Auch privat kann man ihnen nicht gerade Verschwendungssucht vorwerfen. Als Theo Paul Albrecht im November 1971 entführt wurde, musste er vor der Verschleppung seinen Geiselnehmern den Ausweis vorzeigen. Sein Anzug war angeblich so schlicht, dass sie nicht glauben wollten, einen Milliardär vor sich zu haben. Später versuchte Theodor dann, die gezahlten sieben Millionen DM Lösegeld als Sonderausgabe von der Steuer abzusetzen und zog dafür sogar vor Gericht. Aber wie sagt der Volksmund eben: Von nichts kommt nichts. Wahrscheinlich deshalb findet man Tabakprodukte nun heute doch in allen ALDI-Filialen.

Dass der Klebestreifen tesafilm zu den bekanntesten Markenartikeln Deutschlands zählt, verdankt er zunächst einer einfachen Schreibkraft beziehungsweise Sekretärin: Bis zum Jahr 1908 arbeitete *Elsa Tesmer* für die Firma Beiersdorf. Die Ableitung ihres Vor- und Nachnamens zu *tesa* musste für zahlreiche Produkte im Konzern herhalten. 1896 prangte er auf Zahnpastatuben, die sich aber nicht gut verkauften. Deshalb benutzte man ihn ab 1926 für eine »neuartige Tauchmasse zum Überhäuten von Wurstwaren«. Erst 1935 glaubte ein Bürokaufmann an einen bislang unbeachteten Kautschuk-Klebefilm und erfand für Beiersdorf den Werbeslogan: [geeignet] »zum Kleben, Flicken, Basteln«. Außerdem entwickelte er das Abrollgerät, das heute immer noch in nur leicht veränderter Form auch in meinem Büro zu finden ist. Schließlich verpasste er dem neuen Produkt den alten Namen »tesa«. Da die Wurstpellenproduktion auch nicht erfolgreich war, erhob hiergegen niemand Einspruch.

Von dem anschließenden Siegeszug der Marke, die sich als Gattungsname für alle Klebestreifen durchsetzte – der Fachmann sagt, der Name wurde zum Appellativum (oder Appellativ – also ein Substantiv, das eine Gattung gleichgearteter Dinge oder Lebewesen bezeichnet, wie zum Beispiel Stuhl oder Frau, worüber Werbefachleute nicht so besonders glücklich sind – hatte die ursprüngliche Namengeberin allerdings keinen Vorteil. Nachdem sie aus der Firma ausgeschieden war, ist laut Unternehmensangaben heute nichts mehr über ihren Verbleib bekannt. Wohl aber über die Herkunft ihres Namens: *Tes(s)mer* ist wie *Tessmann* oder *Teßmann* eine Ableitung des slawischen Vornamens *Těšimir,* der eine altslawische Verbindung aus *těšiti*, erfreuen, und *mir*, Friede, ist. Wie der Klebestreifen wird auch Elsa Tesmers Name uns allen wohl noch lange in »erfreulicher« Erinnerung bleiben. (Eine Bemerkung am Rande: Das Marketing-Genie, das den tesafilm unter diesem Namen bekannt machte, hatte übrigens den viel einfacher zu deutenden Namen *Kirchberg*.)

Wenn Sie heute im Internet *www.eduscho.de* eingeben, werden Sie automatisch auf *www.tchibo.de* weitergeleitet. Vor nicht allzu langer Zeit hätte man dahinter einen gravierenden Wettbewerbsverstoß vermutet. Beide Unternehmen waren die größten Konkurrenten im Kaffeegeschäft. Doch 1997 übernahm die Tchibo-Holding die Eduscho-Firmengruppe. Bei Tchibo wie Eduscho wurde der Kaffee in ihren Einzelhandelsfilialen immer mehr zum Randprodukt. So wie moderne Tankstellen heutzutage Supermärkte mit Zapfsäulen sind, wurden die Kaffeefilialen im Wandel der Zeit zu kleinen Warenhäusern, in denen es gelegentlich sogar Computer zu kaufen gibt.

Doch ihre Firmengeschichte und -philosophie ist nicht die einzige Gemeinsamkeit. Beide Namen, *Tchibo* wie *Eduscho,* sind Kunstprodukte, die sich ganz oder teilweise aus Namenbestandteilen ihrer Unternehmensgründer zusammensetzen. *Eduard Schopf* legte den Grundstein seiner Firma 1924 in Bremen. Die Kaufleute Max Herz und Carl Tchilling-Hiryan hatten 1949 die Idee, Röstkaffee per Post zu verschicken, und einigten sich beim Namen auf eine Kombination aus Tchilling und Kaffeebohne.

Schopf fällt in die Gruppe der häufigen Übernamen nach körperlichen Merkmalen des Inhabers. Der Vorfahre muss einen sehr auffälligen Haarschopf oder eine ungewöhnliche Kopfform gehabt haben. Das mittelhochdeutsche *schopf* stand für Kopf, Haar auf dem Kopf, Haarschopf, Haarbüschel und Vorderkopf.

Tchilling-Hiryan ist ein außerordentlich schwieriger Name. Man findet auch im Internet nicht den geringsten Hinweis auf die Herkunft des Namenträgers. Ein Anruf in der Pressestelle der Firma erbrachte immerhin den Hinweis, dass der Firmengründer Tchilling-Hiryan aus den Niederlanden stammte. Viel mehr lässt sich nicht sagen, zumal beide Namen in den Niederlanden heute keinerlei Spuren hinterlassen haben (allgemeine Hinweise zu niederländischen Namen finden Sie unter *www.familienaam.nl*). Immerhin sprechen aber verschiedene Aspekte des ersten Namens, so der ungewöhnliche Anlaut *Tch-*, dafür, dass zumindest dieser Teil aus Afrika stammen dürfte. Damit ist jedoch über *Hiryan,* das ja vom Partner stammen könnte, absolut noch nichts gesagt. Möglich ist hier ein Bezug zur Karpato Ukraine, wo *Hyryan* bezeugt werden kann, aber sicher ist das nicht.

Das Rätsel hinter dem Markennamen des Bekleidungsunternehmens C&A ist schneller gelöst. Die Familie *Brenninkmeyer* handelte schon im 17. Jahrhundert mit Leinen und Textilien. 1841 wanderten zwei Brüder dieser Familie in die Niederlande aus und eröffneten in Sneek ein Lager. Für C&A liehen Clemens und August der Firma einfach die ersten Buchstaben ihrer Vornamen. Sie hätten allerdings genauso gut auch ihren Nachnamen bemühen können, denn in diesem ist noch ein weiterer Rufname versteckt: *Brenninkmeyer* ist eine im Auslaut veränderte Form von *Brenningmeyer.* Darin enthalten ist *-meyer,* also ein Verwalter, im ersten Teil aber *Brenning,* ein vor allem in Norddeutschland bezeugter Familienname, der eine Ableitung von *Hildebrandt* darstellt. Dieser wiederum ist, wie schon erwähnt, ein alter germanischer Personenname, der »Kampf« und »Schwert« enthält, zum einen althochdeutsch *hiltja,* altsächsisch *hild,* »Kampf«, zum anderen *brant,* »Schwert, Schärfe«.

In einigen Unternehmensbiographien wird der Gründername fälschlicherweise mit *Brinkmeyer* angegeben. Das klingt ähnlich, hat aber eine völlig andere Bedeutung. Dazu muss man wissen, was ein *brink* ist. Im Mittelniederdeutschen steht das Wort für »Hügel, Abhang, Feldrain«. Es findet sich in vielen norddeutschen Namen, wie zum Beispiel auch in dem des bekannten Sängers und Moderators *Bernhard Brink.* Ein *Brinkmeyer* war ein Meyer in der Nähe eines solchen Ortes.

Der Name *Hertie* ist unter tragischen Umständen als Folge der nationalsozialistischen Gewaltherrschaft entstanden: Der jüdische Kaufmann Hermann Tietz finanzierte seinem Neffen Oscar die Gründung des ersten Warenhauses im Jahr 1882 in Gera. Er nannte es »Garn-, Knopf-, Posamentier-, Weiß- und Wollwarengeschäft Hermann Tietz«. Ein paar Jahrzehnte später hatte das Unternehmen 13 000 Beschäftigte in seinen »Konsumtempeln«. Allein in Berlin fanden sich zehn von ihnen, der bekannteste unweit des damals größten Warenhauses Europas, des Kaufhauses *Wertheim,* in der Leipziger Straße.

Im Dritten Reich mussten alle Familienmitglieder ins Ausland fliehen. Ihr gesamter Besitz wurde enteignet, das Unternehmen »arisiert« und bekam einen neuen Namen. Mit der Abkürzung von Hermann Tietz zu Hertie wurde der jüdische Nachname verschleiert. Dabei ist Tietz ein geradezu typisch deutscher, »völkischer« Familienname. Er ist eine Koseform von Rufnamen, die mit dem althochdeutschen Wort *thiot*, Volk, gebildet werden, wie zum Beispiel *Dietrich* oder *Dieter*.

In Deutschland gab es eine Zeit, da unterschieden sich Schüler in den Klassenzimmern dadurch, dass sie die Haus- oder Klassenarbeiten mit *Pelikan*- oder *Geha*-Füllern erledigten. *Geha* geht nicht wie in zahlreichen Quellen falsch angegeben auf Gerhard Hübner, sondern auf die Firmengründer Gebrüder Hartmann zurück. Die Hartmanns waren harte, also starke Männer während die Hübners mit der großen Huber-Familie namensverwandt sind. Sie besetzt Platz 42 in der Rangliste der meisten deutschen Namen und ist im süddeutschen Raum am häufigsten. Ein Bauer, der früher eine *Hube* besaß, konnte sich glücklich schätzen. Denn die *Hube* war die Maßeinheit für ein Stück Land, auch »Hufe« genannt. Sie kommt von dem mittelhochdeutschen Wort *huobe* beziehungsweise *hūbe*. In Nord- und Mitteldeutschland entspricht diesem die *Hufe*. Während die *Geha-Hübners* sich heute auf Tinte verstehen, haben sie vor vielen Jahren als Bauern einen Hof mit einem Stück Land in der Größe zwischen 30 und 60 Morgen bewirtschaftet.

Die ersten Buchstaben der Namen »Hans«, »Riegel« und »Bonn« kann man spielerisch zu *Haribo* zusammenziehen. So ähnlich entstand wohl der Name für den Gummibärchengiganten. *Hans Riegel,* ein gelernter Bonbonkocher, war der erste Chef des Unternehmens, und *Bonn* Sitz der Niederlassung seiner Firma. Diese wurde am 13. Dezember 1920 ins Bonner Handelsregister eingetragen. Zwei Jahre später war das *Haribo*-Goldbärchen, das anfangs noch *Tanzbär* hieß, auf dem Markt. Die Ehefrau des Unternehmers und seine erste Mitarbeiterin, Frau Gudrun Riegel, musste alle Produkte des Unternehmens in den ersten drei Jahren mit dem Fahrrad ausfahren. Erst dann konnte man sich einen eigenen Pkw leisten. Heute hat das Unternehmen über 16000 Beschäftigte in ganz Europa, verzeichnet Abnehmer in aller Welt und kann sich Thomas Gottschalk als Werbeträger und Firmen-Aushängeschild leisten.

Riegel bringt man in puncto Süßigkeiten eher mit Schokolade als mit Bonbons, Lakritz oder Fruchtgummi in Verbindung. Die wahre Bedeutung des Namens, der auch in zahlreichen Ortsnamen in Baden-Württemberg, Sachsen und Polen enthalten ist, geht indes auf *Riegel* in der Bedeutung »Absperrvorrichtung«, auch »Stange, Bergabsatz, Sperre« zurück.

Einer der bekanntesten deutschen Automobilhersteller trägt neben seinem Familiennamen seinen akademischen Titel in der Firmenbezeichnung: *Dr. Ing. Dr. h.c. F. Porsche AG*. Der Name des Firmengründers, Ferdinand *Porsche*, bereitet Probleme. Man könnte ihn mit dem des Nürnberger Stadtschreibers *Hanns Porst* verbinden, der 1919 mit 600 Mark Eigenkapital die erste Photo-*Porst*-Filiale eröffnete. In *Porst* steckt das mittelniederdeutsche *pors(t)*, ein »Sumpfgewächs«, besser bekannt als wilder Rosmarin. Die Pflanze hat berauschende Wirkung und wurde im Mittelalter oft statt Hopfen für die Bierzubereitung verwendet. Wegen seiner Motten vertreibenden Wirkung wird er auch »Mottenkraut« genannt. Heute hat er größere Bedeutung für die Pharmazie als Mittel gegen Keuchhusten.

Die Verbreitung des Namens *Porsche* spricht aber gegen eine solche Deutung. Es ist eher von einer Kurzform des slawischen Vornamens *Borislav* auszugehen, eine Verbindung aus *bor-* »kämpfen« und *slava* »Ruhm«.

Auf lange Sicht hat der Name dem österreichischen Konstrukteur mehr Glück gebracht als dem Fotohändler. Die Porsche AG verlautbarte für das Geschäftsjahr 2002/2003 einen Gewinn von 933 Millionen Euro vor Steuern. Im selben Zeitraum musste Photo-Porst Insolvenz anmelden. Übrigens: Mit *Porst* ist auch der Name *Post* verwandt.

Ferdinand Porsche senior arbeitete bis 1929 für einen Motorenhersteller, der heute zu dem größten Konkurrenzunternehmen der Porsche AG zählt: *Daimler*. Damals wagte man es, seinen Arbeitsvertrag nicht zu verlängern – unter anderem, weil Porsches Lkw-Konstruktionen floppten. Porsche klagte gegen die Entlassung, schaffte es aber nicht, seine Wiedereinstellung zu erwirken. So blieb ihm wenig anderes übrig, als sich später selbstständig zu machen. Und damit ist die Gründung der weltberühmten Firma, die Luxusautomobile herstellt, weniger das Ergebnis einer bewussten Lebensplanung als die Folge des Rausschmisses bei Daimler.

Der Name *Daimler* ist nicht nur wegen seiner Unternehmensgeschichte interessant. Der Ingenieur und Konstrukteur *Gottfried Wilhelm Daimler* war der Sohn des Bäckermeisters Johannes Däumler und seiner Frau Frederika. Wenn man die Bedeutung des Namens erforschen will, muss man also spätestens hier in der Ahnengeschichte ansetzen. Laut Duden-Familiennamenbuch sind die Vorfahren des Motorenerfinders aber bereits seit dem Jahr 1540 als *Teimbler* und *Teumler* namentlich im thüringischen Lobenstein erwähnt. Vermutlich waren sie keine so angenehmen Zeitgenossen, dass man auf ihre Bekanntschaft allzu großen Wert gelegt hätte. Eine Begegnung mit ihnen konnte nämlich durchaus empfindliche finanzielle Nachteile mit sich ziehen: Ein *Deumler, Däumler* oder *Täumler* war ein »Betrüger«, abgeleitet von dem bairischen *täumeln* für »übervorteilen« – nicht gerade ein Name, mit dem Autohändler gerne in Verbindung gebracht werden wollen. Glücklicherweise hat der bäuerliche Familienname *Daimler* nichts mit dem frühneuhochdeutschen Wort *deumlen* zu tun und darf hiermit nicht verwechselt werden, zumal die Deutung noch »schmerzhafter« wäre: *deumlen* bedeutet nämlich »foltern, die Daumenschrauben anlegen«.

Die Daimler-Motoren-AG war seinerzeit das, was man heute als »Start-up-Unternehmen« bezeichnen würde. Gemeinsam mit seinem langjährigen Freund *Maybach* (dessen Name kommt von dem Ort »Maibach«, den es in Hessen, Baden-Württemberg und Bayern gibt) baute Daimler im

Garten seiner Villa in Cannstatt ein Gartenhaus zu einer Werkstatt um. So gesehen kann man in diesem Punkt die Daimler-Firmengeschichte mit denen zahlreicher Internetfirmen vergleichen, die im 20./21. Jahrhundert den Grundstein ihres Imperiums in einer Garage legten.

Die Fusion mit der Firma von *Karl Friedrich Benz* im Jahr 1926 hat *Gottlieb Wilhelm Daimler* nicht mehr erlebt. Mit *Benz* schlich sich entweder ein »bärenstarker« oder zumindest ein »glänzender Herrscher« in den Firmennamen Daimler-Benz ein. Denn *Benz* ist entweder die Koseform von *»Bernhard«* oder eine Ableitung von *» Berthold«*.

Größere Probleme bereitete eine Zeit lang die korrekte Schreibweise des ersten Vornamens des Automobilherstellers, *Carl* oder *Karl*? Dass es sowohl *Carl-Benz-Schulen* als auch *Karl-Benz-Plätze* in Deutschland gibt, ist vor allem die Schuld des Ingenieurs selbst. 1860 firmierte er noch mit *Karl,* als er sich in Karlsruhe ins Polytechnikum einschrieb. Für sein erstes Patent im Jahr 1880 wählte er das *C* als Anfangsbuchstaben. Der Grund dafür war seine Eitelkeit: Ende des 19. Jahrhunderts galt es als schick – pardon: *chic* –, die französische Schreibweise zu übernehmen. Aus *Karlsruhe* wurde *Carlsruhe* und aus dem groben *Karl,* verwandt mit *Kerl,* der vornehme *Carl.* Die Daimler-Benz-AG scheint an diesen modischen Anwandlungen nicht interessiert zu sein und orientiert sich in ihren Unternehmensdarstellungen am Taufregister, schreibt also *Karl.* Doch unabhängig davon, wie der Name geschrieben wird, mit *K* oder *C,* ist er aus dem Althochdeutschen abgeleitet von *kar[a]l* und steht für »Mann« oder »Ehemann«.

Wir haben bislang die Namen *Porsche, Maybach, Benz* und *Daimler* genauestens untersucht. Aber könnten Sie sich vorstellen, dass eine Automarke namens *Schmied* diesen Herstellern ihren Rang bei Luxus- oder Sportwagen in Deutschland streitig machen könnte? Nein? Tatsächlich ist das bereits geschehen. Denn in Italien hat der Name *Ferrari* genau diese Bedeutung: »Schmied«. So gesehen ist es kein

Wunder, dass ein anderer Handwerker, nämlich der Deutsche *Schu(h)macher*, mehrmals Weltmeister mit Ferrari in der Formel 1 wurde.

Fast genauso wichtig wie der Verbrennungsmotor für die Entwicklung des Automobils war eine Erfindung von *Charles Goodyear*. Anfang des 19. Jahrhunderts war das Naturprodukt Kautschuk bei hohen wie tiefen Temperaturen nicht zu gebrauchen. Dann entdeckte der amerikanische Chemiker im Jahr 1839 per Zufall ein Verfahren, das ihn berühmt machte und die Autos dieser Welt ins Rollen brachte.

In schlechten Filmen kommt es üblicherweise zu Beziehungskrisen, wenn die Ehefrau zu früh nach Hause kommt und ihren Ehemann im falschen Moment überrascht. Anders war es bei Clarissa Goodyear, die ihren Mann bei einem seiner zahlreichen Experimente vorfand. Charles brach den Versuch ab und warf eine Schwefel-Kautschuk-Mischung in den Ofen. Dieses Gummiprodukt wurde wider Erwarten auf Dauer elastisch, und *Goodyea*r gab dem Verfahren den Namen *Vulkanisierung*. Als die deutschstämmigen Brüder Frank und Peter Seiberling Jahrzehnte später in Ohio eine Reifen- und Gummifabrik eröffneten, gaben sie ihr den Namen des Erfinders: *Goodyear Tire & Rubber Company*. Die heute weltbekannten Reifen wurden bald für die Automobilmarken Ford, Daimler und zahlreiche andere verwendet.

Goodyear heißt wörtlich aus dem Englischen übersetzt *Gutjahr*. Dieser zählt gegenwärtig zu den sehr häufigen deutschen Nachnamen. Es gibt ihn 1350 Mal, mit Schwerpunkten im Süden Deutschlands, im hochdeutschen Sprachgebiet. Der Name ist oft ein Hinweis auf die Geburt des Namenträgers, der am ersten Tag des Jahres, zu Neujahr, das Licht der Welt erblickte. Darin sah man einen Hinweis auf ein beginnendes *gutes* neues Jahr. Ein weiteres gutes Jahr für die Firma war 1951. Der Umsatz des größten amerikanischen Reifenherstellers betrug erstmals über eine Milliarde Dollar. Leider hat der Erfinder Charles Goodyear davon nichts abbekommen. Schon zu Lebzeiten war seine Familie so verarmt, dass er kein Geld für einen Totengräber hatte und seinen eigenen Sohn selbst beerdigen musste. Als er im Jahr 1860 starb, hinterließ er 200 000 Dollar Schulden.

Heute gehört die Automobilbranche auch zu den wichtigsten »Motoren« auf dem Arbeitsmarkt. Ein Name, der den wohl größten Einfluss auf die Arbeitspolitik der Bundesregierung unter Schröder hatte, ist der von *Peter Hartz*. Einige Menschen denken, er sei selbst ein Abgeordneter, wenn sie ihn nicht gar mit dem Sänger Hans Hartz (»Die weißen Tauben sind müde«) verwechseln. Hauptberuflich war der gelernte Industriekaufmann *Peter Hartz* unter anderem Vorstandsmitglied der Volkswagen AG, was ihm angeblich mit über einer Millionen Euro pro Jahr vergütet wurde. (Eine ganze Menge mehr, als ein unverheirateter Hartz-IV-Empfänger erhält.) Sein Nachname wird für lange Zeit mit einem Anhang von Zahlen in die Geschichte eingehen. Als Vorsitzender der Kommission für »Moderne Dienstleistungen am Arbeitsmarkt« erarbeitete er das so genannte Hartz-Paket, das stufenweise mehr oder weniger originalgetreu vom Gesetzgeber verabschiedet wurde. Besonders der vierte Abschnitt, Hartz IV, sorgte mit der Zusammenlegung von Arbeitslosenhilfe und Sozialhilfe für Diskussionen und einen kurzfristigen Wiederbeginn der Montagsdemonstrationen.

In Deutschland gibt es noch 1500 weitere Familien mit diesem sehr häufigen Namen. Die meisten von ihnen leben in Schleswig-Holstein, Nordrhein-Westfalen und im Saarland, der Schwerpunkt liegt aber eindeutig im Norden, woher auch Peter Hartz stammt. Es gibt verschiedene Deutungsmöglichkeiten, aber für die Norddeutschen kommt nur die Herleitung von einem verkürzten Vornamen *Hard/Hart* infrage, der zu mittelniederdeutsch *hard, hart*, »hart, fest, rau, streng« gehört und auch in Namen wie *Reinhard, Bernhard, Burckhard* vorkommt. Der Vorname *Hard-* oder *Hart-* steht im Genitiv als Rest einer ursprünglichen Wendung »Hardes/Hartes Sohn«, ähnlich wie *Friedrichs, Gerhards, Alberts, Borchers, Cordes, Engels, Heinrichs.* Die Rechtschreibung wurde später dann an den Orts- beziehungsweise Bergnamen und damit an das Harz der Bäume angeglichen. Hochdeutsche Namen sind hiervon aber zu trennen. Hier liegt ein Berufsname vor. Die Hartz-Familien werden Nachkommen von Harzern, also Harzsammlern, gewesen sein.

Google, die größte Internetsuchmaschine der Welt, findet unter dem Suchbefehl »Bulthaupt« in 0,13 Sekunden ungefähr 25 600 Einträge. Kein Wunder, denn der ungewöhnliche Nachname ziert den Pass zahlreicher bedeutender Menschen. Am bekanntesten dürfte der Allgemeinheit der TV-Moderator *Axel Bulthaupt* sein, der jahrelang das Boulevardmagazin »Brisant« in der ARD moderierte. Nur ein Buchstabe weniger im Nachnamen, und schon stößt man auf den Philosophen und Chemiker *Peter Bulthaup.* Und natürlich auf *die* Vorzeigemarke für Luxus-Designerküchen: Der westfälische Kaufmann *Martin Bulthaup* gründete 1949 die gleichnamige Möbelfirma in Niederbayern.

Zusammengesetzt aus *bult* für »Haufen« oder »Hügel« und *haup(t)* für »Kopf« – oder wie hier im Sinne von »Spitze« – ist *Bulthaup* ein niederdeutscher Herkunftsname. (Die Pferderennbahn in Hannover liegt *Auf der neuen Bult.*) Die Vorfahren der Bulthaup(t)s wohnten auf einem Hügel. Heute sitzen einige Nachfahren sicher auf einem Geldberg. Bevor sich jemand in seiner eigenen Bulthaupt-Küche einen Salat zubereiten kann, muss er zuvor viele Kartoffeln verkauft haben. Die Firma, für deren Küchen man leicht 30 000 Euro und mehr bezahlen kann, erwirtschaftet Jahresumsätze im dreistelligen Millionenbereich.

Nach dem Hersteller von Küchen selbst möchte ich jetzt kurz das Augenmerk auf verschiedene Firmen- und Produktnamen lenken, die in jeder gut sortierten Küche zu finden sind.

Könnten Sie sich vorstellen, ein Glas Honig der Marke

»Hakennase« zu kaufen? Oder ein Speiseeis, das »Stechnase« heißt? Mit *Langnese* hat die Welt da weniger Probleme, und doch ist der Firmenname eine Beschreibung eines besonders auffälligen Körperteils, der langen Nase, auf niederdeutsch: der *langen Neese*.

An anderer Stelle bin ich bereits darauf eingegangen, dass Äußerlichkeiten schon immer ein beliebter Anknüpfungspunkt für die Namengebung waren. Heute entstehen aus diesen Beobachtungen lustige, aber auch oft gemeine Spitznamen. Früher wurde man sie kaum wieder los, wenn sie einem erst einmal anhingen. Da der Kopf im Allgemeinen der Körperteil ist, den man am schlechtesten verbergen kann, gibt es diesbezüglich eine unglaubliche Vielzahl von zum Teil sehr einfallsreichen Übernamen. Oft bezogen sie sich auf den Kopf als solches, hier meistens auf die Haare. Zum Beispiel *Weißkopf, Weißhaupt* für Menschen mit weißen Haaren, *Muckenhaupt* (für jemanden, der einen kleinen Kopf hat, vergleichbar mit dem einer Mücke oder Fliege), oder *Wollenkopp* für einen dichten Schopf. Auch der Bart und die Augen waren oft eine Zielscheibe von Spott, wie man an *Breitbart, Flachsbart, Hackbart* (für einen »stachligen« Bartwuchs) und *Tröndle* (für das weinerliche Tränenauge) oder *Rotauge* erkennt. Kaiser Friedrich I., genannt Barbarossa, hatte einen auffällig roten Bart.

Der Name *Hasenohr* kennzeichnete jemanden, der besonders gut hören konnte oder einfach nur besonders große Ohren hatte.

Was man nun an der Nase eines Mannes noch erkennen kann, darüber streiten sich heute alle Jahre wieder die Klatschjournalisten in Frauen- und Männermagazinen. Fest steht aber zweifelsfrei: An der Nase erkennt man auf jeden Fall zwei berühmte Firmen. »Langnese-Honig« hat allerdings nichts mit »Langnese-Eis« zu tun. Beides sind eigenständige Unternehmen. Der Honig wird von einer Firma des Oetker-Konzerns produziert. Das Langnese-Eis sorgt dagegen im Unilever-Konzern für Umsatz.

Als der Schweizer Apotheker *Henri Nestlé* 1867 seine erste Fabrik für Kindermilchpulver gründete, hat er bestimmt noch nicht geahnt, dass man heute ganze Supermärkte ausschließlich mit den Produkten des Konzerns füllen kann. Egal, ob Sie *Herta-Wurstwaren, Buitoni-Nudeln, Vittel- und Perrier-Mineralwasser, Schöller-Eis, Maggi-Fertiggerichte, Nescafe, After-Eight-Schokolade* oder aber *Friskies* für Ihr Haustier kaufen: Alle Waren werden in einer der über 500 Fabriken mit mehr als 250 000 Angestellten des Unternehmens *Nestlé* produziert. Trotzdem hat der größte Lebensmittelkonzern der Welt seine namenspezifische Geschäftssparte verfehlt. Zwar tragen die Produkte der Nestlé-Gruppe, wie etwa Thomys-Mayonnaise, ein Logo, auf dem zwei Vögel auf einem Nest sitzen, aber das ist eine falsche Deutung des Namens *Nestlé.* Er gehört vielmehr zu *nesteln* im Sinne von »Schuh zubinden«, *Nestel,* »Senkel, Schnürriemen, Schnürband, Bandschleife«. Der erste Namenträger stellte sie her und handelte damit – nicht mit Kaffee, Schokolade, Nudeln oder Wurstwaren.

In die gleiche Kategorie fällt der bemerkenswerte Nachname *Bindrum,* den ich einmal analysieren durfte. Er ist heute noch 40 Mal in Deutschland bezeugt und bedeutet ebenfalls »Schnürriemen«, abgeleitet von *binterriem,* das auch als Familienname *Binterim, Binteriem* bezeugt ist.

Wenn Sie dieses Buch zur Seite legen und stattdessen zur Abwechslung mal in einer Zeitschrift blättern, ist die Wahrscheinlichkeit groß, dass Sie das mit einer aus dem Hause *Burda* tun. Egal, ob *Focus, Freundin, Elle, Chip, Bunte, Instyle* oder *Super-Illu*: Sie alle zählen zur Produktpalette eines der größten Verlagshäuser Deutschlands, das den Namen seines ersten Gründers, *Franz Burda,* trägt.

Die ersten Burdas waren lange, bevor sie Verleger wurden, allgemein bekannte Raufbolde. Der Name *Burda* stammt aus Polen, wo er unter 38,5 Millionen Menschen 5233 Mal bezeugt ist und zu polnisch *burda,* »Händel, Krawall, Krakeel, Randale«, auch »Händelsucher, Krakeeler«, gehört.

Über Händelsucher und Krakeeler wird heute nur noch in den von Burda verlegten Medien berichtet. Sie selbst haben diese unglückliche Familientradition, so wie die anderen 510 Namenträger in Deutschland, glücklicherweise nicht fortgesetzt.

Der Verlag *Bertelsmann,* ohne den das vorliegende Buch gar nicht existieren würde, verrät noch heute mit seinem Namen, dass der Gründer aus Westfalen kam. Die meisten *Bertelsmänner* stammen aus dieser Region. Neben dem häufigen *-mann,* das in mehr als drei Prozent aller deutschen Familiennamen vorkommt, enthält der deutsche Name *Bertel* einen verkürzten Vornamen aus *Berthold,* früh kombiniert aus dem bereits erwähnten *bercht,* »berühmt«, und *-walt,* »herrschen, Macht«, das wir noch aus *Gewalt, verwalten* usw. kennen. Vor allem in Sachsen und in Süddeutschland ist *-walt* in Personennamen gern zu *-wolt, -holt, -olt, -old* verändert worden.

In diesem Kapitel ging es um die großen Namen in der Wirtschaft, allen voran die Markenbezeichnungen, die in der Regel auf bekannten Familiennamen fußen. Und wie für alles gibt es natürlich auch für das Wort Marke einen Ursprung, und dieses hat sogar schon eine ganz bemerkenswerte Geschichte hinter sich. In der heutigen Bedeutung ist es seit dem 17. Jahrhundert aus dem französischen *marque* für »(Kenn)zeichen« entlehnt, was noch in Schreibungen wie *marque, handels-marquen* am Anfang des 18. Jahrhunderts deutlich zum Ausdruck kommt. Dorthin gelangte es jedoch durch Übernahme des italienischen *marcare, marca,* und dieses wiederum ist früh aus dem Germanischen belegt, wo es in den älteren Sprachen wie Altsächsisch, Altenglisch nicht nur »Grenze, Gebiet« bedeutet (das wir zum Beispiel aus Namen wie *Dänemark, Altmark, Neumark, Uckermark, Steiermark* kennen), sondern auch »Zeichen, Ziel«. Wie nicht selten, verändert ein Wort bei Entlehnungen und Rückentlehnungen seine Bedeutung, so eben auch zu deutsch die *Marke.*

8. Kapitel
Schröder, Stoiber, Wowereit: Die Namen weiterer Politiker

Im Lauf unserer Geschichte hat es in jedem Fall eine Fülle von bekannten, wichtigen und oft herausragenden Persönlichkeiten in der Politik gegeben. Allein über ihre Nachnamen könnte man ein Buch schreiben. Die häufigsten Namen der Deutschen sind statistisch gesehen auch besonders zahlreich im Parlament und Abgeordnetenhaus wiederzufinden. Nach der Anzahl der Telefonanschlüsse gewichtet, belegt der ehemalige CDU-Generalsekretär *Laurenz Meyer* Rang fünf mit fast 93 000 Teilnehmern des gleichen Nachnamens. Der zehnte Außenminister der Republik, *Joschka Fischer*, vertritt nicht nur den Willen seiner Grünen-Wähler, sondern auch gut 99 000 Familien gleichen Namens. Der dritthäufigste Name der Deutschen ist *Schneider*; er wird über 140 000 Mal im Telefonbuch erwähnt. Im Bundestag war er 2005 durch eines seiner jüngsten Mitglieder vertreten, den SPD-Abgeordneten *Carsten Schneider*. Platz zwei in der Namenhitliste mit fast 195 000 Eintragungen belegt der Name *Schmidt*. Prominentes Beispiel ist *Renate Schmidt*, die unter Gerhard Schröder das Amt der Bundesministerin für Familien, Senioren, Frauen und Jugend bekleidete. Die erste Position wird schließlich unter anderem durch den CDU-Ministerpräsidenten des Saarlandes, *Peter Müller*, vertreten.

Mit Ausnahme von *Schmidt* sind alle Namen sich selbst erklärend. Sie stammen sämtlich aus der Gruppe der Berufsnamen. Anfang des Jahres 2005 gab es allein im Bundestag sieben *Schmidt*s, einen *Schmitt* und einen *Schmid*. Zurückzuführen sind alle auf das mittelhochdeutsche *smit*, das mittelniederdeutsche *smit* oder *smet*, den »Schmied«. Dieser Name zählt auch heute noch zu den allerhäufigsten, weil der wichtige und ehrbare Beruf im Spätmittelalter eine große Anhängerschaft besaß. Die Werkstatt war leicht zu errichten; sie war nicht abhängig von natürlichen Voraussetzungen, etwa dem Zugang zu einem Gewässer wie bei einem Fischer oder Müller. Einen Schmied gab es auch im kleinsten Dorf. Im Spätmittelalter waren es so viele, dass der Konkurrenzdruck und der Wunsch nach Differenzierung damals (so ähnlich wie heute) eine Fülle von Spezialisierungen nach sich zog, wie man an den Namen *Blechschmidt*, *Kupferschmidt*, *Stahlschmidt*, *Pfannenschmidt*, *Sensenschmidt*, *Waffenschmidt* und zahlreichen anderen erkennt. Berücksichtigt man bei *Schmidt* alle unterschiedlichen Schreibweisen dieses Namens, so kommt man in Deutschland auf fast 600 000 Familien.

Wir wissen nicht, ob es *Gerhard Schröder* freut oder ärgert, dass er, was die Häufigkeit seines Namens angeht, keinen Spitzenplatz einnimmt. Anders als in seiner Partei war er hier noch nie der Chef im Ring und muss sich mit Rang 14 zufrieden geben, weit abgeschlagen mit etwas über 57 000 Eintragungen. Obwohl ein geschickter Politiker diese Statistik sicherlich wieder »schönrechnen« könnte: Denn dieser Name hat im Wesentlichen zwei Bedeutungen, je nachdem, woher die Familie stammt. Im südlichen Teil Deutschlands gibt es weniger von ihnen als in den nördlichen Regionen unseres Landes. Hat ein Nameninhaber seine ursprüngliche Herkunft in Süddeutschland, dann ist sein Nachname eher auf *Schröter* zurückzuführen.

Darunter verstand man einen Beruf, den es heute noch gibt. Früher wurde er mit Pferdekarren ausgeübt, heute braucht man zahlreiche Lastwagen, die das begehrte Gut transportieren. Der *Schröter* kommt vom mittelhochdeutschen *schroetere* und meint jemanden, der Wein- und Bierfässer transportieren, abladen und die schwere Last dann auch noch in den Keller tragen musste, in der Regel ein Bierkutscher. Obwohl Schröder dank des TV-Comedians Stefan Raab mit dem Song »Hol mir mal 'ne Flasche Bier« unfreiwillig in die deutschen Musikhitparaden einzog, hat sein Nachname wahrscheinlich keinen Bezug zu einem Bierlieferanten. Geboren in Mossenberg, Westfalen, stammen seine Vorfahren vermutlich eher aus dem norddeutschen Raum. Hier sind die *Schröders* zahlenmäßig auch am häufigsten vertreten, wobei der Name jetzt auf das mittelniederdeutsche *schroder* beziehungsweise *schrader* für »Schneider« zurückgeht. Eine Deutung, die Gerhard Schröder mit seiner offen zur Schau gestellten Vorliebe für feinste Herrenanzüge besser gefallen dürfte. Egal aber, ob profanes Bier oder edles Tuch, ob nord- oder süddeutscher Einschlag – in jedem Fall besitzt das Wort *Schröder* den mittelniederdeutschen Wortstamm *schrot*. Und natürlich reiben sich SPD-Gegner jetzt die Hände, wenn ich ihnen erzähle, dass auch der Name *Schrott* etwas mit *Schröder* zu tun hat. Doch darf man sich nicht zu früh freuen. Denn das mittelniederdeutsche Wort *schrot* wurde auch für einen lästigen Menschen gebraucht, der einem wie ein »Klotz« am Bein hing. Und angesichts der grobschlächtigen Bierkutscher meinte man »vierschrötige Kerle«. Die Hauptbedeutung aber ist »Hieb, Stich und Wunde«. Dies wiederum passt besser zum *Schneider*, der zwar nicht mit Hieben, aber mit Schnitten und Stichen den Stoffen zu Leibe rückte. Und deshalb könnte Gerhard Schröder doch mit einem kleinen Rechentrick die Rangfolge der Namenhitliste verändern: Denn die *Schröders* und *Schneiders* ergeben zusammen genommen einen sicheren dritten Platz.

Im Wahlkampf- und Flutjahr 2002 war der CSU-Vorsitzende *Edmund Stoiber* der unterlegene Herausforderer Schröders. Sein Name hat weder etwas mit einem Schneider noch mit einem Schröter zu tun, sondern mit dem Beruf des Müllers: *Stoiber* ist die süddeutsche Schreibweise für *Steuber*, was wiederum auf das mittelniederdeutsche *stöuben* zurückgeht. Der Übername beschreibt einen unruhigen Menschen und würde in jedem Falle zu einem Journalisten passen. Oder zum Vorsitzenden eines Untersuchungsausschusses und natürlich zum Vertreter der Opposition im Wahlkampf. Denn wenn jemand *steubt*, dann »wirbelt er Staub auf«. Gemeint sein kann auch ein Beute aufstöbernder Jagdhund. Als Berufsübername bezog er sich aber auf den Müller, der bekanntlich seinem Beruf nicht nachgehen konnte, ohne viel Mehlstaub aufzustäuben.

Der Name des bayerischen Ministerpräsidenten kann wegen der Herkunft seines Vaters vermutlich auch noch etwas anderes bedeuten. In Bayern ist *Staub* nämlich ein bekannter Wohnstättenname und bedeutet »Wasserfall« oder »Bach« – auch hier abgeleitet von den Wassermassen, die beim Absturz aus hoher Höhe zerstieben. So gesehen hat *Edmund Stoiber* zumindest einen sehr »kraftvollen Namen«.

Wenn ich meine Tochter und deren Freundin zur Schule fuhr, amüsierten wir uns nicht selten über die »Gerd-Show«, eine Radiosendung, in der die populärsten Politiker mit nachgemachten Stimmen »durch den Kakao gezogen« wurden. Und ich musste schmunzeln, weil man dort Frau *Merkel* den Spitznamen »Angie« verpasst hatte. Was die Autoren der Sendung sicher nicht wussten, ist, dass bereits ihr Nachname die verniedlichende Koseform eines Rufnamens darstellt. Zugrunde liegt ihrem Nachnamen ein *Markwart* oder *Markhard*, in dem das alte Wort *mark*, »Grenze«, aufscheint (man denke an *Altmark*, *Neumark*, *Dänemark*, wir erwähnten dieses schon oben bei der Herkunft des deutschen Worts *Marke*). Die Koseformen mit *-el* sind sehr häufig, wie man unschwer an *Mädel*, *Häusel*, *Hänsel*, *Gretel* erkennt.

Der SPD-Politiker *Franz Müntefering* hat eigentlich einen ganz vorzüglichen Namen, passend für das Amt des Finanzministers. Es ist ein Satzname aus niederdeutsch *münte*, »münze, schlage eine Münze«, und *fering*, *fehring*, »Vierling« (eine Münzeinheit). Die Vorfahren von Franz Müntefering waren somit wahrscheinlich Menschen, die Münzen vervielfältigten, also Münzpräger.

Hans Eichel, der Finanzminister unter Gerhard Schröder, hat einen so genannten Wohnstättennamen. Sie ahnen es sicher: Mittelhochdeutsch *eich* steht für »Eiche«. So bezeichnete man jemanden, der in der Nähe oder auch unter diesen mächtigen deutschen Bäumen wohnte. Davon leiten sich dann auch Ortsnamen wie hessisch *Eichenberg* oder *Dreieich* ab. Ebenso bodenständig wäre die Deutung von *Eichel* als Metapher für einen Bauern, der seine Schweine mit Eicheln mästete.

Im Duell um das Amt des schleswig-holsteinischen Ministerpräsidenten standen sich Anfang 2005 zwei Politiker aus der gleichen wissenschaftlichen Namengattung gegenüber: *Simonis* für die SPD, *Carstensen* für die CDU. Ihre Nachnamen sind so genannte Patronyme. Darunter verstehen wir Familiennamen, die aus männlichen Rufnamen gebildet wurden. Somit ist klar: *Carstensen* ist *Carstens* Sohn. Auch *Simonis* leitet sich von dem Vornamen *Simon* ab. Beide Namen sind aber völlig unterschiedlich in Deutschland verbreitet, wie Sie anhand der Streuungskarten (S. 142/143) sehen können.

Sollte Frau Simonis letztlich daran gescheitert sein, dass sie nicht norddeutscher Herkunft ist?

Nachnamen, die aus Vornamen resultieren, sind natürlich sehr häufig. Wie ich bereits eingangs beschrieben habe, entstanden die zweigliedrigen Namen erst im 12. Jahrhundert, als ein einzelner Name nicht mehr ausreichte, um jemanden eindeutig zu identifizieren. Für eine weitergehende Differenzierung eigneten sich vor allen Dingen die selteneren Vornamen, wenn man jemandem einen Beinamen geben wollte – ebenso wie heute viele Müllers und Schulzes aus gutem Grund bestrebt sind, für ihre Kinder außergewöhnliche Namen auszuwählen. Nun werden Sie einwenden, dass *Konrad*, aus dem sich der heutige Familienname *Kunze* ableitet, ja wohl kein seltener Vorname ist. Damit haben Sie natürlich Recht. Zum einen kam man damals an den häufigsten Rufnamen wie etwa *Johannes* gar nicht vorbei. Zum anderen dürfen wir aber nicht vergessen, dass die Orte früher kleiner waren und die Landflucht erst später einsetzte.

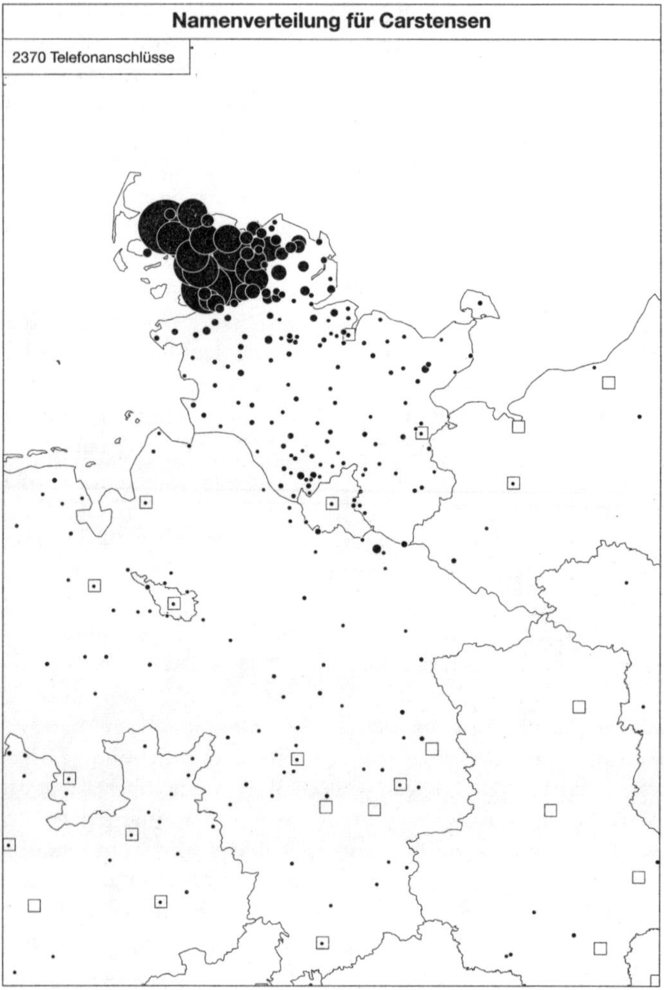
Namenverteilung für Carstensen
2370 Telefonanschlüsse

Namenverteilung für Simonis

698 Telefonanschlüsse

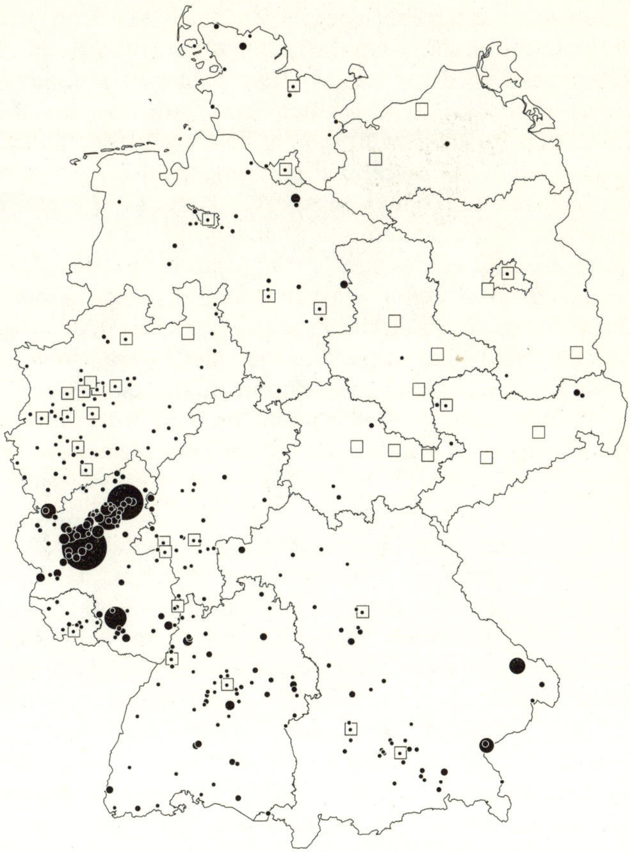

Bezogen auf das winzige Dorf oder die kleine Siedlung war der Name *Konrad* zunächst nicht besonders häufig. Im Hinblick auf die Vielzahl der Orte schon eher. *Carsten* geht ursprünglich auf *Christian* zurück, und dieser Name war im Zeitablauf unterschiedlich beliebt. Zwischen dem 8. und dem 11. Jahrhundert stark, dann schwach, kam er mit Beginn der Reformation wieder sehr in Mode. In Schleswig-Holstein ist er seit 1760 unangefochten der beliebteste Vorname. Wie *Christian* (»Ich bin ein Christ«) hat *Simon* selbstverständlich auch einen kirchlich-geistlichen Hintergrund. Der Name des verehrten und beliebten Apostels kommt aus dem Hebräischen: *Schimon* heißt »Gott hat gehört«.

Wie erwähnt gibt es auch einige Matronyme, also Nachnamen, die von weiblichen Vornamen abgeleitet wurden. Dazu zählen zum Beispiel *Drude* (von *Gertrud*), *Hedwiger* (von *Hedwig*), Hiller (von *Hildegund*) oder *Bethge* (von *Elisabeth*). Dass sie so selten vorkommen, ist ein Beleg für die niedrige soziale Stellung der Frau in früherer Zeit. Wenn überhaupt ein Frauenvorname als Nachname gewählt wurde, dann geschah das entweder im Falle unehelicher Kinder oder wenn ein Mädchen unmittelbar von einer »Herrin«, das heißt einer Arbeitgeberin, abhängig war. Möglich waren auch Benennungen nach einer Heiligen, wenn es eine Kirche oder ein Kloster dieses Namens gab, wie zum Beispiel *Sankt Katharina*. Ganz selten kam es vor, dass die Frau den Mann an Vermögen und damit im Rang übertrumpfte.

Die meisten Nachnamen resultieren also aus Männervornamen. Aus einem der beliebtesten Rufnamen des Spätmittelalters, *Johannes*, sind über 300 Familiennamen entstanden; unter anderem so bekannte wie *Jahn, John, Hensel, Hanke, Gensch* und *Hantschke*. Interessant ist in diesem Zusammenhang auch, dass der Name des Schauspielers *Hannes Jaenicke* eigentlich sinngemäß eine Doppelung ist, die so früher nie vergeben worden wäre: *Johannes Johannes*.

Ein Nachname, bei dem man nicht sofort seinen Ursprung im Vornamen erkennt, ist der des Ministerpräsidenten von Nordrhein-Westfalen, *Jürgen Rüttgers*. Wie der CDU-Mann selbst sind die meisten der fast 700 Namenträger in Deutschland hauptsächlich in dem von ihm regierten Bundesland ansässig. Und alle diese Menschen können sich glücklich schätzen, einen wahrhaft stolzen Namen zu besitzen. Denn *hrod* ist ein germanisches Wort für »Ruhm« oder »Stolz«, das in dem alten Vornamen *Hrod-ger* enthalten ist, den wir heute besser als *Rüdiger* kennen. Im zweiten Teil steckt *ger,* ein althochdeutsches Wort für »Speer«. Somit sind alle *Rüdigers, Rüttgers,* aber auch *Röttgers* die Abkömmlinge ruhmreicher Speerträger. (Wenn Sie einen *Rüdiger* kennen sollten – egal, ob er mit Vor- oder Nachnamen so heißt –, denken Sie bitte daran, dass man ihn sozusagen entwaffnet, wenn er liebevoll abgekürzt *Rüdi* gerufen wird. Aber wenigstens bleibt dem so Angesprochenen immer noch der »Ruhm« im Namen erhalten.)

Der Bundesvorsitzende der FDP, *Guido Westerwelle*, hat einen »bewegten« Namen. Seine private Segelleidenschaft und sein Bekenntnis, »Mallorca ist meine Lieblingsinsel«, verraten uns viel über seine Vorlieben. Aber wurde ihm die Liebe zum Wasser gleichsam mit dem Namen in die Wiege gelegt? Er könnte ja als Übername eine Person beschreiben, die in der Nähe des Meeres gewohnt hat. Oder einen Fischer meinen, der zum Broterwerb bei Wind und Wetter auf die Wellen hinaus musste. Hier zeigt es sich, dass die Onomastik nichts mit Raten, sondern mit Forschen zu tun hat. Auch wenn die Lösung im Nachhinein einfach erscheint: Wenn überhaupt, ist *Welle* hier gleichbedeutend mit einer »Walze«. Das Wort stammt aus dem Mittelhochdeutschen oder dem Mittelniederdeutschen. *Welle* bedeutet auch »ein walzenförmig zusammengebundenes oder gerolltes Strohbündel«. Als Wohnstättenname hat es im Niederdeutschen die Bedeutung, dass jemand an einem brodelnden Gewässer, also einer Quelle, gewohnt hat. Im Falle des in

Bad Honnef geborenen Politikers kann man aber ganz einfach davon ausgehen, dass ein im Westen gelegener Wald gemeint ist, der Westerwald, und dass sein Vorfahre ein *Westerwälder* war, woraus dann *Westerwelle* wurde.

Schwieriger fiel mir die Deutung des Namens des jüngst verstorbenen FDP-Politikers *Günter Rexrodt,* aber sie ist hochinteressant. Je nach unterschiedlicher Schreibweise gibt es *Rexrodt* 61 Mal, einen *Rexrot* hingegen nur einmal in Deutschland. Am häufigsten sind die *Rexroths* mit fast 270 Nennungen im Telefonbuch vertreten. Meine ersten Internetrecherchen führten mich in die USA, unter anderem auf die Website der Rexroad Family History. Dort heißt es: »The Rexroth (Rexroad) family... first appeared in documents from Eschwege, Germany in 1449, as Rexrodt or Recksrodt.« Die Erklärung des Namens findet sich nach langer Suche schließlich im Werk von W. Arnold über »Ansiedelungen und Wanderungen deutscher Stämme« (Nachdruck Köln/Wien 1983, S. 457): Das Wort *rode* steckt nämlich in dem heute immer noch gebräuchlichen *roden* oder in der *Rodung* und deutet damit auf einen Ortsnamen hin. Der ursprüngliche Träger dieses Namens wohnte dort, wo ursprünglich Bäume gerodet worden sind. Das Problem ist nur: Einen direkt entsprechenden Ortsnamen *Rexroth* findet man heute in Deutschland nicht. Erst weitere Nachforschungen ergaben, dass es sich um eine Wüstung handelt (also eine Siedlung, ein verlassener Ort, der von den Bewohnern zumeist aus wirtschaftlichen Gründen aufgegeben wurde), die bei Wanfried an der Werra zu suchen ist. Sie wird in der Literatur erstmals im Jahr 1337 als *Reystrad*, 1490 als *Rexraide* erwähnt.

Der Ortsname besteht aus einem Personennamen, *Rik-*, und dem Grundwort *-rode*. Er bedeutet also etwa »Rodung eines Rik-«, hier im Genitiv »Rikes Rodung«. Der zugrunde liegende Personenname kann momentan noch nicht sicher bestimmt werden, wahrscheinlich ist es *Rēkja*, das deutsch »reich, Reich« bedeutet. Somit tragen die *Rexrodts* und die damit Verwandten den Namen eines untergegangenen, heute nicht mehr existierenden Ortes.

Den interessanten Nachnamen des Mitinitiators eines neuen Linksbündnisses in der derzeitigen Parteienlandschaft, *Gregor Gysi,* gibt es nachweislich in dieser Schreibweise nur neun Mal in Deutschland, die ähnliche Variante *Gisy* schon 69 Mal. Fast alle diese Namenträger leben in Süddeutschland. Sollte ein Mensch dieses Namens seine Wurzeln in diesem Raum haben, so bedeutet *Gisy* die Kurzform von »Geisel«. Damit ist aber nicht das Opfer eines kriminellen Bankräubers gemeint. Es ist die Abwandlung des althochdeutschen *geisla,* der »Rute« oder dem »Stab«, das in Vornamen etwa den Sinn von »Sprössling, neuer Zweig« besitzt. Wir kennen diese Bedeutung auch aus dem bekannten Weihnachtslied »Es ist ein Ros' entsprungen« – eine Umdeutung aus »Es ist ein Reis entsprungen«; bezogen auf die Bibelstelle, wonach ein Reis ein Schössling vom Stamme Davids ist.

Falls der Namenträger hingegen jüdische Vorfahren hat, kommt eine andere Herleitung in Betracht. Jüdische Familiennamen wie *Gish, Gishe, Gisse* sind Koseformen von *Gute, Gutel.* Zugrunde liegt eine Übersetzung von hebräisch *tov,* ein schon im Alten Testament erwähnter Name.

Für die Deutung des Namens von Gysis neuen Parteigenossen *Lafontaine* bitte ich Sie an dieser Stelle noch um etwas Geduld. Er wird weiter unten bei den Schriftstellern behandelt. Weniger wegen seiner Sachbücher als wegen seiner Namenverwandtschaft mit *Fontane.*

Alle in diesem Abschnitt behandelten Politiker bezeichnet man gerne auch mal als »hohe Tiere«. In der Tat gibt es einige Nachnamen berühmter Abgeordneter, die eine wahrhaft »animalische« Bedeutung haben. Sehr interessant ist in diesem Zusammenhang der Name des Regierenden Bürgermeisters von Berlin, *Klaus Wowereit:* Sein Name ist relativ selten in Deutschland vertreten. Etwa 60 Mal ist er ohne erkennbaren Schwerpunkt über die ganze Republik verstreut zu finden. Seine Endung signalisierte mir zunächst eine typisch baltische Herkunft, wozu das Litauische, Lettische und das ausgestorbene Altpreußische gehören (allerdings lebt »Preußen« in latinisierter Gestalt in Fußballvereinsnamen wie Borussia Dortmund und Borussia Mönchengladbach weiter). Einen baltischen Namen wie Wowereit erkennt man gut an dem Auslaut des Wortes, man vergleiche nur etwa *Adomeit*, *Aschmoneit*, *Motikat*, *Lebenath*, *Ramuschkat*, *Sunkemat*. Und tatsächlich wurde ich bei meinen Nachforschungen in diesen Sprachen fündig. Im Wörterbuch der litauischen Familiennamen (erschienen in Wilna 1985–1989) ist der Name *Voveráitis* fünf Mal bezeugt. Daneben gibt es *Voveras*, *Vóveré*, *Vóveris*, *Voverỹs*, *Voveriúnas*, *Vovẽrius*, *Voverúnas*, *Voveruškà*. Passend zu dem bei den Hauptstädtern außerordentlich beliebten Politiker verbirgt sich hinter dem Namen ein Tier, das den meisten Menschen ebenfalls sehr sympathisch ist. (Auch wenn mich ein Veterinär darauf aufmerksam gemacht hat, dass es uns mitunter auch sehr gefährlich werden kann, durch die Übertragung der Tollwut zum Beispiel.) Es ist das Eichhörnchen. Im Litauischen heißt es *vovere*, *voverìs*, und unter *voveráité* versteht man Jungtiere desselben. *Wowereit* ist also ein junges Eichhörnchen. Zumindest dessen rote Farbe passt zu seiner Partei, der SPD.

Es ist anzunehmen, dass die Übertragung von Tiernamen auf Personen mehrere Ursachen hat. Beim Eichhörnchen ist es sinnvoll, an einen flinken Menschen zu denken, aber auch an jemanden, der Vorräte anlegt oder in sonst irgendeiner Art und Weise mit diesem Tier zu tun hat. Heute drängt sich die Parallele zu dem offenkundigen Sparzwang der schuldenbeladenen Hauptstadt auf, die zur Zeit der ersten Namengebung natürlich nicht ausschlaggebend war. In jedem Fall hat der Regierende Bürgermeister in Berlin keinen weiten Weg zu seinen »Namensvettern«. Er muss nur einen Spaziergang durch den Grunewald machen.

Einen anderen Bezug zu Tieren hat *Wowereits* SPD-Politikerkollege *Hans-Jochen Vogel*, dessen Name allerdings auch aus einer im Mittelhochdeutschen bezeugten Bedeutung für einen sorgenfreien, fröhlichen Menschen stehen könnte. Wahrscheinlich beruht er aber auf den gleichen Wurzeln wie *Vogeler* und *Vögler*. Ein *Vogel*, *Vogeler* oder *Vögler* war Vogelfallensteller, also Vogelfänger und auch Vogelhändler, Letzteres durchaus nicht unbekannt durch die Operette gleichen Namens von Carl Zeller.

9. Kapitel
Nena, Kishon, Ringelnatz: Bekannte Pseudonyme und ihre wahre Bedeutung

Dass Menschen ihren Namen ändern, ist keine neuzeitliche Modeerscheinung, sondern war schon im 15. Jahrhundert weit verbreitet. Der Erfinder des Buchdrucks etwa, *Johannes Gutenberg*, wurde als Sohn des Patriziers und Kaufmanns *Friele Gensfleisch* geboren. Ursprünglich hieß er deshalb *Henne Gensfleisch*. Dieser Name stand für jemanden, der Gänse züchtete, mit Gänsen Handel betrieb oder das Federvieh gern verzehrte. Damals kam dann aber die Sitte auf, seinen Namen nach der Herkunft seiner Familie auszurichten. Henne Gensfleisch änderte ihn daher in Anlehnung an den Ort seines Familiensitzes in Mainz, den Hof *Zum guten Berg*.

Auch *Martin Luther* ist eigentlich ein Pseudonym. Er schrieb sich erst ab dem Jahr 1517 mit *th*, angelehnt an das griechische Wort für »der Freie«, *Eleutherios*[9]. Bis kurz vor Abfassung seiner berühmten Wittenberger Thesen unter-

9 Die Entwicklung des Namens *Luther* ist kompliziert, eine ausführliche Darstellung würde hier den Rahmen sprengen. Interessierte Leser können die genauen Einzelheiten der Entwicklung des Namens von *Martin Luther* nachlesen bei B. Moeller, K. Stackmann, *Luder, Luther, Eleutherius, Erwägungen zu Luthers Namen*, Göttingen 1981.

schrieb er mit »Luder«. Danach wollte er offenbar auch in seinem Namen den eigenen Freiheits- und Unabhängigkeitsdrang zum Ausdruck bringen. (»Hier stehe ich, ich kann nicht anders.«) Außerdem hatte er sich über seinen Widersacher, den Ingolstädter Professor *Dr. Johannes Eck*, geärgert, der bei »Luder« nicht das althochdeutsche *hluttar* (sauber, rein) für einen lauteren Charakter annahm, sondern die Parallele zu einer »liederlichen Frau« vermutete. Luther selbst hat den Namen seines Glaubensgegners allerdings ebenfalls in ein schlechtes Licht gerückt: Er zog *Dr.* und *Eck* einfach zu *Dreck* zusammen.

Im Humanismus kam in den gebildeten Schichten der Bevölkerung eine neue Mode auf, den Namen mit lateinischen oder griechischen Veränderungen zu veredeln. Die Namenforschung hat hier zum Teil aufschlussreiche psychologische Erkenntnisse über die Eitelkeit der Menschen gefunden. Aus Namen wie *Jakob* wurde *Jacobi, Dietrich* mutierte zu *Decius*, und der *Bauer* wurde gar mit *Agricola* übersetzt. Der *Schmied* ist seitdem auch als *Faber* bekannt, der *Schneider* wandelte sich zum *Sartorius.* Die vielleicht bekannteste Namenänderung liegt im *Neandertal* vor: Dieses malerische Tal, in dem man den Rest eines später ausgestorbenen Menschengeschlechts fand, trägt seinen Namen nach einem beliebten Schulmeister. Herr *Neander* hieß früher einmal *Neumann.* Das langweilte ihn offenbar, und da er gut Griechisch konnte, übersetzte er seinen Namen in diese klassische Sprache, indem er *neu* durch das griechische *neos* ersetzte und *-mann* mit griechisch *aner, andros*, »Mann«, *andreios,* »mannhaft, tapfer«, tauschte (Ich beschrieb das schon bei dem Namen von Jürgen Drews). So wurde aus seinem Allerweltsnamen *Neumann* der viel interessantere *Neander.* Und diesen »mutwillig geänderten« Namen kennt heute die ganze Welt.

Streng genommen muss man schlichte Namenänderung natürlich von einem Pseudonym unterscheiden. Von Letzterem spricht man nur dann, wenn der Träger mit der Namenänderung eine gewisse Täuschung beabsichtigt. Das Wort *Pseudonym* hat ja selbst diese Bedeutung. Es setzt sich aus dem griechischen *pseudos*, »Lüge«, sowie *onyma, onoma*, »Name«, zusammen, und dazu gehören ja auch die *Onomastik* und der *Onomast*.

Früher wurden künstliche Namen häufig zur Tarnung und als Schutz vor Verfolgung gewählt. Heutzutage sind in unserer Mediengesellschaft Künstlernamen die wohl häufigste Form von Pseudonymen. Sie dienen in erster Linie dazu, beim Publikum einen unverwechselbaren, wohl klingenden Eindruck zu hinterlassen. Die erfolgreichste deutsche Sängerin seit den 1980er-Jahren ist *Nena*, die eigentlich *Gabriele Kerner heißt*. Die Bedeutung (»Karrenführer«) haben wir bereits bei ihrem Namensvetter, dem TV-Moderator Johannes B. Kerner, ausführlicher erörtert.

Der Schauspieler, Musiker und Fernsehunterhalter *Jürgen von der Lippe* hat sich in kabarettistischer Amtsanmaßung einfach selber einen Adelstitel verpasst. In Wahrheit heißt der Entertainer, der mit TV-Shows wie »Donnerlippchen«, »Geld oder Liebe« oder »Wat is?« bekannt wurde, *Hans-Jürgen Dohrenkamp*. Das Pseudonym *Lippe* gab er sich in Anlehnung an seinen Geburtsort Bad Salzuflen im Lipperland, das seinen Namen von dem Fluss *Lippe* erhalten hat. Sprachwissenschaftlich ist er somit der Gattung »Wohnstättenname« zuzuordnen. Interessanterweise gilt das auch für seinen bürgerlichen Namen: Der Name des Humoristen enthält wie der von Verwandten, wie *Dornkamp, Dorenkamp*, offensichtlich das niederdeutsche *Dorn* für »Dornenhecke, -gebüsch« und das bei Hans-Joachim Kulenkampff schon behandelte *-kamp*, »abgegrenztes Wald- oder Flurstück, Weide, Acker«. So ist anzunehmen, dass die *Dohrenkamp*s in der Nähe eines solchen Gebietes gewohnt haben. Ob *Jürgen von der Lippe* weiß, dass der seinem Pseudonym zugrunde liegende Flussname *Lippe* schon vor 2000 Jahren als *Lupia* bezeugt ist?

Zurzeit wird unter Experten ein heftiger Streit darüber geführt, wie das *p* in diesen alten Namen zu verstehen ist. Davon hängt nämlich auch die Antwort auf die Frage ab, ob unsere germanischen Vorfahren aus dem Norden, das heißt aus Skandinavien, eingewandert sind. Das ist die gängige These, die allerdings mit nationalsozialistischem Gedankengut vermengt worden ist, was heute kaum noch jemand weiß. Die andere Auffassung ist, dass der Name von germanisch sprechenden Völkerschaften sehr früh verändert worden ist.

Insider wissen natürlich, welcher bekannte österreichische Sänger eigentlich den Familiennamen *Bockelmann* besitzt. Der breiten Öffentlichkeit ist dieser Name aber ungefähr so gut bekannt wie die Tatsache, dass der Klagenfurter seit 1984 einen Professorentitel führen darf und dass sein Onkel, *Dr. Werner Bockelmann*, acht Jahre lang der Oberbürgermeister von Frankfurt am Main war. Die Rede ist von *Udo Jürgens*, dessen größter Verkaufserfolg ins Jahr 1978 zurückreicht. Hier sang er gemeinsam mit der Nationalelf das Lied »Buenos Dias, Argentina«. Der ursprüngliche Name von *Jürgens* (*eigentlich* »der Sohn von Jürgen«) weist auf einen Mann hin, der aus einem bestimmten Ort gekommen ist, und die 844 Telefonteilnehmer Deutschlands, die ebenfalls *Bockelmann* heißen, wohnen zum größten Teil immer noch in den Großräumen Hamburg und Bremen. Genau dort liegen auch die Ortsnamen, die infrage kommen: etwa *Bockel* bei Bremervörde (im Jahre 1105 *Bochla* genannt; *Bockel* bei Cloppenburg (1189 als *Boclo* verzeichnet), *Bokel* bei Papenburg (10. Jh. als *Bokl*) oder *Bokeloh* bei Meppen (vor dem Jahr 1000 als *Bocla* und um 1000 n. Ch. als *Bucla* beschrieben.) Alle bedeuten *Bok-loh*, »Buchenwald«.

Einer dieser Ortsnamen steckt auch im Namen von *Udo Jürgens* alias *Jürgen Bockelmann*. Falls der Star verrät, woher seine Familie gekommen ist, etwa sein Urgroßvater, ist es nicht sehr schwer, den fraglichen Ort auszumachen.

Roland Kaiser ist ein weiterer Schlagersänger, der annahm, sein bürgerlicher Name würde dem Umsatz von Schallplatten im Wege stehen. Zugegebenermaßen klingt *Keiler* in der Tat nicht so herrschaftlich und erfolgversprechend wie *Kaiser*, die Nummer 43 in der Rangliste der häufigsten deutschen Nachnamen. Vom akademischen Standpunkt aus hat der Sänger jedoch Äpfel mit Birnen getauscht: *Keiler* leitet sich von *Keil* ab und steht im Frühneuhochdeutschen neben »Keil, Pflock« auch für »Grobian«. Und *Kaiser* war damals natürlich nicht der Nachname für den tatsächlichen Herrscher, sondern ein Übername, den man Menschen mit einem besonders angeberischen Verhalten verpasste oder aber einem gab, der am Hofe des Kaisers irgendeinen Dienst verrichtete.

Die Schriftstellerin *Hera Lind* hat auf der Suche nach einem Künstlernamen einfach ihren Vornamen benutzt. Die Autorin von Büchern wie »Das Superweib« heißt eigentlich *Herlind Wartenberg*. *Her-* steht dabei für die althochdeutsche Kriegsschar (*heri*), und *-lind* bedeutet »sanft, weich, mild«, was wiederum auf eine wesentliche Ausrüstung des Kriegers hindeuten kann: Das althochdeutsche *linta* heißt »Linde«, aber auch »Schild aus Lindenholz«.

Hera Linds eigentlicher Nachname *Wartenberg* ist ein bekannter Herkunftsname mit Bezug zu Orten in Sachsen-Anhalt, Hessen, Rheinland-Pfalz, Baden-Württemberg, Bayern, Polen und Österreich. Ich selbst wohne in der Nähe eines *Wartberges*, dessen Funktion klar war: Dort oben stand, saß oder lag ein Wächter, dessen Aufmerksamkeit Leben retten konnte. Er beobachtete die Umgebung und warnte seine Mitbürger vor heranziehenden Truppen, Heerscharen und was auch sonst noch so im Mittelalter und der frühen Neuzeit zu erwarten war.

In der deutschen Geschichte hat es leider auch viele traurige, ja tragische Anlässe gegeben, in deren Folge prominente Bürger gezwungen waren, ihren Namen zu ändern.

Wir kommen gleich darauf zu sprechen. Aber als die Nationalsozialisten am 10. Mai 1933 sogenannte »undeutsche Literatur« verbrannten, vergingen sie sich auch an den Werken Kurt Tucholskys. Als einer der bedeutendsten und meistgelesenen Schriftsteller der Weimarer Republik hatte er seine meist gesellschaftskritischen und politisch engagierten Schriften gleich unter vier verschiedenen Pseudonymen geschrieben: *Kaspar Hauser, Ignaz Wrobel, Theobald Tiger* und *Peter Panter*. Allerdings tat er das nicht aus Angst vor Repressalien, denn er veröffentliche zeitgleich auch unter seinem bürgerlichen Namen. Aber während das Findelkind *Kaspar Hauser,* als es 1828 in Nürnberg aufgegriffen wurde, nur seinen Namen schreiben konnte, war der Schaffensdrang *Tucholskys* so gewaltig, dass er seine zahlreichen Aufsätze, Artikel, Essays und lyrischen Werke unter verschiedenen Namen »kanalisieren« wollte. Als Mitherausgeber des Wochenblattes *Die Weltbühne* und als Chefredakteur von *Ulk*, einer satirischen Beilage des *Berliner Tageblattes*, wollte er beide Blätter nicht zu »tucholsky-lastig« erscheinen lassen.

Tiger und *Panter* sind übrigens nicht nur ausgedachte Phantasienamen. Es gibt sie auch heute noch wirklich als real existierende Familiennamen. Bei *Panter* wird es sich dabei tatsächlich um eine Anspielung auf das gleichnamige Tier handeln. Möglich ist aber auch der Bezug zu dem Ortsnamen *Panten*. Der Familienname *Tiger* jedoch ist eher eine Abwandlung des alten Rufnamens *Diet-ger*, »Volk-Speer«, der sich über *Tidger* schließlich in eine Raubkatze verwandelte.

Während der bekannte Familienname *Hauser* mit seinem offenkundigen Bezug zum »Haus« keine Schwierigkeiten bereitet, birgt der Name *Wrobel* ein Geheimnis, das man ihm auf den ersten Blick nicht ansieht. Vielleicht, weil es auch nur ein ganz kleines ist, nicht größer als ein »Spatz« oder »Sperling«, denn genau das ist die Übersetzung des polnisch-sorbischen Wortes *wróbel*.

Tucholskys sehr seltener bürgerlicher Name stammt ebenfalls aus dem Polnischen und leitet sich dort von dem Ort

Tuchola ab, einer kleinen Stadt nahe Bydgość/Bromberg. Was bedeutet er? Obwohl es ein Buch über die Namen dieses Kreises gibt, ist die konkrete Übersetzung immer noch unklar. Es wird angenommen, dass das slawische Wort *tuch-* eine Rolle spielt. Die Übersetzung »dumpfig, muffig, modrig, faulig« bezieht sich dann auf die geographische Lage, würde aber auch zu dem braunen Regime passen, das Tucholsky erst aus dem Land und letztlich in den Freitod trieb.

Der deutsche Philosoph, Soziologe und Komponist *Theodor W. Adorno* wählte im Jahr 1933 auf Empfehlung seiner Kollegen vom Institut für Sozialforschung in Frankfurt dieses Pseudonym, um seinen jüdischen Namen vor den Nazis zu verbergen. Das *W* in *Theodor W. Adorno* war das Einzige, was er als versteckten Hinweis auf seine wahre Identität zurückließ. Ursprünglich war er mit dem Nachnamen *Wiesengrund* auf die Welt gekommen. Während *Wiesengrund* sich von selbst erklärt, muss man zur Deutung von *Adorno* das Italienische bemühen. Dort steht *adorno* für »geschmückt, verziert«. Adorno schmückte sich nicht nur mit dem Mädchennamen seiner Mutter, sondern wanderte glücklicherweise 1937 in die USA aus und überlebte so den Holocaust.

Ephraim Kishon verboten die ungarischen Rassengesetze den Zugang zur Hochschule. So musste er im Jahr 1942 eine Ausbildung zum Goldschmied beginnen, obwohl er schon 1940 den ersten Preis eines Novellenwettbewerbs gewonnen hatte. 1944 wurde er deportiert und überlebte nur, weil ihm in den letzten Kriegstagen die Flucht während des Transports ins Vernichtungslager Sobibor gelang. Die überwiegende Mehrheit seiner Familienangehörigen kam in den Gaskammern in Auschwitz ums Leben. Die Geschichte des Pseudonyms *Kishon* ist ein Spiegel dieses Lebenswegs: Ursprünglich 1924 als *Ferenc Hoffmann* in Budapest geboren, gelang ihm die Flucht vor den Nazis unter anderem nur deshalb, weil er zunächst den Namen eines slowakischen Arbeiters, *Stanko Andras*, angenommen hatte. Später, im kommunistischen Ungarn, legte er sich den Namen *Kishont* zu, da dieser weniger bürgerlich klang. Die Legende besagt, dass Kishon sein endgültiges Pseudonym von einem israelischen Einwanderungsbeamten verpasst bekam. Nach der strapaziösen Überfahrt auf einem Flüchtlingsschiff wurde ihm im Mai 1949 lapidar mitgeteilt, dass es in Israel weder die Namen *Kishont* noch *Ferenc* gebe, wohl aber den Fluss *Kishon* bei Haifa. Außerdem bekam er den bekannten Vornamen *Ephraim*. Und so stand es fortan in seinen Papieren.

Ähnliche Sachverhalte waren im Mittelalter gar nicht so ungewöhnlich. Sie haben sich tausendfach ereignet. Das lag vor allen Dingen daran, dass damals die Menschen meistens weder lesen noch schreiben konnten. Der Verwalter, Geistliche oder Standesbeamte, der den Namen urkundlich festhalten wollte, musste sich auf das gesprochene Wort verlassen. Stellen Sie sich einfach einmal vor, was heutzutage am Telefon passieren würde, wenn die Menschen ihre Nachnamen nicht mehr buchstabieren könnten. Mein eigener Name *Udolph* würde mal mit *ph,* mal mit *f*, mit *ff* oder gar mit *v* geschrieben werden. Noch vertrackter wird es, wenn man die verschiedenen Mundarten und Dialekte berücksichtigt. So erklären sich auch heute noch die vielfältigen unterschiedlichen Schreibweisen für identische Nachnamen. Es gibt Belege dafür, dass Mitglieder ein und derselben Familie auf vier verschiedene Art und Weise schriftlich benannt wurden. Und ich würde meine Hand dafür ins Feuer legen, dass schon damals die Beamten einen Namen eigenwillig abänderten, wenn ihnen der Klang nicht passte. Oder es war pure Nachlässigkeit, noch einmal nachzusehen, wie der Name des Vaters vor 20, 30 Jahren im Kirchenbuch oder den Unterlagen geschrieben worden ist.

Ähnlich wie Kishon erging es auch vielen europäischen Einwanderern in die USA, denen einfach neue Namen gegeben wurden, wenn die Einwanderungsbeamten ihre tatsächlich richtigen Nachnamen nicht aussprechen konnten. Ein genervter Deutscher, der auf die Frage nach seinem

Namen zornig »vergessen« antwortete, verließ der Legende nach das Büro der Einwanderungsbehörde als Mr. *Ferguson.*

Hoffmann wie *Hofmann* sind übrigens Standesnamen. Sie weisen auf Männer hin, die als Bauern zu einem bestimmten Gehöft gehörten oder einem Hof zu Diensten verpflichtet waren. Auch konnte der Diener am Hof eines Fürsten gemeint sein. Die Namenodyssee von *Hoffmann* über *Andras* zu *Kishont* und *Kishon* trägt fast schon die ironisch-satirischen Züge, die sich in Kishons weltberühmten Büchern wiederfinden. Er selbst bezeichnete sich Zeit seines Lebens als Humorist und nicht als Schriftsteller. Letzteres sei man erst nach seinem Tode. Seit dem 29. Januar 2005 »darf« man also Kishons vielen Namen leider auch diese Berufsbezeichnung hinzufügen.

Einer der bekanntesten Bundeskanzler Deutschlands war im Jahr 1934 gezwungen, im Kampf gegen das nationalsozialistische Regime einen Decknamen anzunehmen. *Ernst Karl Frahm* gab seinen im wahrsten Sinne des Wortes tüchtigen und tapferen Namen auf, denn *Frahm* ist ein niederdeutscher Übername zu *vrame, vrome* für »rechtschaffen, kräftig, redlich, fromm«. Stattdessen gab er sich als Widerstandskämpfer den noch gefährlicher klingenden Namen *Willy Brandt.* Wäre dies sein Geburtsname gewesen, so hätte der jedoch nichts mit Feuer zu tun gehabt, sondern mit einer Abwandlung des Vornamens *Hildebrandt,* den wir schon behandelt haben.

Es gab übrigens auch Nazigrößen, die vor der Machtübernahme 1933 gezwungen waren, ein Pseudonym anzunehmen, um ihre verbrecherischen Interessen durchsetzen zu können. Der spätere »Chefideologe« des Dritten Reiches, *Alfred Rosenberg,* wurde nach dem gescheiterten Putsch Hitlers von 1923 mit der Gründung einer Nachfolgepartei der verbotenen NSDAP beauftragt. Zur Huldigung seines Vorbildes Hitler, dem damals jegliche politischen Aktivitäten untersagt waren, ersann er den Tarnnamen *Rolf Eidhalt.* Das ist ein mehrfach doppeldeutiges Anagramm, das sich aus den Buchstaben des Namens von *Adolf Hitler* zusammensetzt.

Natürlich sind gerade unter Autoren Pseudonyme sehr beliebt. Vielleicht färbt es ab, dass ein Teil ihrer täglichen Arbeit darin besteht, sich Namen für ihre Protagonisten auszudenken. Von *Hans Bötticher* heißt es, er habe zu Lebzeiten genau so viele Künstlernamen wie Berufe gehabt. Er war Matrose, Hausmeister, Arbeiter in einer Dachpappenfabrik, Angestellter eines Reisebüros, Inhaber eines Tabakladens sowie Lyriker und Essayist. Und er hatte unter anderen Namen wie *Pinko Meyer, Fritz Dörry* und *Gustav Hester*. 1919 gab er sich schließlich den bei Seeleuten üblichen Namen für ein Seepferdchen: *Ringelnatz*. Dies ist unzweifelhaft ein merkwürdigerer Name als *Bötticher*, der für einen der wichtigsten Berufe im Mittelalter steht, den Hersteller von Fässern. Das mittelniederdeutsche Wort *bode*, »Fass«, steckt in ungezählten deutschen Familiennamen wie *Bädeker, Bödecker, Bödiker, Böttger* oder *Büttner*, um nur einige zu nennen.

Doch je häufiger ein Nachname in der Bevölkerung vorkommt, desto größer ist die Wahrscheinlichkeit der Verwechslung. Das mag auch der Grund dafür sein, dass ein sehr erfolgreicher deutscher Schriftsteller, *Heinz Günther*, den Mädchennamen seiner Mutter seinem Nachnamen anfügte, *Konsalik*. Dieser ist 60 Mal in Polen bezeugt, vor allem in den ehemaligen deutschen Ostgebieten, und ist eine deutsch beeinflusste Form eines polnischen Namens wie *Kandzielik, Kandzielak* oder *Kondzielak*. Ihm liegt ein Wort für die Spindel – den Spinnrocken, auch Kunkel genannt – zugrunde. Seine Vorfahren haben also »gesponnen«: Assoziationen zum literarischen Werk H.G. Konsaliks liegen nahe, bleiben aber jedem selbst überlassen.

An dieser Stelle sei noch erwähnt, dass der Name des 1930 in Danzig geborenen Schauspielers *Wolfgang Völz* kein

Künstlername ist. Obwohl viele Presseberichte und Pseudonym-Lexika etwas anderes behaupten, stellte er selbst in der *BZ* im Jahr 2004 ein für alle Mal klar, dass es nur eine »schöne Lüge« sei, er würde in Wahrheit *Aaron Treppengeländer* heißen. Dies sei nur der Name eines Verwandten von ihm. Er selbst, der in über 600 Spielfilmen mitwirkte und seine Synchronstimme unter anderem Peter Ustinov und Walther Matthau sowie Käpt'n Blaubär lieh, hat bereits von Haus aus einen Spitznamen als Nachnamen: *Völz* ist die Verniedlichung eines Vornamens, der das Wort *folc* enthält, wie bei *Volker* oder *Volkmar*.

Johannes B. Kerner im Gespräch

Mit dem TV-Moderator ist es eigentlich immer gleich: Entweder er macht Schularbeiten mit seinen Kindern, er bereitet seine tägliche Talkshow vor oder – was ihm noch lieber ist – ein Fußballspiel. Der Mann arbeitet immer. In diesem Interview verrät er, was es mit dem B. auf sich hat, und spricht über sein Verhältnis zu seiner Namensvetterin Nena.

Thomas Koschwitz: *Johannes B. Kerner, magst du deinen Nachnamen?*

Johannes B. Kerner: *Ja. Ich hatte ja nun nicht die große Auswahl, wenn ich ehrlich bin. Aber es ist kein Allerweltsname wie* Müller *oder* Meier. *Und man kann ihn leicht buchstabieren. Ich bin zufrieden.*

Thomas Koschwitz: *Du weißt, woher dein Name kommt?*

Johannes B. Kerner: *Ich glaube, er kommt von* Karrener, *also von Leuten, die früher mit einem Karren herumgezogen sind. Einfach übersetzt waren das Spediteure. Ich hab das jetzt nicht so weit zurückverfolgt, ob wir einen Spediteur in der Familie hatten. Ich kenne die Berufe bis etwa zu meinen Urgroßeltern zurück. Ich weiß – nur vom Namenstamm her –, dass hier der Ursprung meines Namens ist, und inzwischen auch, wo die Namen gehäuft zu finden sind.*

Thomas Koschwitz: *Nämlich?*

Johannes B. Kerner: *Im Südwesten gibt's eine Häufung. Im heutigen Baden-Württemberg bis Rheinland Pfalz, besonders im Nahe-Raum, also zum Beispiel Bad Kreuznach, ungefähr bis hin in die Gegend von Mainz. Und dann gibt's noch mal eine Häufung in Norddeutschland.*

Thomas Koschwitz: *Der eigene Name wird zum ersten Mal in der Schulzeit interessant, weil da dann plötzlich Mitschüler darauf reagieren, was ja in der Familie seltener passiert. Hast du mit deinem Nachnamen Probleme gehabt?*

Johannes B. Kerner: *Nein, ich hab nix Schlimmes erlebt. Selbst Küchenpsychologen werden da nichts finden. Ich fand es eher als angenehm, den Namen* Kerner *zu haben. Da kam ich mit dem Anfangsbuchstaben »K« zum Beispiel bei der Zeugnisvergabe nie ganz am Anfang dran. Auch bei anderen unangenehmen Dingen waren immer andere vor mir. Und Spitznamen aus dem Nachnamen, so was wie »Kernie«, das gab's schon mal, aber es hat mir nie wirklich etwas ausgemacht.*

Thomas Koschwitz: *Hast du jemals an einen Künstlernamen für dich gedacht?*

Johannes B. Kerner: *Einhergehend mit meiner Fernsehkarriere wurde eher mein zweiter Vorname »Baptist« zu einem Thema. In einer durchzechten Nacht mit meinem damaligen Chef Reinhold Beckmann* [bei SAT1, Anm. d. A.] *hatten wir die Idee, dieses »B« nach Johannes zu setzen. Aber ich habe den Namen ja wirklich, und das war einfach nur ein Gag und kein Künstlername.*

Thomas Koschwitz: *Es gibt ja mehrere berühmte Kerner…*

Johannes B. Kerner: *Na, so viele sind's nicht! Nena heißt mit bürgerlichem Namen* Kerner. *Und wenn wir uns in den Sendungen mal getroffen haben, war immer klar, dass wir Kerner zusammenhalten müssen.*

Thomas Koschwitz: *Du hast ja ein sehr inniges Verhältnis zu deinem Vater. Ist dir der »Kerner-Clan« wichtig?*

Johannes B. Kerner: *Ja, ich bin ein Familienmensch. Ich habe ein sehr intensives Verhältnis zu meinem Vater, aber auch* *ein sehr intensives Verhältnis zu meiner Mutter. Aber deine Frage bezieht sich ja auch darauf, ob die Kerner zusammenhalten und ob das auch ein Gefühl der Geborgenheit und Stärke für mich bedeutet. Ja. Das tut es. Also, wenn du den rheinischen Satz nimmst: Blut ist dicker als Wasser, dann ist es schon so, dass die Kerners zusammenhalten. Mir war auch wichtig, dass wir, also meine Frau, meine Kinder und ich, einen gemeinsamen Familiennamen haben. Namensmäßig ist heute alles möglich.*

Thomas Koschwitz: *Wie gehen deine Geschwister mit dem Namen Kerner um? Den kennt man durch dich und Nena jetzt in ganz Deutschland.*

Johannes B. Kerner: *Ach, meine Familie ist da sehr geerdet. Meine Schwester hat eine gewisse Ähnlichkeit mit mir. Da könnte man draufkommen, dass sie meine Schwester ist.*

Thomas Koschwitz: *Johannes, danke für das Gespräch.*

10. Kapitel
Morgenthau, Weill, Levison: Eine kurze Einführung in die jüdische Namenkunde

Es gibt tatsächlich Namen, die wurden Mitmenschen aus purer Boshaftigkeit gegeben. Sie bedeuten genau das, was einem in den Sinn kommt, wenn man sie zum ersten Mal hört: *Leichentritt*, *Rosentreter*, *Grobtuch*, *Schuft* oder *Mogel* etwa. In den seltensten Fällen haben die gedemütigten Personen wirklich Anlass zu einer solch schmachvollen Namengebung gegeben. Es ist belegt, dass Juden im Jahr 1805 in Westgalizien nur gegen Bezahlung einen schönen Nachnamen vom Kommissär bekamen. Damals hatten sie sich auf dem Kreisamt einzufinden, um einen Nachnamen zu erhalten. Wer nicht zahlte, hieß nicht *Blumenberg* oder *Rosenzweig*, sondern *Stiefelschaft* (um nur einen der harmloseren Namen anzuführen). Derartige Namen nennt die Sprachwissenschaft wegen des abscheulichen Charakters, der ihnen anhaftet, *Ekelnamen.* Ihre Geschichte ist aber weniger eng mit der jüdischen Namenentwicklung verknüpft, als man gemeinhin annimmt. Vorkommnisse wie in Galizien waren namenhistorische Ausnahmefälle. Die antisemitischen Schmähungen wurden später weit häufiger durch polemische und boshafte Witze verbreitet. Tatsächlich sind sogar viele Ekelnamen wie *Knoblauch* oder *Pinkel* bei Nichtjuden noch häufiger anzutreffen als bei Angehörigen jüdischen Glaubens. Trotzdem hatte die jahrhundertelange Diskriminierung der Juden einen sehr großen Einfluss auf die Namenentwicklung. Nachdem man sie zu Menschen zweiter Klasse erklärt hatte, standen ihnen zumeist nicht die gleichen Namenrechte zu wie den christlichen Bürgern. So entwickelte sich ein eigenes, uneinheitliches System. Länger als bei Nichtjuden wurde etwa auf einen Familiennamen verzichtet und einfach der Vorname an den des Vaters angehängt: *Moses, Mendels(sohn), Levison, Aaron ben Ascher* (Sohn des Ascher). Da die jüdischen Vornamen auffälliger waren als die germanischen, romanischen oder slawischen Ursprungs, führte das sowohl zu einer Differenzierung innerhalb der Familie als auch zu einer Abgrenzung gegenüber der gesamten Glaubensgemeinschaft. Erst mit den Emanzipationsgesetzen im 19. Jahrhundert sollten die Familiennamen einheitlich angeglichen werden. Wilhelm von Humboldt wollte 1812 in Preußen für eine Besserstellung der Juden sorgen und empfahl ihnen die Annahme von landestypischen Namen, damit *»ungewiß bleibe, ob jemand Jude sey oder nicht«*.

Jetzt ist es auch verständlich, warum typisch jüdische Nachnamen wie *Morgenthau, Sternberg, Mandelbaum* oder *Blumenthal* sich heute noch von selbst erklären. Das sind selbst gewählte wohl klingende Familiennamen, die erst seit dem 19. Jahrhundert festgeschrieben wurden. An ihnen hat »der Zahn der Zeit« noch nicht so lange »genagt« wie an solchen Namen, die bereits 500 Jahre früher entstanden. Und zu diesem Zeitpunkt waren weitaus mehr Menschen als im

Mittelalter des Schreibens mächtig, um sie orthographisch richtig und einheitlich festzuhalten. Diese Voraussetzungen trugen dazu bei, dass sich die Namen nun im Lauf der Jahre nicht mehr so stark veränderten.

Auch jüdische Namen sind in allen Gattungen zu finden. Neben den Familiennamen aus Rufnamen gab und gibt es häufig Herkunftsnamen wie *Oppenheim(er)*, *Schlesinger* oder *Berlin(er)*. (Die Familie des 1934 geborenen Schriftstellers *Peter Berling* hieß *Berliner* und hat das in »Berling« geändert.

Die bereits erwähnten Häusernamen haben bei der jüdischen Namenwahl eine ganz besondere Bedeutung. *Rothschild* ist vielleicht das bekannteste Beispiel für einen Familiennamen, der auf das Zeichen über der Tür eines Hauses Bezug nimmt, in dem eine jüdische Familie wohnte. Ihre Berufswahl wurde im Mittelalter immer stärker eingeschränkt. Der Zugang zu Zünften war ihnen ebenso verwehrt wie der Kauf von Land. Stattdessen erlaubte man ihnen, beim Geldverleih Zinsen zu nehmen, was für Christen als unsittlich galt und ihnen sogar verboten war. Ehemals als internationale Kaufleute und Geldgeber geschätzt, blieben ihnen nur noch der Kleinhandel und das Wechselgeschäft. Kein Wunder also, dass typisch mittelalterliche Berufe seltener in jüdischen Namen enthalten sind und stattdessen Bezüge zur Religion viel häufiger vorkommen. *Cohen*, *Kohn* oder *Cahn* sind Beispiele dafür: Diese Namen bedeuten »Priester«. Ein Sohn des biblischen *Jakob* hieß *Levi*, was nebenbei bemerkt wirklich ein sehr guter Name für eine Jeansmarke ist: *Levi's*, abgeleitet vom Namen des amerikanischen Firmeninhabers *Levi Strauss*. Denn in *Levi* steckt die etymologische Wurzel *iwh* = »sich anschließen, Anhänglichkeit«. Der Name *Weil* ist übrigens nur ein eingedeutschtes Anagram von *Levi* beziehungsweise *Lewi*, und auch der Name des berühmten Komponisten der »Dreigroschenoper«, *Kurt Weill*, hat hier seinen Ursprung.

Die unter Juden offensichtlich so beliebten Tiernamen wurden nicht nur aus reiner Liebe zur Natur vergeben, sondern haben oft einen Glaubensbezug. Der Erzvater Jakob verglich, als er im Sterben lag, seine Söhne *Juda, Naftali* und *Benjamin* mit einem *Hirsch*, einem *Wolf* und einem *Löwen*. Letzterer wurde abgekürzt zu *Löw*. Natürlich konnten wiederum auch andere Deutsche so heißen; nur hat *Löwe* dann oft einen anderen Sinn – meist handelt es sich um Hausnamen, die auf die Bewohner übertragen wurden. So wie der jüdische Name *Mann* die Kurzform von *Immanuel* ist (hebräisch für »mit uns ist Gott«), wohingegen der christliche Nachname eher vom mittelniederdeutschen *man* im Sinne von »tüchtiger Mann«, insbesondere »tapferer Kriegsmann«, herrührt.

Gleicher Name – unterschiedliche Bedeutung? Das gilt auch für den fünfthäufigsten deutschen Familiennamen *Meyer*. In christlichen Namen steckt das lateinische *maior*, »der Größere, der Angesehenere«, später oft im Sinn von »Verwalter«, in jüdischen Namen das hebräische Adjektiv *mejr*, »glänzend, erleuchtet«.

Sie merken, das Prädikat »typisch jüdisch« beruht sehr oft auf einem Vorurteil. Gerade Orts- und Herkunftsnamen waren nicht auf eine bestimmte Glaubensrichtung »abonniert«. Wie oben schon einmal erwähnt, trug sogar der Chefideologe der NSDAP den jüdisch klingenden Namen *Rosenberg*. Was ihn nicht davon abhielt, in ungezählten Aufsätzen und Schriften zu behaupten, es gebe klar erkennbare äußerliche Merkmale, an denen man die »Rassenseele« des Juden und die »Personifikation des Teufels« erkennen könne.

11. Kapitel
Räuber, Hoyzer, Störtebeker: Namen im (scheinbaren) Konflikt mit dem Gesetz

Eines ist selbstverständlich und soll dennoch gleich zu Anfang dieses Kapitels betont werden: Natürlich kann man einen Kriminellen nicht am Namen erkennen. Nach deutschem Strafrecht gibt es glücklicherweise weder eine Sippenhaftung noch einen Generalverdacht. Und man wird auch nicht als Täter geboren. Die Nationalsozialisten haben alles versucht, um von bestimmten äußerlichen Merkmalen auf die innere verbrecherische Gesinnung eines Menschen zu schließen. Dies ist nicht nur wissenschaftlicher Unfug, sondern auch menschenunwürdig. Es gibt nicht *den* Räuber, *den* Dieb, *den* Betrüger. Es gibt immer nur Menschen, die bestimmte Taten begehen. Das Strafgesetzbuch (StGB) beschreibt in seinen Paragraphen deshalb auch nicht, welche Täter bestraft werden, sondern nur abstrakt, welche Handlungen verboten sind. Eine Ausnahme, wenn auch eine sehr bedeutende, macht § 211 StGB, in dem es heißt: »Als Mörder wird bestraft…«. So schaurig es klingen mag, aber dies ist ein Relikt aus der Zeit des Nationalsozialismus und sollte eigentlich in unseren modernen Gesetzen nichts zu suchen haben.

Diese Ausführungen mögen auf den ersten Blick vielleicht wie eine akademische Haarspalterei anmuten. Doch der Unterschied zwischen Tat- und Täterstrafrecht hat für alle Betroffenen weit reichende Folgen. Würde jemand zum Beispiel nach einem einmaligen Fehltritt für alle Zeiten als »Urkundenfälscher« stigmatisiert sein, hätte die Gefängnisstrafe nur noch den Sinn der Vergeltung, und man müsste sich um eine Wiedereingliederung des Täters in die Gesellschaft keine Gedanken machen. Strafe darf aber nicht nur Vergeltung und Wiedergutmachung bedeuten, sondern muss auch immer noch die Chance auf Rehabilitation gewährleisten.

Wenn man also nicht als Verbrecher auf die Welt kommt und es keine äußeren Anzeichen gibt, die Mitmenschen und Polizei vor zukünftigen Straftaten zu warnen, dann kann erst recht nicht der bloße Nachname tiefer gehende Einblicke gewähren. Für jemanden, der *Räuber* heißt, muss das noch nicht einmal bedeuten, dass seine Vorfahren als Bösewichte durch die Lande gezogen sind. Zwar ist es wahrscheinlich, dass hier ein Übername aus dem mittelhochdeutschen *roubære*, »rauben«, vorliegt, also wirklich ein Straßenräuber, aber in Bayern gibt es noch eine andere Möglichkeit: Hier markiert ein *Raub* den Fruchtbestand eines Ackerlandes, der auf diesem Feld geerntet werden kann. Ein *Räuber* war dort nichts anderes als ein ehrbarer Obstbauer.

Der heute nicht mehr vorkommende Name *Ohrlos* war allerdings ein fast sicheres Indiz dafür, dass zumindest ein Träger dieses Namens in seinem Leben nicht immer eine weiße Weste gehabt hatte. Im Mittelalter wurden Verbrecher manchmal durch das Abschneiden ihrer Ohren bestraft. Auch ein *Beutelschneider* gehört – jedenfalls zum Teil – hierher. Einige der Namenträger verstanden sich in der Kunst der Herstellung von Taschen oder Brieftaschen, niederdeutsch auch *Fickentscher*, *Fickenscheer* (niederdeutsch *ficke* bedeutet »Tasche«). Andere dieses Namens aber waren Diebe oder Bettler, die den Kaufleuten im Gedränge zum Beispiel auf einem Markt blitzschnell die Geldbeutel abschnitten: ein Delikt, das sich heutzutage sehr oft in belebten Bahnhöfen oder Einkaufsstraßen einer Großstadt ereignet, allerdings ohne diese schmerzhafte Bestrafung der Diebe.

Wenn wir uns im Folgenden also einige ausgewählte Namen von Menschen ansehen, die mit dem Gesetz in Konflikt geraten sind, dann nur, weil die Namen selbst von wissenschaftlichem und journalistischem Interesse sind, wie zum Beispiel der des bekanntesten Seeräubers aller Zeiten, *Klaus Störtebeker*. Es gibt nur wenig gesichertes Wissen über den sagenumwobenen Freibeuter, der im 14. Jahrhundert die Meere mit seinen Raubzügen unsicher machte. Weder seine Herkunft noch das genaue Geburtsdatum, der Geburtsort oder der wahre Familienname sind bekannt. In einem Geleitbrief kurz vor seinem Tod im Jahr 1400 steht sein Taufname als »Johannes« verzeichnet. Im Wismarer Buch der Ausweisungen, einem mittelalterlichen Abschiebeverzeichnis, in dem festgehalten wurde, welche Kriminellen die Stadt verlassen mussten, ist schon im Jahr 1380 von einem *Nicolao Stertebecker* die Rede. Interessanterweise zählte dieser damals nicht zu den Verdammten. Er war das Opfer. Zwei Schurken hatten ihn heftig verprügelt. Als Täter kommt Störtebeker erstmals im Jahr 1394 namentlich zu zweifelhaften Ehren: Die Klageschrift Heinrichs IV. von England schildert einen Verlust von geraubten Schiffen und Waren und benennt den Schuldigen insgesamt 14 Mal.

In der Onomastik bezeichnen wir Namen wie »Störtebeker«, »Lachenicht«, »Frühauf« oder »Shakespeare« als sogenannte Satznamen. Sie heißen deshalb so, weil ihre Namen verkürzte Sätze sind. War jemand zum Beispiel ein schneller Reiter, dann wirbelte er mit seinem Pferd unweigerlich den Sand auf. Aufwirbeln, das wir heute noch als *stieben* kennen, erscheint in Namen auch als *stoiben, stöuben*. Wir sprachen darüber bereits in Zusammenhang mit dem Namen des bayerischen Ministerpräsidenten Edmund Stoiber. Der Satz: »Wirbele beziehungsweise stoibe den Sand auf« verdichtete sich zu dem Satznamen *Stövesand*. Und daher kommt auch der Name des berühmten Gouveneurs von Nieuw Amsterdam, dem späteren New York, *Peter Stuyvesant. Shakespeare* heißt »Schüttel den Speer«, und der Gründer der Genossenschafts-Bewegung in Deutschland, *Friedrich Wilhelm Raiffeisen,* ist ebenfalls Träger eines Satznamens mit der Bedeutung: »Versieh Eisen mit Riefen [Rillen].« Auch die schon erwähnte *Leni Riefenstahl* kann hier eingereiht werden: aus niederdeutsch *riven*, »reiben«, und *stal*, »Stahl«, »reibe den Stahl«, für einen Schmied. Bei *Klaus Störtebeker* ist die Übersetzung noch einfacher. Obwohl wir nicht viel über ihn wirklich wissen, wird seine Trinkfestigkeit doch mehrfach bezeugt. Daher nannte man ihn folgerichtig »Stürz-den-Becher.«

Dass sich Verbrechen nicht lohnen, musste der Seeräuber im Oktober des Jahres 1401 (auch was das genaue Datum angeht, ist man sich nicht ganz einig) am eigenen »Kopf« erfahren. Der damalige Bürgermeister von Hamburg soll der Legende nach versprochen haben, alle Kumpane Störtebekers freizulassen, an denen er nach seiner Enthauptung noch vorbeiginge. Elf Mann sollen es gewesen sein, bevor der Henker ihm ein Bein stellte, sodass er hinfiel. Der Bürgermeister hat sein Versprechen übrigens nicht gehalten. Alle 73 Männer Störtebekers wurden geköpft.

Im November des Jahres 1803 starb in Mainz ein Verbrecher unter der Guillotine, der mindestens drei verschiedene Namen führte. Geboren wurde er vermutlich in den Jahren 1777/1778 als *Johannes Bückler*. Schriftstücke unterschrieb er mit *Durchdenwald*. Und berühmt wurde er unter dem Namen, den auch der deutsche Schriftsteller Carl Zuckmayer als Titel für sein frühes Werk über den Räuberhauptmann wählte, *Schinderhannes*. Man mag es kaum glauben, aber alle drei sind auch heute noch als Nachnamen in Deutschland gebräuchlich. *Bückler* findet sich heute nur noch in ganz wenigen Namen, vielleicht bedingt durch die Ableitung. Zugrunde liegt das mittelhochdeutsche Wort *buckelaere, buggeler* für »der mit einem Buckel, einem Schild mit aufgesetztem Metallzierrat bewaffnete Krieger«.

Seine kurze Unterweltkarriere begann recht spät, 1795, als er sich einer Diebesbande anschloss, deren berühmtestes Mitglied zu dieser Zeit *Johann Peter Petri* war. Mit ihm machen häufig heute noch Kinder Bekanntschaft: Sein Spitzname ist der Namengeber für das Kartenspiel »Der schwarze Peter«. Gemeinsam mit seinem Kumpan und zwei Dutzend anderen Komplizen zog Bückler raubend und mordend durch die rheinland-pfälzischen Lande. Der Name *Durchdenwald,* heute noch über 60 Mal vor allen Dingen in der Nähe von Stuttgart anzutreffen, kann sich sowohl auf Bücklers ungezählte Raubzüge als auch auf seine unentwegte Flucht vor dem Gesetz beziehen. Bekannte andere Satznamen in dieser Tradition sind *Durchdenbach, Durchdenwind* und *Durchdiehaare* (für einen Menschen, der sich oft durch die Haare fuhr).

Obwohl *Bückler* bei Erpressungen, selbst wenn das Lösegeld bezahlt wurde, seine Geiseln regelmäßig ermordete, feierte ihn die einfache Bevölkerung als »Robin Hood vom Hunsrück«. Tatsache ist aber, dass er kein Kämpfer für die Armen war. Den weniger schönen Spitznamen *Schinderhannes* verdankte er dem Beruf seines Vaters. Unter *schinden* verstand man früher die wenig erbauliche Arbeit in der Tierkörperverwertung. *Schinder* ist das mittelhochdeutsche Wort für »Rindenschäler«, »Schlächter« und »Abdecker«. Der Sohn des Schinders namens Hannes wurde somit *Schinderhannes* gerufen.

Satznamen wie *Störtebeker* und *Durchdenwald* zählen zu den interessantesten überhaupt und sind oft Gegenstand von Nachfragen bei meinen Gastauftritten in Talkshows und Radiosendungen. Im Juni 2004 sollte ich den Namen *Schüttlohr* deuten, den es nur noch ganz selten gibt, etwa fünf Mal in Deutschland. Wahrscheinlich geht dieser Name auf einen Raufbold zurück und passt thematisch in diesen Abschnitt. Mit »schüttel das Ohr« beziehungsweise »schüttel die Ohren« war die alte Bedeutung von *schütteln* im Sinne von »zupacken« gemeint.

Und bei *Essebier* trifft die gleiche Aussage zu wie bei *Störtebeker*: Der Saufbold, der dafür sorgte, dass sich heute noch 45 Nachfahren (vorwiegend in Halle und Umgebung) für ihren Familiennamen rechtfertigen müssen, hat den Gerstensaft in großen Mengen verschlungen, ohne dabei natürlich ein Verbrecher zu sein.

Wieder sehr martialisch klingt der Satzname *Rückemesser*, zu dem ich einmal in einer Radiosendung gefragt wurde. Es gibt ihn noch etwa 23 Mal in Deutschland mit Schwerpunkt im Eichsfeld, und der Namenträger, der mich danach fragte, glaubte, er sei der Nachfahre von Messerstechern. Ich konnte ihn einerseits beruhigen. Mit einem Messer im Rücken hat sein Name nichts zu tun – zumindest nicht in der ersten Überlegung. *Rücke-* kommt hier nicht vom Körperteil, sondern vom Verb *rücken.* »Rücke das Messer« ist eine Umschreibung für »das Schwert aus der Scheide ziehen«.

Im Jahr 1929 wählten zwei Brüder einen ungewöhnlichen Weg zur Diskontobank am Berliner Wittenbergplatz. Sie gruben einen Tunnel vom Nachbarhaus zum Keller der Bank und durchbrachen die Außenwand des Tresorraumes, den sie mit mehr als zwei Millionen Reichsmark wieder verließen. Später feierten die berühmten Brüder *Fritz* und *Erich Sass* ihre Tat, die man ihnen damals noch nicht nachweisen konnte, bei einer »Pressekonferenz« in dem ebenfalls namhaften Lokal *Lutter & Wegner* am Gendarmenmarkt. (Diese Namen bedeuten »lauter, rein« [zumeist Herkunftsnamen von Orten, die an entsprechenden Flüssen liegen] und *Wagner*, »Wagenmacher«).

Sass ist die niederdeutsche Form von *Sachs* oder *Sachse.* Damit teilen sich die populärsten Verbrecher der Weimarer Republik eine Namenverwandtschaft mit dem Lebemann, Fotografen und Kunstsammler *Gunter Sachs.* Ihre Namen verweisen auf eine niedersächsische Herkunft, denn als »Sachsen« sind zunächst und auch noch Jahrhunderte später immer die »alten« Sachsen verstanden worden, gegen die Karl der Große einen dreißigjährigen Krieg führte. Die heutigen Sachsen gab es zu der Zeit noch gar nicht, auf sie wurde der Name erst durch Veränderungen von Herrschaftsbereichen – die Wettiner spielen hier eine wichtige Rolle – übertragen.

In der Forschung sprechen wir bei Namen wie *Hesse, Thüring, Schwab* oder *Bayer, Sachs* oder *Saxo* von Stammesnamen. Sie wurden meist nicht am Wohnort, wo ja faktisch alle Thüringer, Schwaben oder Bayern waren, sondern in der

Fremde vergeben: vergleichbar mit der Namengebung heute, wenn man sagt, man gehe mal eben zum »Italiener um die Ecke« oder zu dem »Schweizer«, der neu ins Nachbarhaus eingezogen ist.

Die Brüder *Sass* selbst wohnten damals in Berlin-Moabit. Hier hatten sie einen ähnlichen Bekanntheitsgrad wie Robin Hood, denn sie ließen bedürftige Moabiter an ihrer Beute teilhaben und steckten großzügig Geldscheine in deren Briefkästen. Zu Beginn der Machtergreifung der Nationalsozialisten zogen sie nach Dänemark, wo sie bis 1938 vier Jahre lang im Gefängnis verbrachten. Ihre mittlerweile mehrfach verfilmte Lebensgeschichte endete tragisch mit ihrem Tod. Sie wurden an Deutschland ausgeliefert und kamen ins KZ Sachsenhausen. Dort wurden sie – angeblich wegen geleisteten Widerstandes – erschossen.

Dieses Schicksal haben sie unter anderem ihrem größten Widersacher, dem Kriminalsekretär *Fabich,* zu verdanken, der auch während ihres Aufenthalts in Dänemark nicht lockergelassen und genügend Beweise für eine Verurteilung in Deutschland gesammelt hatte. Sein Name ist wie *Fabig* oder *Fabisch* eine Ableitung von *Fabian.* Dieser Vorname geht wiederum zurück auf den altrömischen Geschlechternamen *Fabius*, lateinisch *fabis,* für »edel«.

Gerissene Schlitzohren haben schon immer zwiespältige Gefühle in der Bevölkerung ausgelöst. Auf der einen Seite will ihnen niemand zum Opfer fallen. Andererseits zollt man ihnen nicht wenig Respekt, wenn die kriminellen Taten mit großer List zu lohnender Beute führen und dabei niemand körperlich zu Schaden kommt. Ein Beispiel für solchen »Ruhm« ist ein Mann, der zwischen 1992 und 1994 unter dem Decknamen »Dagobert« wahrlich keine Kavaliersdelikte beging. Als sogenannter Kaufhauserpresser zündete er insgesamt sechs Bomben in den Häusern des Karstadt-Konzerts. Berühmt und zum Teil bewundert wurde er bei seinen kriminellen Handlungen vor allem wegen seiner technisch raffinierten Geräte, mit denen er die Polizei zum

Narren hielt. Dennoch, oder vielleicht auch deswegen, scheiterte jedes Mal die Geldübergabe. Einmal entgleiste ein speziell von ihm konstruierter Schienengleiter, auf dem der Geldbeutel befestigt war, nur 300 Meter vor Dagoberts Versteck. Ein anderes Mal hatte ein Polizist ihn schon am Ärmel gepackt und rutschte dann auf einem der vielen Hundehaufen aus, die auf Berliner Straßen herumliegen.

Dagobert wurde durch die Berichte über seine listige Vorgehensweise zum Medienstar. Aber wie man es auch dreht und wendet, sein Spitzname hat ihm kein Glück gebracht, sondern letztlich eine neunjährige Haftstrafe und 2,5 Millionen Euro Schulden. Sein erster und einziger erfolgreicher Coup gelang ihm im Jahr 1988 interessanterweise unter seinem bürgerlichen Namen, *Arno Funke*. Hier erleichterte er das KaDeWe am Berliner Tauentzien um 500 000 D-Mark. Ein Bote warf damals das Geld an vereinbarter Stelle aus einem S-Bahnwagen, und Funke holte es sich: ohne Decknamen und ganz ohne technischen Schickschnack. Mal davon abgesehen, dass Funke mit einem IQ von über 145 (der Test musste vor mehr als 20 Jahren abgebrochen werden, weil die Skala nicht ausreichte) sicher besser ehrenhaft zu Geld gekommen wäre – seinen bürgerlichen Namen hätte er für eine kriminelle Karriere nicht aufgeben müssen. *Funke* ist nämlich ein Übername für einen leichtsinnigen, unstetigen Menschen, für jemanden, der sprunghaft wie ein Funke von Ort zu Ort springt. Möglich ist aber auch, dass der einem ehrbaren Beruf nachging: Dann bezog sich der Name auf den Funkenflug bei der Arbeit als Schmied.

Im Fall des betrügerischen DFB-Schiedsrichters *Robert Hoyzer* kann man gut erkennen, nach welchen Maßstäben die öffentliche Meinung das Ansehen von Straftätern bemisst. Obwohl der eine Bomben legte und der andere bei seinen Spielmanipulationen auf Gewalt völlig verzichtete, wurde Funke zum Held und Hoyzer zu einer der meistgehassten Personen Deutschlands. Der Grund ist einfach. Auf der einen Seite ging es »nur« um das Geld eines reichen

Konzerns, auf der anderen Seite um eines der letzten Heiligtümer der Deutschen, den Fußball, der kurz vor Beginn der Weltmeisterschaft 2006 einen noch höheren Stellenwert besitzt also sowieso schon.

Hoyzer ist ein Name, der wahrscheinlich noch seltener vorkommt als Wettbetrügereien im Sport. Unter 40 Millionen Telefoneinträgen findet man ihn nur 20 Mal. Familien mit diesem Namen verteilen sich im Raum Berlin, Hannover und im Ruhrgebiet. Da Hoyzer seine Absprachen mit Kontaktmännern im kroatischen Milieu traf, würde man annehmen, dass sein Name wahrscheinlich in dieser sprachlichen Region einzuordnen wäre. Und tatsächlich spricht alles für eine slawische Herkunft. Es ist mit hoher Wahrscheinlichkeit anzunehmen, dass eine eingedeutschte Schreibweise aus *Hojcer* vorliegt. Und mit dieser kurzen Analyse ist der Sprachwissenschaftler fast schon am Ziel, denn das erlaubt die Annahme, dass in *Hoyzer* das niedersorbische Wort *chojca*, also »Kiefer« oder »Föhre«, steckt. Der Name fällt damit in die Kategorie der Herkunfts- oder Wohnstättennamen. Die Vorfahren Robert Hoyzers, die sich damals nie hätten vorstellen können, dass man Jahrhunderte später einmal mit »Pfeifen« (genau genommen: »Verpfeifen«) von Fußballspielen viel Geld verdienen kann, wohnten ganz einfach in der Nähe eines Baumes, einer Kiefer.

12. Kapitel
Hitler, Himmler, Mengele: Die Namen der Nazis

Der Name macht aus einem anonymen Menschen ein identifizierbares Individuum. Das wussten natürlich auch die Nationalsozialisten. Und deshalb ist es nicht verwunderlich, dass ihre zahlreichen Verbrechen gegen Minderheiten und Andersdenkende bereits mit Angriffen auf deren Namen begann. So wurde zum Beispiel mit der Verordnung vom 17. August 1938 bestimmt, dass alle Juden fortan nur noch solche Vornamen annehmen durften, die in einer Liste des Reichsinnenministeriums genannt waren.[10] Wer einen nichtjüdischen Vornamen besaß, musste einen jüdischen annehmen. Jedes betroffene Mädchen und jede Frau hieß nun »Sarah«, jedes männliche Opfer dieser Willkür musste den Namen »Israel« annehmen. Sinn und Zweck dieser Verordnung waren eindeutig: In ihrer verblendeten Rassenideologie wollten die Nazis die Juden nicht als vollwertige Mitglieder der »deutschen Volksgemeinschaft« anerkennen. Sie wurden nicht »nur« als Bürger zu Menschen dritter Klasse degradiert, sondern ihnen sollte zudem mit der einheitlichen Vornamengebung ihre Berechtigung als Individuum entzogen werden. Auch hier wird deutlich: Wenn man einem Menschen seinen Namen nimmt, erklärt man ihn gleichsam für »vogelfrei«. Nicht ohne Grund fragen ja die Verhandlungsführer bei der ersten Kontaktaufnahme stets nach dem Namen des Geiselnehmers, und die Polizisten nennen die Geiseln ebenfalls nicht ohne Grund immer wieder beim Namen: Der Verbrecher soll die Menschen, die er in seiner Gewalt hält, als lebende Personen und nicht als reine Objekte betrachten. Dann fällt es ihm erfahrungsgemäß schwerer, ihnen Gewalt anzutun.

Für den Völkermord der Nazis war es psychologisch wichtig, dass die Opfer anonymisiert wurden, dass die Heerschar der willigen Helfer und Helfershelfer keinen persönlichen Bezug zu ihnen aufbauen konnte. Die oben erwähnte Bestimmung aus dem Jahr 1938 war somit nur ein weiterer Schritt vor allem von Millionen von Juden auf dem unbeschreibbaren Leidensweg in die Gaskammern von Auschwitz und anderen Vernichtungslagern. Auch die Tätowierung der Opfer mit Nummern war die grausame, aber logische Konsequenz der Nazischergen.

Vor diesem Hintergrund kann es nicht erstaunen, dass die Nazis ihren eigenen Namen überaus wertschätzten. Unter heutigen Gesichtspunkten behandelte *Adolf Hitler* seinen

10 Wolfgang Scheffler, *Judenverfolgung im Dritten Reich*, Berlin 1964, S. 28.

Nachnamen wie einen Markenartikel. Er machte ihn von Anfang an bekannt und sorgte dafür, dass er Bestandteil der deutschen Begrüßung wurde: ein perfider Schachzug, der maßgeblich dazu beitrug, dass die Person im deutschen Alltag allgegenwärtig war. Die Alliteration, also das zweimalige *H* von »Heil Hitler«, verstärkte diese omnipräsente Wirkung nochmals.

Vereinzelt wurde in Fachkreisen und später in der Bevölkerung sogar die Frage gestellt, ob es eine Naziherrschaft in diesen Ausprägungen überhaupt gegeben hätte, wenn *Hitler* anders geheißen hätte. Genährt wurden diese Überlegungen zusätzlich von dem Gerücht, Hitler hätte in Wahrheit einen anderen Familiennamen gehabt: *Schickelgruber*. Tatsächlich hat die Vorstellung eines militärisch zackig herausgeschmetterten »Heil Schickelgruber« etwas Lächerlicheres an sich als »Heil Hitler«. Bei dem Namen *Schickelgruber* handelt es sich um eine Zusammensetzung aus dem Dialektwort *schickeln*, »handeln, mit etwas Handel treiben, Vieh einkaufen und wieder verkaufen«, und *-gruber*. Letzterer ist auch als eigenständiger Familienname *Gruber* bekannt, wobei dieser sich tatsächlich von der Grube ableitet, also einer »tief, niedrig gelegenen Stelle«. Der *Schickelgruber* war folglich ein Händler aus dem Ort *Grube*.

Ein Blick auf Hitlers Stammbaum entlarvt die Schickelgruber-Saga allerdings als modernes Märchen: Der größte Massenmörder aller Zeiten wurde am 20. April 1889 abends um halb sieben im »Gasthof zum Pommer« in der österreichischen Kleinstadt Braunau am Inn geboren. Und zwar als *Adolf Hitler*. Der Name *Schickelgruber* indes ist nicht völlig frei erfunden. Der vermutliche Großvater *Hitlers*, der Vagabund Johann Georg *Hiedler*, heiratete 1842 eine Bauerntochter namens *Maria Anna Schickelgruber*. Schon fünf Jahre vor der Ehe hatte er mit ihr ein Kind gezeugt und es Alois genannt. Auch nach der Hochzeit wollte Johann Georg – aus welchen Gründen auch immer – es nicht anerkennen. *Alois* behielt den Namen *Schickelgruber*, bis er vierzig war. Dann ging einer von Johann Georgs Brüdern, *Johann Nepomuk*, im

Jahr 1876 zum Gemeindepfarrer in Döllersheim und veranlasste die Streichung des Eintrags »unehelich«. Aus *Schickelgruber* wurde qua Amtsverfügung *Hitler*, und Alois lernte mit diesem Namen seine Frau Klara Pölz kennen. Er hatte mit ihr einen Sohn, den späteren Reichskanzler *Adolf Hitler*.

Ungeklärt ist bis heute, ob *Johann Georg Hiedler* wirklich Hitlers Großvater war. Deshalb gibt es nach wie vor das Gerücht, Hitler könne auch jüdische Vorfahren gehabt haben. Den Mädchennamen seiner Großmutter hat *Hitler* jedoch nie getragen.

Diese Namenentwicklung ist wieder einmal in mehrfacher Hinsicht interessant. Einmal ist sie ein Spiegel der damaligen Sittengeschichte. Andererseits gibt sie einen ersten Hinweis auf die Entstehung des Wortes *Hitler* und damit auf dessen Bedeutung. Die bisherigen Forschungen über den Namen *Hitler* haben die älteren Formen mit *d* wie *Hidler* und vor allem *Hiedler* kaum beachtet. Sie gingen von einer Verbindung zu *Hütte* aus, was jedoch nach Hitlers Stammbaum nicht überzeugend ist. Hinzu kommt, dass die Familiennamen *Hütler* und *Hüttler* in Deutschland nur wenig bezeugt sind: *Hütler* findet sich vier Mal, *Hüttler* 74 Mal. Die übliche Ableitung von *Hütte* ist aber nicht *Hitler*, sondern der Familienname *Hüttner*, und den gibt es hierzulande ungefähr 3500 Mal.

Hitler leitet sich von *Hiedler* ab. Darin enthalten ist das bairische und österreichische Dialektwort *hiedl*. Ein *hiedl* ist ein unterirdischer Wasserquell oder Fluss, der besonders in Kellern und Vertiefungen periodisch für Überschwemmungen sorgt: eine Naturplage also, die die Bevölkerung vorwiegend in den Gegenden der Sand- und Moorauen um München heimsuchte. Der Name *Adolf Hitler* hat also eine ärgerliche, aber dennoch harmlose Bedeutung. *Hitler* war der Nachfahre von Menschen, die an einem zeitweise versiegenden Fluss- oder Wasserlauf gelebt haben. Bemerkenswert: Noch im Jahr 1998 gab es im deutschen Telefonverzeichnis einen *Hitler* (im Schwarzwald) und einen *Hiedler* (im bayerischen Brannenburg).

Hätte *Joseph Goebbels* die Bedeutung seines Familiennamens gekannt, so hätte er sicher auch das für seine Propagandazwecke ausgeschlachtet. Um es gleich vorwegzunehmen: *Goebbels* könnte eine Kurzform des Vornamen *Godbert, Gottberht* sein und die Elemente »Gott«, »gut« oder »berühmt« enthalten. Zu einer daraus entwickelten Kurzform kamen dann ein Kose-, Verkleinerungselement und eine patronymische Bildung mit *s (Heinrichs, Friedrichs, Gerhards, Alberts, Waalkes)*, bis *Goebbels* entstand.

Es ist bekannt, dass der Reichsminister für Volksaufklärung und Propaganda die deutsche Sprache wie kein Zweiter für die volksverhetzenden Absichten der Nazis missbraucht hat. Auf sein Konto geht zum Beispiel der verherrlichende Name »Reichskristallnacht« für die Judenpogrome am 9./10. November 1938. Und er machte auch vor der eigenen Familie nicht Halt. Medienwirksam stilisierte er die Gemeinschaft mit seiner Frau Magda und seinen sechs Kindern zu einer Vorzeigefamilie des Dritten Reiches. *Helga, Hildegard, Helmut, Hedwig, Holde* und *Heidrun* teilten nicht nur das grausame Schicksal, dass sie 1945 von ihren eigenen Eltern im Führerbunker ermordet wurden. Alle ihre Namen fingen mit *H* an: bewusst gewählt in Anspielung auf den Namen *Hitler.*

Was man unter einem »Speer« versteht, weiß jedes Kind, und so kommt nur ein Übername für den Schmied oder den Besitzer dieser Stangenwaffe in Betracht. Interessanter ist vielleicht, dass der Name *Albert Speers* auch heute noch in zahlreichen Vornamen steckt, denen man das auf den ersten Blick gar nicht ansieht. Das althochdeutsche Wort für »Speer« war *gēr* und ist zum Beispiel Bestandteil von *Gerlinde* (»Sanft-Speer«), *Gerhard* (»Speer-Kraft«), *Gerfried* (»Speer-Friede«) oder *Holger* (»Insel-Speer«).

Albert Speer hat seine Ernennung zum Reichsminister für Bewaffnung und Munition im Jahr 1942 dem Flugzeugabsturz seines Vorgängers mit dem Furcht einflößenden Namen *Fritz Todt* zu verdanken. Der Ingenieur mit dem augenscheinlich passendsten Namen für eine Nazigröße wurde 1891 in Pforzheim geboren. Diese baden-württembergische Herkunft deutet aber darauf hin, dass wir es hier nicht mit einem Übernamen zu tun haben, der jemandem wegen seiner Leichenblässe gegeben wurde. Nur in den südlichen Gefilden Deutschlands ist *Dote* als anderes Wort für den kirchlichen Paten bekannt. Davon leitet sich die Kurzform *Tot, Tod* oder *Todt* ab, die eigentlich verniedlichend gemeint sein sollte.

Ein Mann, der wie kaum ein anderer Jurist dem Ansehen der Deutschen durch seine Lynchjustiz geschadet hat, war der damalige Präsident des NS-Volksgerichtshofes, *Roland Freisler.* Er fällte seine mehr als 5600 Todesurteile »im Namen« des Volkes. Darunter waren die Männer vom 20. Juli 1944, deren Attentat auf Hitler gescheitert war, und die Mitglieder der »Weißen Rose«.

Bei keinem anderen Nationalsozialisten ist die wahre Bedeutung seines Namens passender. Das mittelhochdeutsche *vreiser* heißt »Wüterich«, und schon im Althochdeutschen findet sich *freisîc, der freisige man* für Übeltäter. Dieser Scharfrichter war dafür bekannt und gefürchtet, dass er die Angeklagten in demütigender Art und Weise anbrüllte. Bei seinen Schauprozessen stand die Todesstrafe schon lange vor dem Urteilsspruch fest. Trotzdem ließ er es sich im Gerichtssaal nicht nehmen, seine Opfer vor der Hinrichtung zu schikanieren und zu erniedrigen. Das im Namen *Freisler* vorkommende Adjektiv *vreise* heißt »grausam, Schrecken erregend«. In Bezug auf Roland *Freisler* musste man kein Sprachwissenschaftler sein, um das zu erkennen.

Freisler ist mit 141 Einträgen auch heute noch ein relativ häufig vorkommender Nachname. Vereinzelt findet man ihn in Niedersachsen, im Ruhrgebiet, weitaus häufiger im Rhein-Main-Raum um Frankfurt und im Südwesten Deutschlands. Natürlich gilt hier wieder, dass man heute – anders als beim ersten Namenträger – niemals Rückschluss auf den Charakter ziehen kann. Auch im Fall Roland *Freis-*

lers ist es nur eine zufällige Übereinstimmung. Und streng genommen wäre »Wüterich« ja noch viel zu harmlos für jemanden, der das Recht so schamlos gebeugt und missbraucht hat.

Im Jahr 1998 gab es noch über 470 Familien namens *Himmler*. Die Abwandlung von *Himmel* tritt vor allem in der Oberpfalz häufig auf, ist aber generell in Süddeutschland öfter vertreten als in anderen Regionen. Ein Hauptprotagonist der dunkelsten Geschichte Deutschlands hat diesem schönen Namen einen sehr unangenehmen Beigeschmack gegeben: *Heinrich Himmler*. Als »Reichsführer« und Chef von Hitlers Schutzstaffel (SS) war er der Hauptverantwortliche für die Durchführung der Judenvernichtung. 1943 wurde er zum Reichsinnenminister ernannt. Damit unterstand ihm der gesamte nationalsozialistische Polizeiapparat, einschließlich der berüchtigten Geheimen Staatspolizei, Gestapo.

Himmel ist in Deutschland sehr häufig als Ortsname bekannt. *Himml* zählt dabei als eine oberdeutsche Schreibweise des gleichen Wortes. Wenn ein Ort oder Flurstück besonders hoch gelegen war, also dem Himmel näher war als andere, kam man früher häufig auf diese Idee für die Namengebung.

Himmler wurde noch vor Kriegsende von Hitler aller Ämter enthoben, als seine geheimen Kontaktaufnahmen zu den Alliierten bekannt wurden. Am 23. Mai 1945 entzog er sich durch Selbstmord seiner Verantwortung. Obwohl er das Leben Abertausender zur Hölle gemacht hat, wäre auch der Name *Höller* nur teilweise für ihn passend gewesen. *Höller* ist eine Ableitung mit der Endung *-er* von *Höll*. *Höll* wiederum ist die gerundete Form von »hell«. Das mittelhochdeutsche Wort *helle* kann für »Hölle« stehen. Im Mittelniederdeutschen ist damit eine abschüssige Stelle gemeint, eine Schräge, ein Abgrund, ein Abhang, weshalb ein alter Zusammenhang mit *Halde* besteht. Die »Hölle« ist somit eine Stelle im Abgrund. Somit haben Himmel und Hölle auch in der Namenforschung eine gegensätzliche Bedeutung.

Ein in jeder Hinsicht besserer Name für *Himmler* wäre der Berufsübername *Gensler* gewesen für einen Gänsezüchter oder Händler. Himmler betrieb noch im Jahr 1928 mit seiner Frau Margarethe Boden eine Geflügelzucht in Waldtrudering bei München. Der Welt wäre viel erspart geblieben, hätte er diese Beschäftigung zu seinem Beruf gemacht.

Im Jahr 1937 bekam der promovierte Jurist und Rechtsanwalt *Ernst Kaltenbrunner* von Himmler die Zuständigkeit für die gesamte österreichische SS übertragen. Neun Jahre später wurde er für seine Kriegsverbrechen in den Nürnberger Prozessen zum Tod durch den Strang verurteilt und hingerichtet.

Der Name *Kalt* ohne weitere Endung ist auf einen Menschen gemünzt mit »kalter, gleichgültiger Einstellung«. In Kombination mit *-brunner* ist es ein Familienname, der Aufschluss über die Wohnstätte liefert. *Brunn, Bronn* und *Born* erschöpfen sich aber nicht in der wörtlichen Bedeutung für Brunnen. Es sind andere Wörter für »Quelle«, das erst im 15. Jahrhundert gebräuchlich wurde und daher kaum Einfluss auf die deutschen Nachnamen hatte. Ein *Kaltenbrunner* lebte an dem kühlen Ursprung eines Flusses.

Im Kriegsverbrecherprozess 1946 stand *Kaltenbrunner* weder für seine Taten noch für seinen Namen ein. Er leugnete, seine Unterschriften unter die Dokumente gesetzt zu haben, die seine Beteiligung am Holocaust beweisen.

In Deutschland leben noch weit über 250 Familien mit dem Nachnamen *Mengele*. Fünfzehn von ihnen trugen kurz vor der Jahrtausendwende den gleichen Vornamen wie der berüchtigte Lagerarzt von Auschwitz, Mitglied der Waffen-SS *Josef Mengele*. Die meisten von ihnen leben im Umkreis von fünfzig Kilometern um seinen Geburtsort im bayerischen Günzburg an der Grenze zu Baden-Württemberg. In Günzburg selbst gibt es noch sechs Haushalte, die unter diesem Namen geführt werden. Der Name ist deshalb so häufig, weil er zu einem großen Teil in einer süddeutsch verniedlichenden Form aus dem noch häufigeren Namen *Menge* hervorgeht, man denke an *Mädele*, *Bübele*, *Bäumle*. Der Familienname *Mengele* ist am ehesten als Kurzform eines alten Vornamens *Manag-walt*, *Manag-olt* zu verstehen. Darin enthalten sind althochdeutsch *manag*, »viel«, das noch heute im Deutschen als *manch*, *mancher* weiterlebt, und *-walt*, zu Deutsch *Gewalt*, *verwalten*, also »Macht ausüben«. »Viel Macht ausübend« dürfte daher der ursprüngliche Sinn von *Manag-walt*, Mengele, gewesen sein, und er hat seine Macht schrecklich missbraucht: Josef Mengele war der älteste Sohn einer wohlhabenden bayerischen Industriellenfamilie und hat diese Familientradition leider nicht fortgeführt. Obwohl er erst im Jahr 1943 Lagerarzt in Auschwitz wurde, ermordete er bei seinen grauenhaften Menschenversuchen über 1500 Zwillinge und schickte persönlich bei der Selektion 800 000 Menschen in die Gaskammern. Wie Adolf Eichmann und Klaus Barbie floh er auf der so genannten »Rattenlinie« über Italien nach Südamerika und starb im Februar 1979 bei einem Badeunfall in Bertioga, einem kleinen Ferienort in Brasilien nahe São Paulo. Auf seiner Flucht vor den Alliierten nahm er mehrere Decknamen an. Als *Fritz Hollmann* wurde er nach der Internierung der Wehrmachtseinheit, die ihm Unterschlupf gewährt hatte, schon nach drei Monaten unerkannt entlassen. *Hollmann* bedeutet interessanterweise »Höhlenmann«. Das mittelhochdeutsche *hol* steht für »Höhle, Loch, Vertiefung«, das mittelniederdeutsche *hol* zudem für »Engpass« und »Zufluchtsort«. Den wissentlich oder unwissentlich treffenden Namen für einen Flüchtling gab er aber schnell wieder auf. Als *Helmuth Günther* verbarg er sich auf einem abgelegenen Bauernhof im oberbayerischen Mangolding bis 1949. Erst dann schiffte er sich unter diesem Namen in Genua auf dem Dampfer »North King« nach Buenos Aires ein. Josef Mengele hat durch seine Schandtaten dem Familiennamen wie dem Namen seines Geburtsortes Günzburg schweren Schaden zugefügt. Die schwäbische Kreisstadt, heute unter anderem bekannt für den deutschen Themenpark »Legoland«, erinnerte im März 2005 mit einer Gedenktafel an die ungezählten Opfer, die auf sein Konto gingen und für die er sich zu Lebzeiten niemals verantworten musste.

13. Kapitel
Moese, Ficker, Rescheiße: Scheinbar unanständige Namen

Haben Sie sich auch schon einmal darüber geärgert, dass Sie Post bekommen, bei der Ihr Name falsch geschrieben ist? Ein mir bekannter Berliner Oberstudiendirektor wurde bis zu seiner Pensionierung in den Unterlagen der Schulbehörde als weibliche Person geführt. Offenbar war es den Beamten nicht bekannt, dass der Vorname *Freimut*, »der freie Geist«, anders als *Almut* ein männlicher Vorname ist. Der Mann trug es mit Fassung, wie auch den Brief an ihn aus den USA, der nicht an die *Lilienthal-*, sondern an die *Fliegental-Schule* gerichtet war. Unbeabsichtigte Verballhornungen geschehen also tagtäglich. Je komplizierter der Name geschrieben wird, desto höher die Fehlerquote. Weitaus schlimmer noch sind aber die absichtlichen, direkten Verletzungen. Wenn auch Sie einmal das Opfer eines Namenfehlers geworden sind, dann können Sie vielleicht ermessen, wie sich Menschen fühlen müssen, die Tag für Tag bewusst mit Hohn und Spott übergossen werden.

Dass man über Namen keine Scherze macht, gehört nicht nur zu den guten Umgangsformen. Es ist eine wissenschaftliche Grundregel, die ich allen meinen Studenten einbläue. Wer Witze über einen sonderbaren Namen reißt, überschreitet nicht nur die Grenzen des guten Geschmacks und verletzt Gefühle, sondern ist auch dumm, weil er meistens die wahre Bedeutung des Namens nicht erkennt. Gerade Namen, die auf den ersten Blick unanständig, frivol oder obszön wirken, haben regelmäßig eine völlig harmlose und unspektakuläre Herkunft. Oder woran denken Sie, wenn Sie den Namen *Rescheiße* hören?

Schon *Johann Wolfgang Goethe* hat sich zeit seines Lebens bitterlich über eine Verballhornung seines Namens beklagt, die ihm durch einen Brief Georg Friedrich Herders widerfahren ist: *»Der von den Göttern du stammst, von den Goten oder vom Kote …«* Der große deutsche Schriftsteller war nämlich nicht nur genial, sondern darüber hinaus auch vergesslich. Würde er heute noch leben, hätte er dieses Schreiben wahrscheinlich von einem aufgeregten Büchereiangestellten bekommen. Denn *Goethe* hatte sich Bücher Herders ausgeliehen und diese nicht zurückgegeben. Offenbar war die Ausleihfrist schon lange überschritten gewesen, anders ist es nicht zu erklären, dass Herder das literarische Genie mit Exkrementen in Verbindung brachte. Goethes Name ist zwar schwierig, weil es verschiedene Anknüpfungsmöglichkeiten gibt (*gut, Gott* oder ein mit einem der beiden Elemente gebildeter Personenname), aber *Kot* gehört mit Sicherheit nicht dazu. Im Übrigen wäre auch das nicht anstößig gewesen, da das mittelhochdeutsche *kot(e)* das Wort für Hütte ist – erkennbar noch heute an dem englischen Wort *cottage.* Mit dem stinkenden, neudeutschen *Kot* hat *Goethe* genauso wenig gemein wie *Kothe, Köthe* oder *Käter.*

Ich habe es mir zur Angewohnheit gemacht, eine gedankliche Strichliste anzulegen, wie häufig ich nach bestimmten Namen gefragt werde, wenn ich auf Menschen in lockerer Runde treffe. *Kotz* belegt hier ganz sicher einen der vorderen Hitlistenplätze, auch der Ortsname *Kotzen* wird oft genannt. Dabei bin ich immer wieder erstaunt, welchen Reiz vulgäre Wörter auf Personen in allen gesellschaftlichen Schichten ausüben. Zumal ich bezweifle, dass jeder der Nachfragenden tatsächlich einen Bekannten dieses Namens hat.

Kotz hat tatsächlich keine vornehme Bedeutung. Sein eigentlicher Sinn entspricht aber auch nicht dem, was Sie vermutlich gerade denken. Im Mittelhochdeutschen war die *kotze* ein »grobes und zottiges Wollzeug«, aus denen ein ponchoartiger Übermantel ohne Ärmel gefertigt wurde. Er war sehr beliebt bei Jägern und Wanderern, da er über Rucksack und Waffe getragen werden konnte. Im Englischen findet sich auch heute noch ein sprachverwandtes Wort: *coat* für »Mantel«. Wir sagen dazu umgangssprachlich *Kutte*. Die »Kotze« ist auch heute noch als ein solches Kleidungsstück bei Wanderern bekannt. Wem diese Deutung nicht gefällt, der kann sich mit der Möglichkeit zufrieden geben, dass *Kotz* wie *Kotze* auch aus einem schönen Vornamen hervorgegangen sein kann. In Betracht kommt eine Kurzform von *Gott(fried)* oder *Kon(rad)*. Solche auf *z* endenden Abkürzungen sind heute sehr häufig anzutreffen. Denken Sie nur an *Hinz* und *Kunz* (zu *Heinrich* und *Konrad*), an *Heinz* für *Heinrich* oder *Dietz* für *Dietrich*. *Kotze* hat also nichts mit Erbrochenem zu tun. Und wenn es um Namen geht, dann ist auch *Rüde* weder rau, laut, vulgär oder ein männlicher Hund. Der Schauspieler *Heinz Rühmann* ist ein solcher »rüder Mann«, denn die Vorsilbe *Rüh* ist eine Ableitung von *Rüde*. Damit wird jedoch nichts über negative charakterlichen Eigenschaften seiner Vorfahren gesagt. Ganz im Gegenteil. Ein *Rüde* ist ruhmreich und stark. Dieser Namenstamm kommt von *Rudolf*, einer Kombination der germanischen Substantive *hrod*, »Ruhm«, und *-wolf*.

Zur Kategorie der unanständig-anständigen Namen gehört mit *Rescheiße* ein weiterer, der trotz seines bildhaften Klangs weder etwas mit Tieren noch mit einer Körperfunktion im weitesten Sinne zu tun hat. Vielmehr ist der sehr selten vorkommende Name (etwa fünf Mal in Deutschland) ein Übername für einen Beruf. Wenn der Schmied früher zu Werke ging und bei seiner anstrengenden Tätigkeit das Eisen von der Schlacke befreien wollte, dann musste er es »röschen«. Daraus entstand der Begriff »Röscheisen«. Daher ist der Name *Rescheiße* auch nicht in *Reh-scheiße* zu trennen, sondern in *Resch-eisen, Rösch-eisen*. Letzteres wünscht sich so mancher Namenträger sicherlich in seiner Hand, wenn

Ignoranten anzüglich grinsen oder hinter vorgehaltener Hand Witze machen. Wenn man seinen Namen nennt, erkennt man schnell, ob Menschen sich noch in der Pubertät befinden oder aus ihr nie wieder herauszukommen scheinen. Witze über Namen können bei Kindern und sensiblen Erwachsenen schlimme seelische Narben hinterlassen. Sogar der selbstsichere Goethe hat Herder noch Jahre später sein Schreiben nicht verziehen.

Ähnliche Assoziationen wie *Rescheiße* ruft der Name *Dunkacke* hervor. Er ist mit dieser Schreibweise eher selten. Es gibt ihn etwa acht Mal vorwiegend im Raum Bremen, Bremerhaven und Kiel. Durch Betonung des langen *a* schon unverdächtiger sind die Familien namens *Dunkake*. Hiervon gibt es mindestens fünfzehn, und ein Berliner dieses Namens bat mich einst um eine Herkunfts- und Bedeutungsanalyse, die mir sehr viel Spaß bereitete. Gerade auch, weil ich zu einem völlig unerwarteten Ergebnis kam, das ich keineswegs voraussehen konnte. Um es gleich vorwegzunehmen: Auch hier können wir alle schmutzigen Gedanken ruhig beiseite lassen. *Dunkacke* beziehungsweise *Dunkake* hat nichts zu tun mit übel riechenden, vielleicht sogar dünnflüssigen Körperausscheidungen. Allerdings steht anders als bei *Rescheiße* weder ein ehrbarer Beruf dahinter noch die Vermutung des Rat suchenden Mannes. Sein Name war zum Zeitpunkt der Anfrage in seinem Pass immer noch zusätzlich als »Dunkacke« in Klammern gesetzt. Bereits vor zwei Generationen, vermutlich aus nahe liegenden Gründen, war der Name geändert worden. Die alte Version musste – wen wundert's im bürokratischen Deutschland – bis zuletzt immer noch hinzugefügt werden. Er gab mir den Hinweis, sein Name könne aus dem Nieder- oder Plattdeutschen stammen und von der Ortsbeschreibung »hinter der Kirche« abgeleitet werden. Oder vielleicht auch von dem Ort *Dünkirchen* in Flandern.

Bei der Suche nach einem Ort fand ich in der Bremer Gegend eine Häufung des Namens. Dort wurde im Jahr 1848 der *Dunkakshof* angelegt, später als Neustädter Gang bekannt. Doch woher kommt nun dieser Ortsname?[11]

Der *Dunkakshof* enthält im ersten Teil zweifellos einen Familiennamen; der Hof gehörte wohl einem Bauern *Dunkak* oder *Dunkake*. Kehren wir daher zurück zum Familiennamen *Dunka(c)ke* – der enthält das niederdeutsche Wort »kake«, das mit dem englischen Wort »cheek« verwandt ist. Wenn der Engländer sich bibeltreu verhält, dann hält er nach einer Ohrfeige seinem Feind auch noch die andere »cheek«, also Wange beziehungsweise Backe, hin. Das Wort »dun« kennen wir in anderer Schreibweise auch heute noch. Wenn jemand betrunken ist, durch Betäubungsmittel leicht berauscht oder einfach nur nach einer langen Reise an Jetlag leidet, dann fühlt er sich manchmal etwas »duhn«. Im Niederdeutschen meint *dun* auch aufgedunsen oder geschwollen. Somit ergibt sich als Sinn des Namens weder ein Bezug zu kirchlichen Sakramenten noch zu menschlichen Exkrementen. Der Namenträger hatte einfach eine geschwollene, dicke Backe.

Ein anderer, »dreckig« klingender Name, der seinen Schwerpunkt in Sachsen hat, ist *Schmutzler*. Eine prominente Namenträgerin ist zum Beispiel *Claudia Schmutzler*, bekannt aus dem Film »Go, Trabi, go!«. Ein Schelm ist auch, wer dabei Böses vermutet. Der ursprüngliche Träger dieses Namens hatte weder schmutzige Gedanken, noch hat er sich bei körperlicher Arbeit dreckig gemacht. Wie so oft will ich sagen: ganz im Gegenteil. Vielleicht kommen Sie ja selbst darauf, wenn Sie kurz die Augen schließen und den Namen leise vor sich hin nuscheln. Verniedlichen Sie den Eigennamen zu einem Verb, und sprechen Sie es im bayerischen Dialekt aus. Zum Beispiel »schmutzeln«. Oder fügen Sie einfach an passender Stelle den Konsonanten hinzu, den manche Dialekte abgestoßen haben, nämlich das *n*. Und schon haben Sie das Ergebnis. Herr oder Frau *Schmutzler* haben oft

11 Interessante Hinweise dazu unter: *www.kleinmexiko.de/k_042_02.htm*l

Grund zur Freude gehabt und sind durch häufiges Lächeln aufgefallen. Das mittelhochdeutsche *smutzen* würde man heute mit »den Mund zum Lächeln verziehen« übersetzen. Oder zumindest durch *schmunzeln*. Das gilt in jedem Fall für die starke Häufung dieses Namens vom 12. bis zum 15. Jahrhundert. Erst später trat eine Angleichung an den *Schmutz* ein. Das ist ein häufiger Prozess, da die Sprecher danach streben, unverständlich gewordenen Namen einen neuen Sinn zu geben.

Zum Schmunzeln regt auch immer wieder ein Name an, den meine Tochter bei einem Aufenthalt in Cannes an der Côte d'Azur auf einem Türschild entdeckte. Dort stand in großen Lettern: *Schupisser*. Offensichtlich auch vom Forschervirus des Vaters infiziert, machte sie gleich ein Foto. Erst zu Hause gelang es mir, mithilfe meiner wissenschaftlichen Helfer die Lösung zu finden. So mancher wird dabei an ein früher häufig angewandtes Hausmittel erinnert: zu enge Lederschuhe bequemer zu machen, indem man in sie urinierte. Eine These, die bislang nur mein Hund in seinen Welpenjahren unbedingt überprüfen wollte. Es ist aber auch überliefert, dass im 19. Jahrhundert Kadetten versucht haben, zu enge Stiefel ihren Füßen anzupassen, indem sie reinpinkelten. Doch lassen wir diese fragwürdige Methode einmal dahingestellt – in jedem Falle hat der Berufsname, von dem sich *Schu(h)pisser* ableitet, nichts mit einer Blasenfehlfunktion oder gar einer bösen List seines Trägers zu tun. (Übrigens: Zu enge Schuhe werden bequemer, wenn sie einige Minuten in ein altes Handtuch gewickelt werden, das zuvor in kochendes Wasser gelegt und dann ausgewrungen wurde. Anschließend reibt man sie mit Olivenöl ein und lässt sie bis zum nächsten Tage stehen. Die Schuhe drücken dann wirklich nicht mehr.)

Schupisser ist ein sehr seltener Familienname, den wir tatsächlich nur noch drei Mal im Département Alpes-Maritimes (Cannes-Nizza) vorfinden. Er steht für »Schubesserer«, also für jemanden, der Schuhe ausbessert, statt in sie zu pinkeln. Der *Schuhpisser* (»Schuhbesserer«, »Schuster«) in früherer Zeit hat das sicher gewusst. Vielleicht wusste er sogar einen Rat, wie man seinen Hund davon abhält, in Schuhe zu urinieren: zum Beispiel, indem man reichlich gemahlenen schwarzen Pfeffer hineinstreut. Fortan meiden die jungen Vierbeiner die so markierte Gegend.

Im Übrigen können Sie das Verb »pissen« auch im Falle der Familie *Pis* vergessen. Das deutsche Wort kommt aus dem Französischen (*pisser*). Es ist eine Interjektion, also ein Wort, mit dem Empfindungen zum Ausdruck gebracht werden sollen, aber auch eine Aufforderung, ein Hinweis – seinen Ursprung hat das französische Wort *pisser* in der verniedlichenden Ammensprache.

Die wenigen deutschen *Pis* kommen fast alle aus Traunstein oder Rosenheim. Und in bayerischer oder sächsischer Mundart ist es durchaus üblich, aus dem »weichen B« ein »hartes P« zu machen. Die Orte *Pirk* und *Pirkach* heißen außerhalb Bayerns zumeist *Birk* und *Birkach,* im Vogtland gibt es den kleinen Ort *Pirk* bei Plauen, der für einen Nichtsachsen wie *Berg bei Blauen* gesprochen wird. Ähnlich ist es zum Beispiel auch bei *Perg*.

Pis in den genannten Familiennamen bedeutet »Biss«. Wissenschaftlich ausgedrückt handelt es sich um einen auf die Mundpartie (das Gebiss) Bezug nehmenden Übernamen. Der erste Namenträger hatte wohl einen kräftigen Biss oder einfach nur gute, aber in jedem Fall auffällige Zähne.

Ein anderes Mal hatte sich Familie *Klutentreter* an mich gewandt. Irgendjemand hatte dem Sohn beim Fußballspiel den Spitznamen »Klötentreter« verpasst. Diese gemeine Verunstaltung des Namens hat nur wenig mit dem ursprünglichen Sinn zu tun. Aber so ganz an der Haaren herbeigezogen war das leider doch nicht, wie ich den Eltern gestehen musste. *Klutentreter* ist ein sehr seltener Name. Weniger als 30 Familien heißen heute noch so, überall in Deutschland verstreut. Bei unseren Nachforschungen sind wir auf den

Familiennamen *Klutentreter* in Magdeburg (1817) gestoßen. Bei Quedlinburg ist ein *Klutenpedder* und bei Eilsdorf ein *Klutentramper* bezeugt. Natürlich nicht wie in unserem Beispiel für einen Fußballspieler und ohne jegliche sexuelle Anzüglichkeiten. *Klute* ist ein niederdeutsches Wort, dem im Hochdeutschen *Klotz* und *Kloß* entsprechen, es bedeutet im Norden aber einen »Erdklumpen«, der als Sinnbild für einen plumpen Menschen herhalten musste, also einen Bauern – etwa in dem Sinne, dass der Landmann über seinen Acker stapft und die Erdklumpen zertritt.

Immer wieder werde ich gefragt, was man denn tun könne, wenn man mit seinem angeborenen Nachnamen unzufrieden ist. Welche Möglichkeit es gebe, ihn zu ändern, und unter welchen Voraussetzungen das zulässig sei. Da ich kein Rechtsanwalt bin, habe ich einen befreundeten Experten auf diesem Gebiet gebeten, mir bei einem kurzen Beitrag zum Thema »Recht und Namen« für dieses Buch behilflich zu sein. Sie finden ihn im dritten Teil. Vorwegnehmen will ich hier, dass Namenänderungen nur im Ausnahmefall zulässig sind und einen wichtigen Grund erfordern. Bei den meisten Namen dieses Kapitels wird ein solcher Grund angenommen. Auch bei dem Nachnamen *Moese*, der in seiner jüngeren Schreibung *Möse* noch drei Mal in Deutschland vertreten ist. Sie ahnen natürlich, dass der Name *Moese* nichts mit der derben Bezeichnung des weiblichen Geschlechtsteils zu tun hat. Er ist vor allem in Sachsen häufig und stammt mit großer Wahrscheinlichkeit – hier folge ich Isolde Neumann, *Die bäuerlichen Familiennamen des Landkreises Oschatz*, Berlin 1970 – von einer Kurz- oder Koseform des alttestamentarischen Namens *Moses*, letztlich wahrscheinlich ein ägyptischer Name mit der Bedeutung »Sohn«.

So kann man sich also täuschen. *Moese* wie *Möse* sind ein klassisches Beispiel dafür, dass die Menschen heutzutage in dem Namen einen Sinn erkennen, der mit dem ursprüngliche auch nicht das Geringste zu tun hat.

Genauso verhält es sich mit dem Wort *Fotze*, das Sprachwissenschaftler ohne Scham aussprechen dürfen, denn es steht erst im neudeutschen Proletenwortschatz für die Vagina. Im Bayerischen und Österreichischen wird es umgangssprachlich für »Ohrfeige« und »Maul« benutzt. Der »Fotzhobel« ist deshalb in dieser Sprachregion die Mundharmonika. Als Nachname ist *Fotze* gar nicht vergeben. Nach offiziellen Angaben lebte 1998 aber noch eine Familie *Fotzki* in Deutschland, deren Verwandte in Ostpreußen leben (ein Mal *Foczka,* 20 Mal *Foczki*, zehn Mal *Fotschka,* 27 Mal *Fotschki*) und deren Namen ganz anders zu erklären sind, nämlich als Kurzformen zu *Fortunat* und dergleichen.

Auch der *Schwanz* ist nicht das, was er zu sein vorgibt, jedenfalls nicht in der Namenforschung. Als derbe, umgangssprachliche Bezeichnung für das männliche Geschlechtsteil wird es mittlerweile immer mehr salonfähig, sehr zum Kummer gerade von weiblichen Namenträgern. Doch Frau Schwanz kann ganz unbesorgt sein: Ihr Nachname kommt von dem mittelhochdeutschen *swanz*, von dem sich wiederum der »Tanz« ableitet. Früher wurde das Wort benutzt, um eine »tanzende, schwenkende« Bewegung zu beschreiben; manchmal auch für die Schleppe oder den Schmuck einer Damenrobe. Entweder waren ihre Vorfahren gute Tänzer, oder sie bewohnten ein kleines, schmales Flurstück (wir würden dazu in heutiger Zeit »Grundstück in Handtuchgröße« sagen), wenn man die zweite, profanere, aber durchaus mögliche Deutung in Betracht zieht. Doch egal, ob Wohnstätten- oder Übername: Einen obszönen Hintergrund hat es zu keiner Zeit gegeben.

Es gibt einen weiteren scheinbar unanständigen Namen, zu dem ich in beinahe jedem Radio- oder TV-Interview Stellung nehmen muss. Früher oder später treibt die journalistische Neugier zu der Frage: »Woher kommt eigentlich der Name *Fick*?« Dabei würde bereits ein Blick in den Duden genügen, um die Grundbedeutung dieses Namens mit dem obszönen Beiklang zu bestimmen. Er hat nämlich einen höchstkaiserlichen Beiklang und stammt von *Friedrich* ab, einem der bedeutendsten deutschen Vornamen überhaupt.

Die Grundlage des Nachnamens *Ficker*, übrigens gar nicht selten, denn 742 Mal bezeugt (vor allem in Sachsen; in Bernsbach bei Aue gibt es allein fast 50 Träger dieses Namens), ist hier nämlich tatsächlich das Verb *ficken*. In seiner mittelhochdeutschen, ursprünglichen Form stand es für »reiben, hin- und herfahren, hin- und herbewegen«. Klar erkennbar also, dass die spätere Umschreibung für Geschlechtsverkehr hierauf zurückgeht. Früher kennzeichnete das abgeleitete *Ficker* aber nur einen unruhigen, aufgeregten Menschen. Wir kennen es heute auch noch aus dem Dialektwort »fickerig sein« für »unruhig sein«.

Die deutsche »Comedy-Queen« Anke Engelke klärte ihr Fernsehpublikum einmal darüber auf, dass jetzt das Wort *Ficke* für eine weibliche Sexualpartnerin in Mode gekommen sei. In unseren offiziellen Telefonverzeichnissen gibt es auch sehr viele männliche Teilnehmer dieses Namens, die darüber sicher gar nicht lachen konnten. Sie wohnen fast alle in Norddeutschland, vor allem an der Unterweser. Und anders als bei *Ficker* kommt ihr Nachname auch nicht von einem Verb, sondern von dem Substantiv *vicke*. Das ist die mittelalterliche Bezeichnung für einen Beutel oder eine Tasche. Jetzt erschließen sich auch viele andere Namen wie *Fickentscher, Fickelscherer* oder *Fickelscheer*: Sie alle waren »Scherer«, also Schneider, und haben sich als Beutelmacher verdingt. Genauso wie der *Fickenwirth*. Er leitete nicht das erste Bordell am Platz. Der *Wirth* kommt von *würthe*, dem mittelniederdeutschen Wort für Anfertiger.

Wie die Zeiten sich also ändern. Der Duden definiert mittlerweile *poppen* auch als ein Synonym für »miteinander schlafen«. Doch die Bedeutung dieses »Szenewortes« war dem Nachschlagewerk noch bis zum Ende der 1980er-Jahre völlig unbekannt. Hier fand sich allenfalls ein Eintrag für *Popper* als »Jugendlicher mit gepflegtem Äußeren und modischer Kleidung«. So gesehen konnte weder die sexuelle Aktivität noch die Popkultur einen Einfluss auf die jahrhundertealten Namen der etwa 7500 *Popp*s und 530 *Poppen*s gehabt haben, die heute in unseren Telefonbüchern stehen. Bei diesen Familien handelt es sich um so genannte »Lallnamen«, eine tatsächlich anerkannte Kategorie in der wissenschaftlichen Forschung. Entgegen dem Wortlaut versteht man hierunter aber keine Bezeichnung für jemanden im betrunkenen Zustand in einer Kneipe. Lallnamen sind Erfindungen von Menschen, die mit Alkohol hoffentlich wenig zu tun hatten: für Kleinkinder. Wenn Sie die Freude hatten, ein kleines Kind aufwachsen zu sehen, dann haben Sie sicher auch die Erfahrung gemacht, dass Babys bei ihren ersten Sprechversuchen gerne verschiedene Konsonanten »abschaffen«. Aus *Brigitte* wird *Bibi*, aus *Christine* wird *Tine* und so weiter. Diese abgekürzten Namen, die ihre Wurzeln in der Babysprache haben, nennen wir »Lallnamen«. Und *Popp(e)* ist ein ebensolcher, der vermutlich von *Rupert*, *Robert* oder *Roppert* kommt.

Ich will an dieser Stelle aber auch nicht verhehlen, dass bei Namen – sehr selten – tatsächlich einmal ein obszöner Bezug vorhanden sein kann. Die Namenforschung hat es hier schwer, da die Literatur verständlicherweise erst viel später von derartigen Wörtern Gebrauch machte und auch Mundartsammler sich manchmal scheuten, derartige Wörter zu notieren. Es ist allerdings anzunehmen, dass das Wort »ficken« vom Volksmund schon lange vor dem 16. Jahrhundert in eindeutig-zweideutiger Hinsicht benutzt wurde. Deshalb haben auch die Beamten der deutschen Ordnungsämter Verständnis, wenn jemand namens *Fickeisen* (67 Mal in Deutschland) einen Antrag auf Änderung stellt. Allerdings ist auch dieser Name ohne jeden obszönen Hintergrund: Es ist der Schmied, der das zu schmiedende Eisen beim Schlagen auf dem Amboss hin und her schiebt.

Während man sich bei der Deutung des Namens *Fick* teilweise nicht sicher ist, herrscht bei *Hodler* Einigkeit. Hier sucht man die primären Geschlechtsorgane im Namen vergeblich. *Hodler* ist von *Hoden* so weit entfernt wie der Äquator vom Nordpol: Ein *Hodler* ist ein Kleinhändler. Die Schweizer sagen *hodeln* zum Handeltreiben, auf bairisch heißt es *hödeln*. Daher auch Namen wie *Hödl*, *Hödel* oder *Hodl*.

Auch *Hodenhagen* in der Lüneburger Heide hat nichts mit männlichen Körperteilen zu tun, sondern enthält ein spannendes, inzwischen in deutschen Dialekten verschwundenes Wort – *Hude* – heute noch bekannt aus *Buxtehude* und *Steinhude* am *Steinhuder Meer*. Es bedeutete »Furt, Übergang, Sandbank, Landzunge« und lebt auch noch völlig verborgen in dem weltweit bekannten Ortsnamen *Chelsea* weiter, der keineswegs das englische *sea*, »See, Meer«, enthält, sondern eigentlich »kalkige Hude«, also etwa »Furt mit Kalkufern« bedeutet. Das belegt eine frühe Form des Ortsnamens aus dem Jahr 785, *Cealchyþ*, *Celchyõ*, worin man das englische *chalk* noch etwas besser erkennen kann.

Immer wieder haben wir gelernt, dass die Zeiten sich ändern und mit ihr die Sprachen und deren Namen. Auch heute können wir das erleben. In den 1980er-Jahren galt in Deutschland die öffentliche Verwendung des Wortes »geil« noch als unanständig. Heute gehört dieser Ausdruck zum Wortschatz etablierter Fernsehmoderatoren, Elektronikmärkte benutzen ihn für ihre Geiz-Werbeslogans, und die Popgruppe »Juli« führte 2005 mit »Geile Zeit« die Hitparaden an, ganz ohne Aufschrei im Bildungsbürgertum. Und dieser wäre auch fehl am Platz. Denn *geil* hat zumindest in der Namenforschung nur wenig mit sexueller Erregung zu tun. Das Wort besaß ursprünglich die Bedeutung »üppig, kräftig, kräftig wachsend«, auch »fröhlich, lustig«; erst später wurde es auf die sexuelle Sphäre übertragen. Ob Herr oder Frau *Geiler* mit der wahren Bedeutung ihres Namens allerdings mehr zufrieden sind, ist fraglich: Das mittelhochdeutsche Wort *geiler*, *gîlære*, *gîler* hatte eine ganz andere Bedeutung. Es heißt »Betrüger, Heuchler, Schwindler, Gauner«, besonders »betrügerischer Bettler, Landstreicher«, aber auch »Schmarotzer, Schmeichler«. Das liegt daran, dass es eine Entlehnung aus dem französischen Wort *guileor, guilere* für »Betrüger« ist.

Gegenwärtig wäre es sicher keine gute Idee, wenn sich Herr *Geiler* und Frau *Potente* nach ihrer Heirat für einen Doppelnamen entschließen würden. Aus namenwissenschaftlicher Sicht spräche dagegen wie immer nichts: Wie der Name *Geiler*, so hat auch der Name *Potente* keinen sexuellen Hintergrund. Im Gegenteil: Der Nachname, der dem breiten Publikum unter anderem durch die Schauspielerin *Franka Potente* bekannt ist, hat ein christliches Vorbild, den rheinischen Heiligen *Potentinus.* Sein Name trägt das lateinische Wort *potens*, »mächtig«, im Stamm. Beim Namen *Potente* können wir im Ursprung den Hinweis auf die eine besonders mächtige Stellung der Person sehen.

Der Familienname *Sünderhauf* gibt Rätsel auf: War das ein Mensch, der häufig gesündigt hat? Lebte der Vorfahre gar in oder neben einem Bordell, in dem es Sünde zuhauf gab?

Weit gefehlt. Wenn Sie am scheinbaren Wortsinn kleben bleiben, kommen Sie der Lösung nicht näher. *Sünderhauf* ist mit über 190 Eintragungen in den Verzeichnissen gar nicht so selten anzutreffen. Wie schon bei *Rescheiße* muss auch hier wieder ein Abfallprodukt der Metallverarbeitung für die Deutung herhalten: Denn *sinter* ist das mittelhochdeutsche Wort für Schlacke.[12] Ein Sünderhauf ist also ein Haufen von Resten aus der Erzverarbeitung. Der Namenträger wohnte nicht an einem Ort der Sünde, sondern an einem Schlackehaufen.

12 siehe F. Kluge, E. Seebold, *Etymologisches Wörterbuch der deutschen Sprache*, 23. Aufl., bearbeitet von E. Seebold, Berlin-New York 1995, S. 764f. Sinter »mineralischer Niederschlag, Tropfstein, Metallschlacke«, mhd. sinter, sinder m./n., ahd. sintar, as. sinder.

In Deutschland gibt es 592 *Puffs*; wir meinen natürlich den Familiennamen. Die meisten von ihnen sind in Sachsen, Thüringen und Franken zu finden. Sittenwächter müssen sich aber keine Sorgen machen. Auch der Nachname *Puff* steht in keiner Verbindung mit dem Angebot von käuflichem Sex. Bei *Buff* würde ja auch niemand an ein Bordell denken, sondern allenfalls an einen »ausgebufften« Menschen. Und genau das kommt der Lösung des Namenrätsels schon sehr nahe: *Buff* und *Puff* sind sprachverwandt. Beide tragen, so eine Deutung, den gleichen mittelniederdeutschen Namenbestandteil *buff* für »Stoß« oder »Puff« im Sinne von »Verpuffung« in sich. Besonders plumpen oder rücksichtslosen Menschen konnte es passieren, dass sich die Mitmenschen auf diesen Übernamen einigten. *Puff* wäre somit genau der richtige Name für solche Personen gewesen, die sich heute über ihn lustig machen. Einer anderen Meinung nach ist die etwas harmlosere Herleitung vorzuziehen, dass es sich bei *Puff* ebenso wie bei *Boffo, Poffo* und *Buff* um eine Kurzform des altertümlichen Vornamens *Bodfried* handelt, zusammengesetzt aus *Bod-*, »bieten, gebieten«, und »Frieden«.

Überzeugender als alle Vorschläge ist aber die Deutung, die V. Hellfritzsch in seinem *Familiennamenbuch des Sächsischen Vogtlandes* (Berlin 1992, S. 159) erwogen hat: Er zieht dafür ein ostmitteldeutsches Dialektwort heran, *bufe* im Sinne von »Bube, Spitzbube«, was deshalb nachvollziehbar ist, weil sich diese Familiennamen eindeutig auf Sachsen, Thüringen und Franken konzentrieren. Bei derartigen Verbreitungen liegt die Herkunft von einem Dialektwort sehr nahe.

In diesem Zusammenhang erreichte mich einmal ein Schreiben von Herrn B. *Puffpaff* aus Beeskow. Er schrieb mir: »Lieber Professor Udolph, meine Eltern stammen aus Berlin. Aber was der Name genau bedeutet, weiß wirklich keiner. Alle fragen mich danach.«

Diese Erweiterung von *Puff* macht hier noch einmal deutlich, dass kein unanständiger Bezug vorliegen kann. In vielen Märchen, Erzählungen und Opern wird das Geräusch einer alten Pistole oder eines »Schießgewehrs« lautmalerisch mit »piff-paff« umschrieben. *Puffpaff* ist, ähnlich wie bei *Pinkepank* (abgeleitet vom Geräusch des Hammers, den der Schmied auf dem Amboss niedersausen lässt), der Übername für einen Jäger.

Der Doppelname *Puff-Schlamp* würde in Deutschland sicher missverstanden werden. Unsere Urahnen hätten darüber jedoch wohl noch nicht einmal milde gelächelt: Ein *slamp* war damals ein wildes Sauf- und Fressgelage. Wenn man seine Tischmanieren vergaß, was im Mittelalter bekanntermaßen sehr häufig der Fall war, und alles, was auf dem Tisch stand, gefräßig in sich hineinschlang, hieß das auf mittelhochdeutsch *slampieren*. *Schlamp* wie *Schlampp* waren also die Namen für jemanden, der ungehörig viel aß, der ein *Vielfraß* war, aber nicht für eine Frau, die dem horizontalen Gewerbe angehörte. Ebenso wenig war *Freier* einst ein Übername für den Kunden einer Prostituierten. Wer früher eine Dame freite, musste vielfach auch vermögend sein und genügend Geld besitzen, um seine zukünftige Frau standesgemäß zu versorgen. Meist bekam er jedoch erst einmal die Mitgift von den Eltern der Braut. *Freien* verstand sich als »um die Braut werben« und bezeichnete so den Bräutigam.

Meist war *Freier* aber eine Form von *Frei.* Dieser Namenträger konnte sich glücklich schätzen: Er war nicht mehr abhängig von seinem Herrn, sondern »frei, nicht leibeigen, kein Leibeigener«.

14. Kapitel
Kebschull, Rauschhardt, Wackernagel: Scheinbar harmlose Namen

Bislang betrachteten wir einige Namen, bei denen wir durch ihren Klang in die Irre geleitet werden. Natürlich gibt es auch die umgekehrten Fälle, nämlich harmlos erscheinende Nachnamen, die allerdings einen eindeutigen sexuellen, manchmal sogar anzüglichen Inhalt haben. So erreichte mich während einer Radiosendung die Anfrage einer Frau *Kebschull*. Sie brachte mich mit der Bitte um Deutung ihres Nachnamens in einige Verlegenheit. Nicht, weil mir das nicht hätte gelingen wollen, sondern weil ich mir nicht sicher war, wie sie reagieren würde, wenn sie das Ergebnis erführe.

Kebschull ist ein häufiger Name. Mit leichten Veränderungen der Orthographie (*Kebschall, Kebscholl* oder *Kepschull* etc.) findet man ihn einige hundert Mal verzeichnet, häufig vertreten in Berlin und Umgebung. Die weitere Untersuchung hat uns dann nach Ostpreußen geführt. Doch zunächst fällt auf, dass das Wort *Kebschull* eine slawische Endung hat wie das *-yła* im Namen des verstorbenen Papstes Johannes Paul II., *Wojtyła*.

Seine Basis findet es zum Beispiel im Weißrussischen, und zwar in dem Wort *kepša*. Hierauf ist auch der Name *Kebsch* zurückzuführen, den es auch über 70 Mal in Deutschland gibt. Übersetzt bedeutet *kepša* »dicke, schwerfällige, ungeschickte Frau«.

Bereits dieses Ergebnis ist nicht sehr schmeichelhaft. Doch es kommt noch schlimmer. Denn *kepša* wiederum ist entlehnt aus dem Litauischen. Zum Beispiel findet es sich in *kebeža* für einen »kraftlosen, schwachen Menschen, der nur noch langsam gehen kann«. Auffällig ist auch die Parallele zu *kebežuoti, kebsóti* für »tölpelhaft dasitzen«. In all diesen litauischen Wörtern steckt das deutsche Wort »Kebser«, und das bedeutet »Nebenbuhler, »Konkubinus«. Die weibliche Form »Kebse« bezeichnete so eine »Nebenfrau«. Es sind Menschen, die gegen eins der zehn Gebote verstoßen haben. Und im ostpreußischen Dialekt wurde schließlich gar kein Blatt mehr vorm Mund genommen: Ein Kebsweib war ein »altes Weib«, meistens sogar eine Hure. Frau Kebschull trug meine Analyse übrigens mit Fassung: »Da kommt ja eh niemand drauf«, waren ihre Worte, wobei sie allerdings vergaß, dass uns in dieser Sekunde etwa 80 000 Menschen zuhörten.[13]

Ein oft zitiertes Beispiel für vermeintlich »harmlose« Namen mit einschlägigem Inhalt ist *Wackernagel.* Die Wissenschaft ist sich hier einig, dass dieser Name entweder eine körperliche Eigenschaft oder aber sogar direkt eine mit diesem Körperteil verbundene Tätigkeit beschreibt. Letzteres kann man sich leicht selbst herleiten, wenn man einfach nur den Namen in seine möglichen Bestandteile zerlegt. Herr Wackernagel ist dann ein Mann, der »wacker nagelt« oder einen »wackeren Nagel« besitzt. Und, nein, diesmal meint man damit keinen Tischler oder Handwerker. Hier geht es tatsächlich um einen Menschen mit einem großen Penis, mit dem er im Dorfe oft, geübt und eindrucksvoll zu Werke ging. Das Wort »nageln« wird ja auch gegenwärtig noch umgangssprachlich benutzt, wenn vom Sex die Rede ist. Ob jemand, der wacker nagelte, viele Frauen hatte oder nur eine, will ich bewusst offen lassen. Ebenso die Frage, wodurch das damals im Dorf aufgefallen war, bevor jemand mit diesem Namen bedacht wurde. Vermutlich durch den Tratsch der Mägde am Brunnen. Oder einfach nur wegen des ganz offensichtlichen Beweises: der Vielzahl an Kindern. Die Ableitung vom männlichen Geschlechtsorgan gilt auch für Namen wie *Reck-* oder *Stülpnagel.* Die weiteren bildhaften Ausführungen hierzu überlasse ich aber Ihrer Phantasie.

Wenn ich Sie jetzt gleich als Nächstes mit dem Namen *Rauschhardt* konfrontiere, dann führe ich Sie bewusst in die Irre. Denn *hardt* hat nun wieder nichts mit der Beschaf-

13 Aus Deutsches Wörterbuch v. J. u. W. Grimm: KEBSEN [Lfg. 11,2], zur kebse machen, nehmen, mhd. kebesen, von GÖTHE gebraucht im zweiten theil des Faust. KEBSER [Lfg. 11,2], m. bair. ›adjunct den eine frau ihrem manne zur erleichterung der ehstandspflichten zuordnet‹. HÄSLEIN bei Schmeller 2, 277 Siehe auch F. Kluge, E. Seebold, *Etymologisches Wörterbuch der deutschen Sprache*, 23. Aufl., bearbeitet von E. Seebold, Berlin-New York 1995: Kebse »Nebenfrau«, mhd. kebes, keb(e)se, ahd. kebis(a), as. kevis.

fenheit des männlichen Geschlechtsteils zu tun. Wohl aber mit dem Geschlechtsakt als solchem. In diesem Namen zeigt sich wieder einmal, dass die Gemeinheit der Menschen untereinander schon vor langer, langer Zeit eine nicht unbedeutende Rolle spielte. Der Name ist im zweiten Teil eine Angleichung an *Bastard* und *Bankert*, beides Bezeichnungen für ein uneheliches Kind. Und schon im Mittelhochdeutschen ist *Ruschart* in ähnlicher Bedeutung bezeugt, wie auch ein Zitat aus dem Wörterbuch der Brüder Grimm zeigt: *dein prüder sint ruschard, daz ist als vil, als panchart, von einem vater unelichen geporn.* Es fragt sich nur noch, was sich hinter *Rausch-* verbirgt. Man könnte auf Deutsch *Rausch*, »Trunkenheit«, schließen und damit auf eine ursprüngliche Bedeutung »im Rausch gezeugt«, aber die Wortgeschichte spricht eher für *Rusch*, »Binse, Schilf, Gestrüpp, Gebüsch«, und somit für »einen, der im Gebüsch gezeugt wurde«. In diesen Zusammenhang fällt die unglaubliche, aber wahre Geschichte zu *Bankert*, was tatsächlich nichts anderes als »auf der Bank gezeugt« bedeutet. Gemeint ist die Schlafbank der Magd in Abgrenzung zum anständigen Ehebett.

Die Namengebung machte auch nicht Halt vor dem heranwachsenden Mannesstolz kleiner Jungen. In Berlin und Umgebung ruft man noch heute einem kleinen Raufbold hinterher: »Steppke, wenn ick dir erwische!« Möglicherweise ist das heutzutage gesellschaftspolitisch etwas unkorrekt. *Steppke* leitet sich von der Verniedlichungsform eines Schreibwerkzeuges ab, heißt es, dem Stift oder Stiftchen. Und ein Junge, der mit einem Stiftchen ausgestattet ist, hat naturgemäß einen kleinen Penis. Für wahrscheinlicher halte ich aber die Vermutung, dass eine slawische Koseform des Vornamens *Stefen* beziehungsweise *Stepan* zugrunde liegt.

Bei *Steppke* ist man sich noch nicht einig. Bei Namen wie *Zump*, *Unker*, *Fissel* oder *Zersch* schon. Diese Worte waren im Mittelalter so vertraute Namen für das »beste Stück« wie heute »Willi«, »Johannes« oder »Pipimann«.

Völlig unschuldig kommt dagegen der Nachname *Vergin* daher. Und er ist es auch. Die 349 Familien, die sich heute so nennen, leben schwerpunktmäßig in Norddeutschland, mit Konzentrationen in Schleswig-Holstein, Südniedersachsen, Nordrhein-Westfalen und Brandenburg. Madonna-Fans können die Bedeutung mit etwas Glück schon am Schriftbild erkennen. »Like a Virgin« (Deutsch »Wie eine Jungfrau«) wurde 1984 ein Welthit. *Virgin* ist wie *Vergin* die Weiterentwicklung vom lateinischen *Virginius*, »der Jungfräuliche«.

15. Kapitel
Hupe, Flegel, Klauer:
Fehlgedeutete Namen

Zu Beginn dieses Buches habe ich Sie bereits vor der Versuchung gewarnt, früher oder später *jeden* Namen zu hinterfragen. Das dürfte sich übrigens nicht auf Vor- und Nachnamen beschränken. Ihr Interesse wird früher oder später so weit zunehmen, dass Sie an keinem Orts- und Straßenschild mehr vorbeilaufen können, ohne den darauf verzeichneten Namen in seine Bestandteile zu zerlegen. Für die folgenden Ausführungen sollten Sie sich jedoch noch einmal daran erinnern, dass Menschen ohne Vorkenntnisse diese Angewohnheit nicht teilen. Da die meisten Nachnamen eh keinen offensichtlichen Sinn ergeben, besteht hierzu auch gar keine Notwendigkeit. Anders ist es bei den folgenden Beispielen. Sie stellen besonders schöne Exemplare unserer deutschen Familiennamen dar, weil sie auf den ersten Blick einen einleuchtenden, völlig klaren Sinn ergeben. Doch der erste Eindruck kann täuschen und uns in die Irre leiten.

Von den vielen Zuschriften und E-Mails, die mich täglich erreichen, ist mir in diesem Zusammenhang ein Name ganz besonders im Gedächtnis geblieben. Als ich die Anfrage der Familie *Einspanier* zum ersten Mal hörte, ging ich davon aus, dass ich es hier mit einer Rarität zu tun habe. Tatsächlich ist der seltsam wirkende Familienname *Einspanier* in Deutschland aber gar nicht so selten. Unter 40 Millionen Telefonteilnehmern findet man ihn 60 Mal. Seine Verbreitung ist fast ausschließlich auf die alten Bundesländer beschränkt, was aber nichts mit der eingeschränkten Reisefreiheit in der damaligen DDR zu tun hatte. Eine Urform dieses Namens wurde schon ab dem Jahr 1570 in Bayern erwähnt. Er steht allerdings in keinem Zusammenhang mit dem beliebten Urlaubsziel der Deutschen. Das wird deutlich bei einem Vergleich mit ähnlichen Namen wie *Einspannier*, *Einspenner* und – wir nähern uns der wahren Bedeutung – dem *Einspänner*. In der Literatur findet man mehrere Erklärungen. Allen gemeinsam ist, dass hier die Beschreibung einer beruflichen Tätigkeit vorliegt und dass es etwas mit Pferden oder Fuhrwerken zu tun hat. Entsprechende Hinweise finden sich schon in dem bereits mehrfach zitierten Wörterbuch von Jacob und Wilhelm Grimm, etwa »Fuhrknecht, Wagen mit einem Pferd, Fuhrmann eines derartigen Fahrwerks, Halbbauer, geringer Fuhrmann«.

Nachdem diese ursprüngliche Bedeutung im Wandel der Zeit vergessen wurde, kam es in der deutschen Sprache zu sinnlosen Umdeutungen. Drei Mal findet sich heute der Familienname *Einspinner*, sechs Mal *Einspender* und eben 60 Mal *Einspanier*.

Nicht in Spanien, sondern daheim ist es für viele am schönsten. War ein Mensch namens *Daheim* also besonders häuslich? Oder hatte er Heimweh, wenn er in die Ferne reiste?

Vorwiegend im Rheinland trifft man heute auf eine der 140 Familien in Deutschland mit diesem scheinbar heimatlichen Namen. Seine eigentliche Herkunft hat er aber dem ersten biblischen Menschen zu verdanken, *Adam*. So wie Herr *Daamen* nicht unbedingt großen Erfolg beim anderen Geschlecht haben musste, waren die *Daheims* keine Stubenhocker. Beide Namen, wie übrigens auch *Dahm, Dham, Dhaam* oder *Damme*, sind eine Abkürzung von *Adam*, dessen namentliche Herkunft jedoch nicht ganz sicher geklärt ist. Einerseits könnte er *'adāmā*, »der gepflügte, rotbraune Ackerboden« heißen. Andererseits bedeutet *ha' ādām* »der Mensch, die Menschheit«.

Im Duden steht unter dem Eintrag *»Dämel«* auch »umgangssprachlich für ›Dummkopf, alberner Kerl‹«. Kein Wunder, dass es Menschen gibt, die mit Nachnamen wie *Dämel* oder *Dähmel* unzufrieden sind. Sprachwissenschaftlich betrachtet haben sie dazu allerdings keinen Grund. Anders als bei *Daheim* stand hier nicht *Adam,* sondern der Apostel *Thomas* (aramäisch für »Zwilling«) Pate. Aus *Thomas* wurde *Dehmel* und schließlich *Dähmel.* (Ein kleiner Hinweis am Rande: Namen mit Umlauten sind oft jünger als solche mit reinen Vokalen. Ä, ö und ü entstanden zwar schon in den alt- und mittelhochdeutschen Zeiträumen der Sprachgeschichte, also zwischen 750 und 1450 n. Chr. Doch erst viel später wurden sie auch im Schriftbild sichtbar gemacht. Noch im 19. Jahrhundert sieht man in Drucken oft ein schwebendes *e* über dem jeweiligen Vokal.) Nicht der *Dämel (Dähmel)* ist demnach ein Dummkopf, sondern allenfalls der Unwissende, der ihn dafür hält.

Es ist selbstverständlich, dass ein Mensch namens *Todtenhaupt* nicht den Kopf eines Verstorbenen trug, sonst hätte er ja keinen Namen mehr gebraucht. In diesem Familiennamen zeigt sich mal wieder, dass es auch schon früher in erster Linie auf Äußerlichkeiten ankam. Hatte jemand einen besonders knochigen Kopf, so machten sich die Leute einen Spaß daraus, indem sie ihn mit einem Totenschädel verglichen.

Dass schöne Namen trotzdem jemanden in der Gesellschaft stigmatisieren können, beweist der unverfänglich wirkende Name *Feier.* Manchmal ist es mit Nachnamen so wie mit den Beurteilungen in einem Arbeitszeugnis. Aus positiven Einträgen wie »er war sehr gesellig und konnte gut im Team arbeiten« erkennt der Personalchef sofort, dass er es mit einem Saufbold zu tun hat, der bei seinem früheren Arbeitgeber ständig zu spät kam, weil er sich abends noch mit Kollegen traf. Es ist aber sehr wahrscheinlich, dass sich der Familienname *Feier* nicht darauf bezog, dass ein Mensch gerne und feste feierte. Dieser Name enthält vielmehr – auch die Namenverbreitung weist darauf hin – eine Entrundung. Das wird sofort verständlich, wenn Sie statt des *ei* ein *eu*, den Laut also mit gerundetem Mund aussprechen. Dann ergibt sich, dass der Namenträger einen sehr niedrigen sozialen Rang einnahm: Er war der unterste Holzknecht, der in der Holzhauerhütte für seinen Meister das Wasser herbeischaffen musste und – daher der Name – für das *Feuer* verantwortlich war.

Ringhand ist ein Nachname, der ebenfalls einen gefälligen Klang hat. Niemand würde hier einen zweifelhaften Hintergrund vermuten. Aber *Ring-* kommt in diesem Fall nicht vom Finger*ring*, sondern von *ringe*. Die Silbe steckt heute noch in dem deutschen Wort *gering*. Und genau darauf spielte der Name an: Sein Träger war entweder von geringem, unbedeutendem Stand, oder sein Körper war zu klein, schwach, mager oder schmächtig.

Behinderten Menschen gegenüber war man damals weder besonders aufmerksam noch rücksichtsvoll. Im Gegenteil. Wie bei *Hinderlich* verewigte man ihre Behinderung sogar im Namen. *Einbein* erklärt sich von selbst, *Kurfeß* war »der mit der Mundfäule«, *Zipperle* »der Gichtkranke«, *Blaterer* war »der mit den Pusteln«, also »blatternarbig«. (Ein prominenter Namensvertreter ist hier der FIFA-Chef Joseph Blatter.) Und jemand mit einer verkrüppelten, schwachen oder unterentwickelten Hand wurde daher *Ringhand* gerufen.

Als *Raffke* bezeichnete der Volksmund einen gierigen, oft geizigen Menschen, der alles »zusammenrafft«, was ihm in die Finger kommt. Es ist jemand, der nie genug bekommen kann. Der Nachname *Raffer* kommt wirklich von dem mittelhochdeutschen *raffer* für »eilig an sich reißen«. Sollten Namenträger aber Vorfahren in Polen haben, so hat ihr Familienamen damit nichts zu tun. Er kommt dann von dem sehr alten Fluss- und Ortsnamen *Rawa*.

Auch den 500 deutschen Familien namens *Klauer* tut man Unrecht, wenn man hier an einen Dieb denkt. Verbreitet ist dieser Name vor allen Dingen in Süddeutschland. Die Bedeutung hat aber nichts mit Stehlen zu tun: *Klauer* ist ein alter rheinhessischer Flurname und kommt von *kliuwe*. Dieses mittelhochdeutsche Wort bedeutet »Knäuel, Kugel« oder »Ball«. Die *Kliuwers*, heute *Klauer*, haben früher an einem Grasplatz gewohnt, der mit kleinen, knolligen Bäumen bewachsen war. Meistens waren damit Weiden gemeint.

Es mag sein, dass Herr oder Frau *Flegel* sich im Alltag hin und wieder ungehörig benehmen. Dieser Nachname wurde seinem ersten Besitzer aber aus ganz anderen Motiven angehängt. *Flegel* ist ein sehr häufiger Personenname. Unter 40 Millionen Telefonteilnehmern erscheint er über 1000 Mal. Die Standardwerke der deutschen Personennamenforschung interpretieren den Namen zunächst als die Ableitung von einem geläufigen Arbeitswerkzeug der Bauern, dem Dreschflegel. Es handelt sich um eine Übernahme des mittelniederdeutschen Wortes *vlegel*. Gemeint sein kann aber auch eine flegelartige Waffe, zu denen der bösartige Morgenstern zählte. Die Deutung »Bauer gleich grober Kerl gleich Lümmel« ist jüngeren Datums und erst aus dem 16. Jahrhundert bezeugt. Einen Einfluss auf die Familiennamengebung hatte sie nicht. Somit geht der Name *Flegel* auf den *Dreschflegel* als Arbeitsgerät zurück und bezeichnete wohl ursprünglich einen Menschen, der oft damit umgehen musste oder der in besonderer Weise mit dem Dreschflegel verglichen wurde. Die Bedeutung »unverschämter Mensch« liegt diesem Namen jedenfalls mit Sicherheit nicht zugrunde.

Die Nachnamen *Hupe*, *Auffahrt* und *Bleifuß* könnten heute Spitznamen für Mitglieder eines Automobilclubs sein. Da der erste funktionstüchtige »Wagen ohne Pferde« aber erst im Jahr 1885 von Karl Friedrich Benz gebaut und ein Jahr später zum Patent angemeldet wurde, dürfte der mangelnde Bezug sicher einleuchten. *Hupe* ist folglich nicht etwas zum Drücken, sondern ein Verweis auf einen »denkenden Geist«. Das germanische *hugu* für »Gedanke, Verstand, Geist, Sinn« ist in vielen Vornamen vorhanden, am deutlichsten erkennbar in dem Namen *Hugo*, aber auch in *Hubert* oder *Hubald*. Über viele Jahre hinweg wurden diese Vornamen zu *Hup* beziehungsweise *Hub* verkürzt und als Nachnamen vergeben.

Rüpelhafte Bleifüße findet man heute häufiger auf deutschen Autobahnen als im Telefonbuch, dort aber immerhin über 180 Mal in verschiedener Schreibweise. Der Name bedeutete damals schon »schnell und gefährlich«, aber auch »sehr stolz und schön«. Ein »Bleifuß« ist also kein spöttischer Titel für einen Menschen mit einem verkrüppelten Fuß oder auffälligen Gang. Vorbild für diesen Namen, den Jäger oder Falkner trugen, war nämlich der *Blaufuß*, eine edle Falkenart, der die Farbe auch schon in ihrer lateinischen Benennung *falco cyanopus* enthält (*cyanus*, »blau«).

Bei anderen Nachnamen, die auf *-fuß* enden, gibt es hingegen meist wirklich einen Bezug zu den Extremitäten. So etwa bei *Ruhfuß*. Der Träger hatte aber nicht etwa »ruhige« oder »lahme« Beine. Wie zuvor schon beim Nachnamen *Rau* geklärt, steht das mittelhochdeutsche *rûch, rû* oder das mittelniederdeutsche *rûw* für »haarig« und »struppig«. Wenigstens der erste *Ruhfuß* hatte stark behaarte Beine. Und wenn wir schon mal dabei sind:

Ein *Rauchmaul* war kein Name für einen Nikotinsüchtigen, sondern für einen »rauen« (das heißt »behaarten«) Mund. Also für einen Bartträger.

Die erste Zwischenanalyse ergibt demnach: *Hupe* und *Bleifuß* haben beide nichts mit dem Straßenverkehr zu tun. Doch wie ist es bei einem Namen *Auffahrt*? Fuhrwerke und Pferdekutschen gab es ja schon im Mittelalter und ganz sicher auch Bauernhöfe mit einer entsprechenden Zufahrt.

Meine Nachforschungen belegen, dass das gar nicht so weit hergeholt ist. Einige wissenschaftliche Kollegen nehmen den Namen wörtlich und sehen in ihm eine bekannte, nach oben gerichtete Fortbewegung – die Himmelfahrt. Man kann diesem Vorschlag meiner Meinung nach aber kaum folgen, denn *Auffahrt* ist ein hochdeutsches Wort. Die heute bekannten Familiennamen kommen jedoch allesamt aus dem niederdeutschen Bereich, wo für Himmelfahrt etwa *up-fart* zu erwarten wäre. Daher schlage ich eine andere Lösung vor: *Auffahrt* muss man in *Au-* und *-fahrt* zerlegen. Dann entdeckt man das Wort »Aue« (wie schon bei Adenauer) für eine wasserreiche Wiese oder Landschaft. Eine Familie *Auffahrt* wohnte demnach an einer Furt oder einem Fahrweg in der Nähe eines Flusses oder Feuchtgebietes. (Übrigens: Der *Halter* stand früher nicht im Fahrzeugschein eines Pferdewagens. Er war ein »Hirt«, er hielt Wacht über die Herde.)

Was *Clementine* in den 1980er-Jahren für die Waschmittelwerbung bedeutete, war *Frau Antje* lange Zeit für den holländischen Käse. Beide galten damals als äußerst erfolgreiche Werbeträger – die eine in belehrender Form als glaubhafte ältere Expertin für Hausfrauen, die andere hübsch und jung in typisch niederländischer Tracht; durch sie wurde Käse zum Exportschlager wie Rudi Carell dies als Werbeträger in eigener Sache geworden ist. Der tatsächlich existierende Nachname *Käsemodel* (es gibt ihn etwa 25 Mal) würde trotzdem nicht auf Frau Antje zutreffen. Auch nicht auf ein Fotomodell mit besonders weißer, also käsiger Haut. *Käsemodel* ist ein Berufsübername für einen Schnitzer, der ein *Model* herstellte, zumeist eine Form, in die etwas einfüllte – Butter, Teig oder in diesem Fall eben: Käse.

Zu Missverständnissen kann es auch bei dem Namen *Sägebrecht* kommen. Hier würde man zunächst auf einen Berufsübernamen tippen, gut geeignet für einen Schreiner oder Holzfäller. Doch was soll ein *-brecht* sein, an dem dieser herumsägt? Ich weiß es auch nicht. Der Name hat so keinen Sinn, da das Wort *Säge* erst im Lauf der Zeit angehängt wurde. Angefangen hat alles mit dem alten deutschen Vornamen *Siegbert,* noch älter etwa *Sigi-berht.* Möglicherweise hat einer dieser Siegberts wirklich einmal zur Säge gegriffen. Gemeint war aber der Sieg, vom althochdeutschen *sigu.* Dank *Marianne Sägebrecht* ist der Nachname mittlerweile sogar in Hollywood bekannt. Die deutsche Schauspielerin spielte 1989 zusammen mit Kathleen Turner und Michael Douglas in der Tragikomödie »Der Rosenkrieg« und trägt ihren Familiennamen deshalb sehr zu Recht. Denn wie bei dem berühmten *Bertolt* geht *Brecht* auf *beraht* für »glänzend« und »berühmt« zurück.

Ein anderes amüsantes Beispiel für einen sinnlosen Namen ist *Hasenknopf.* Hier können Sie lange überlegen, wenn Sie ihn wörtlich nehmen. Aber verändern Sie lieber das *a* zum *o*, und schon wird aus dem aufgeknöpften Tier ein zugeknöpfter Mensch, ein *Hosenknopf.*

Auch bei *Grübler* führt eine Lautveränderung zum Ziel. Die Vorfahren wohnten in, neben oder bei einer Grube. Ob sie dabei viel nachdachten und grübelten, war ihnen ja nicht anzusehen und taugte schlecht als Anknüpfungspunkt für einen Namen.

Bei *Wolkenhauer* kommen Sie mit dieser Methode aber nicht weiter. Der Name bleibt »verrückt«, egal, wie Sie ihn drehen, wenden und verändern. Die sinnvollste Erklärung bliebe noch eine Umschreibung für einen großen Menschen, der so hoch gewachsen war, dass er die Wolken »hauen« konnte. (Die Assoziation zu *Wolkenkratzer* liegt nahe.) In Bezug auf *Himmelheber* wird diese Ansicht teilweise sogar vertreten. Das ist zwar phantasievoll, aber trotzdem falsch. *Wolkenhauer* kommt von einem heute unbekannten germanischen Personennamen, *Wolkanhart,* in dem neben dem germanischen *hart,* »kernig, kräftig«, *Wolke* enthalten ist, jedoch wohl kaum in dem heute bekannten Sinn, sondern als Umdeutung aus *Volk-,* wozu dann auch die Namen *Volker, Volkmar, Volkmann* und andere gehören.

Bei *Himmelheber* versagen auch fast alle Versuche einer Deutung – jedenfalls zuerst einmal. Dieser Name wird aber sofort »durchsichtig«, wenn wir für *Himmel* das Wort *Baldachin* einsetzen, an die Fronleichnamsprozession denken und an die Männer, die den »Himmel« schützend über der Monstranz tragen: das waren eben »Himmel-heber«. (Nebenbei bemerkt: *Fronleichnam* ist kein »froher Leichnam«, sondern der »Leib des Herrn«. Man versteht den alten Sinn von *Fron-* besser, wenn man an *Fronarbeit* als »Dienst für den Herrn« denkt.)

Unverständliche Namenkombinationen könnten ein ganzes Kapitel füllen. Die Kombination von *Frisch* und *Hut* macht keinen Sinn, ist aber trotzdem als *Frischhut* ein über 100 Mal vorkommender Nachname. Er belegt, dass sein Träger an einer *Frischehütte* wohnte oder dort arbeitete. Diese Hütte war ein Eisenwerk, in dem es viele *Frischfeuer* gab, also solche, in denen das Eisen *gefrischt* (das heißt »gereinigt«) wurde.

Auch *Kammerlocher* klingt, als könne man die beiden Elemente einfach miteinander verbinden. *Kammer* und *Locher* ergeben einzeln durchaus einen Sinn. Im Doppelpack kann man den Namen aber schon nicht mehr so naheliegend übersetzen. Schon die *Kammer* ist im vorliegenden Fall nicht im Sinne von »Zimmer, Raum«, sondern allgemeiner als Verweis auf das Eigentum (von Grundbesitz, und zwar in Form eines herrschaftlichen Besitzes) zu verstehen. Und *Locher* kommt von *-loh,* einem alten Wort für »Gehölz«, »Wald«, in dieser Form auch enthalten in Ortsnamen wie *Wiesloch, Nussloch, Tauberloch.* Die *Kammerlocher* wohnten also an einem *Kammerloch,* einem Wald in herrschaftlichem Besitz.

Herr oder Frau *Prügel* stecken diese zu Unrecht für ihren Nachnamen ein. *Prügel* kommt von *Brügel*, was wieder auf *Brühl* zurückgeht. Schon sind wir bei einem weitaus freundlicher klingenden Namen, der unter anderem im Pass des deutschen Schauspielers *Daniel Brühl* (»Goodbye Lenin«) steht. Das Wort *brüel* bedeutete im Mittelhochdeutschen »Au; bewässerte, nasse, mit Büschen bestandene Wiese, Wiesengrund«, im Althochdeutschen »umzäuntes Wald-, Wiesengelände, Hag, Gehege«, speziell »Tiergehege, Tiergarten«. Möglich, dass man dort Äste fand, die als Knüppel oder Prügel dienen konnten; die entsprechenden Familiennamen *Brühl, Brügel* und schließlich *Prügel* sind dennoch nur schlichte Hinweise auf einen Wohnort. Was letztlich auch die Orte *Brühl* in Baden-Württemberg und Nordrhein-Westfalen beweisen und Straßennamen wie *Brühl* in Hildesheim, Leipzig und anderswo.

Was den meisten Frauen nicht unbekannt ist, haben die Namenforscher auch sehr schnell erfahren: Nicht jeder*man(n)* ist das, was er zu sein vorgibt. Der *Wortmann* ist nicht unbedingt ein guter Redner, der *Ostermann* hat weder etwas mit dem Osterfest zu schaffen, noch ist er ein Verwandter des gleichnamigen Hasen, und ein *Sündermann* bekam diesen Namen, selbst wenn er sittsam und anständig lebte.

Sönke Wortmann ist uns allen als Regisseur von Filmen wie »Das Wunder von Bern« bekannt und ganz sicher nicht auf den Mund gefallen. Da das hochdeutsche *Wort-* aber mit der *Wurt* verglichen werden kann, können die Redekünste etwaiger Vorfahren dahingestellt bleiben. Sie waren ganz einfach Männer der *Wurt, Wort,* also einer besonders auffälligen, erhöhten Stelle in der Landschaft: Sie wohnten auf einem Hügel. Das Wort kennen wir auch vom Kaufhauskonzern *Woolworth.*

Vielleicht wohnte auch der *Ostermann* ursprünglich auf einem Hügel. Wenn, dann lag dieser auf jeden Fall im Osten, etwa im Osten eines Ortes, eines Dorfes, denn darauf geht die Bedeutung zurück. Und hierher gehören auch die fast 600 Träger des Namens *Austermann* (darunter auch ein CDU-Politiker), die fast alle zwischen Münster, Paderborn und Düsseldorf zu Hause sind. Ihre Namen enthalten eine Dialektform des deutschen Wortes *Osten*.

Und selbst wenn ein Mann voller Sünde war, machte das aus ihm noch lange keinen *Sündermann*. Er war vielmehr ein Sonderling, und auch das in einem heute unbekannten, positiven Sinne: Denn er besaß ein eigenes, gesondertes Stück Land.

Diese Aufzählung könnte beliebig fortgesetzt werden. Eine *Plagge* etwa ist ein flaches, dünnes Rasenstück, das früher vor allem zum Düngen gebraucht wurde. Wenn man das jahrzehntelang tat, wuchs das bearbeitete Land allmählich in die Höhe und erzeugte vor allem im Münsterland und im westlichen Niedersachsen das so genannte »Esch«, das man in der Nähe alter Ortschaften immer noch sehr gut erkennen kann. Ein *Plagemann* leitet hiervon seinen Namen ab, völlig unabhängig davon, was für ein großer oder kleiner Quälgeist er zu Lebzeiten gewesen ist. Und vor dem *Killermann* brauchte auch keiner Angst zu haben: Der wohnte an der *Killer,* einem gleichnamigen Fluss in Baden-Württemberg, oder im *Keller.*

In diesem Zusammenhang ist es sehr interessant zu fragen, welchen »Sinn« es überhaupt gemacht hat, die Silbe *-mann* an einen Namen zu hängen. Überhaupt ist es doch merkwürdig, dass in Deutschland viele Namen mit *-mann* enden. (Es sind weit über vier Millionen.) Die Erklärung dafür können Sie sich selbst geben, wenn Sie an Ihren eigenen Sprachgebrauch denken: Berufsbezeichnungen wie *Gasmann, Milchmann, Wachmann,* aber auch Umgangssprachliches wie *Blödmann* oder *Hampelmann* sind gut bekannt. *-mann* ist paradoxerweise eine abkürzende Verlängerung: Sie lässt sich schnell an ein passendes Substantiv oder Adjektiv anhängen, um in erster Linie einen Beruf (*Kaufmann, Biermann, Ackermann*), eine Eigenschaft *(Jungmann, Altmann, Kurzmann)* oder die

Herkunft einer Person zu beschreiben *(Deutschmann, Münstermann* beziehungsweise umgangssprachlich *Franzmann)*. Der Name eines großen Versandhauses hat hier ebenfalls seine Wurzeln. *Neckermann* ist der »Mann vom Neckar«. Bei *Rühmann*, also dem »Mann vom Rudolf«, gibt es keinen homoerotischen Hintergrund. Näherliegend ist eine Kennzeichnung als »der Mann, der zu Rudolfs Hof gehört«, also für einen Rudolf arbeitete. Ich gehe aber davon aus, dass *-mann* hier die gleiche Funktion besitzt wie in dem eigentlich »doppelt gemoppelten« Namen *Mannesmann*: Es ist eine Verniedlichung, die Koseform für den »kleinen Rudolf«.

Auf der Welt gibt es ungezählte Radiostationen mit dem Namen *Kiss*. Die meisten nennen sich so in Anlehnung an das englische Wort *kiss* für Kuss. Der bekannteste und erfolgreichste Radiosender dieses Namens sitzt in Los Angeles und ist dort auf der Frequenz UKW 102,7 zu empfangen. In Deutschland gibt es *Kiss* sehr häufig auch als Nachnamen, knapp über 1000 Mal, wobei die meisten in Baden-Württemberg wohnen. Obwohl er »vollmundig« klingt, ist es hier wie bei guten Romanen: Ähnlichkeiten mit dem tatsächlich existierenden Wort sind rein zufällig. Dass er so zahlreich in unseren Gefilden auftritt, liegt an seiner Herkunft vom Wort *kis* für »Kies«. Über die Kussqualitäten des ersten *Kiss* ist nichts bekannt. Wohl aber über seinen Wohnort: Er wohnte an einer kiesigen Stelle.

Spätestens nach diesem Kapitel wissen Sie nun, dass Namenforschung nichts mit Raten, Nachdenken und freiem Assoziieren zu hat. Es ist eine Wissenschaft, für die Sie geographische, sprachwissenschaftliche und geschichtliche Vorkenntnisse brauchen. Das schreibe ich nicht, um Sie zu entmutigen, sondern um Sie vor den vielen Fehldeutungen zu bewahren, die vor allem in den unkontrollierten Internetforen häufig zu finden sind. Denn nicht immer ist die Deutung so einfach wie beim *Huster*. Dieser Name ist tatsächlich die Umschreibung für einen oft hustenden Menschen.

16. Kapitel
Lindenbein, Kässbohrer, Lockenvitz: Außergewöhnlich merkwürdige Namen

In den vorangegangenen Kapiteln haben wir uns oft mit Namen mehr oder minder prominenter Menschen beschäftigt. Und dabei fiel auf: Viele von den so genannten VIPs haben VSNs, also: Very Simple Names, wie beispielsweise *Harald Schmidt, Claudia Schiffer, Dirk Bach* oder *Josef (Joschka) Fischer* – um nur einige zu nennen. Die gewöhnlichen Namen ungewöhnlicher Menschen stellen den Wissenschaftler nicht immer vor große Herausforderungen. Von weitaus höherem Interesse sind deshalb die zahlreichen Geheimnisse, die sich hinter den seltenen, ungewöhnlichen und oftmals fehlinterpretierten Familiennamen verbergen. Auch wenn sie zu ganz »normalen« Bürgern gehören, die wir nicht aus Film, Funk und Fernsehen kennen.

Jeder Name ist für seinen Träger ein Unikat – selbst derjenige mit dem häufigsten Namen, *Müller*, wird durch persönliche Eigenschaften, Merkmale und Werte zu einem einzelnen, unverwechselbaren Individuum und damit für seine Freunde, Verwandten und Kollegen einzigartig. Meist weiß man ganz genau, wer im Gespräch mit »Müller«, »Schmidt« oder »Meyer« gemeint ist.

Aus meiner ganz persönlichen Sicht als Namenforscher finde ich jeden Namen schön. Er birgt eine jahrhundertelange Geschichte in sich, die wir ganz vorsichtig und langsam mithilfe unserer Methoden aufdecken. Dabei müssen wir sehr behutsam und genau vorgehen, etwa wie ein Archäologe bei einer Ausgrabung. Wenn wir ein winziges Detail übersehen, einen Buchstaben nur zum Beispiel, oder an der falschen Stelle »graben«, kann das ganze Unterfangen in sich zusammenbrechen.

Ich empfinde es als anmaßend, wenn ich Ihnen in diesem Kapitel eine kleine Auswahl von außergewöhnlichen Namen präsentieren will. Denn, wie gesagt, *jeder* Name hat eine Geschichte, und *jede* Geschichte ist es wert erzählt zu werden. Selbst die von *Hinz* und *Kunz*.

In unserer Namenberatung in Leipzig erhalten meine Mitarbeiter und ich täglich Anfragen von Menschen, die über die Herkunft ihres Namens Bescheid wissen wollen. Sie erreichen mich dort, bei meinen Radiosendungen in Berlin, Bayern, Thüringen und anderen Teilen der Bundesrepublik – oder beim Gespräch mit Fremden an der Kasse im Supermarkt. Wann immer es mir und meinen Kollegen im Team gelang, einen Namen zu decodieren, ist er mir sofort ans Herz gewachsen. Aber die deutsche Nachnamenvielfalt ist so gewaltig wie die menschliche DNA. Zu meinen Lebzeiten wird es mir absolut unmöglich sein, jeden einzelnen »Baustein« zu »knacken«. Aber bei den nachfolgenden ist es uns gelungen, und die dahinter stehenden Geschichten und Geheimnisse sind mir aus den vielfältigsten Gründen in guter Erinnerung geblieben.

Lindenbein

Sie vermuten zu wissen, was gemeint ist? Aber wenn Sie jetzt etwa denken, die Vorfahren wohnten an einer Linde oder hätten dicke Beine wie Baumstämme gehabt, dann sind Sie weit von der Wahrheit entfernt. Dieser Name klingt einfach und unkompliziert. Das macht es in jedem Fall leichter, telefonisch ein Hotelzimmer zu reservieren oder eine Pizza zu bestellen, ohne dass am anderen Ende der Leitung drei Mal nachgefragt wird, wie der Name denn buchstabiert wird. Für eine Analyse ist das leider wenig hilfreich. Denn *Lindenbein* ist überraschenderweise sehr, sehr selten. Gerade fünf Teilnehmer stehen in den deutschen Telefonbüchern. Die Angaben zur ursprünglichen Verbreitung der Familien rund um den Harz stimmen überein mit den Eintragungen in der oft zitierten Datei der Mormonen *(www.familysearch.org)*. Hier gibt es immerhin 16 Hinweise.

Um es gleich vornewegzunehmen: Der Namenbestandteil *lind* hat hier nichts mit einem Baum, also der Linde, zu tun. Dass letztlich eine Verbindung zwischen *lind, lindern* und *Linde* hergestellt werden kann, hilft uns hier nicht. Die wahre Bedeutung finden Sie mal wieder bei Grimm im *Deutschen Wörterbuch*. Dort steht in Band 10, Sp. 1027: »lind *bezog sich u.a. auf weiche, zarte Gliedmaßen der Menschen. Gemeint war aber auch eine glatte menschliche Haut oder ein glattes tierisches Fell.*«

Wahrscheinlich ist *-bein* hier ähnlich zu verstehen: Es steht unter anderem für »Knochen«, etwa wie in dem Ausspruch: »Das geht mir durch Mark und Bein«, oder in *Gebeine*. Ein Mensch namens *Lindenbein* war also eher von einer schlaffen, zierlichen oder gar zerbrechlichen Gestalt. Er hatte schlicht »weiche, zarte Knochen«. Sie können sich jetzt selbst denken, was sich für eine Geschichte hinter Namen wie *Rehbein* oder *Hölzenbein* verbirgt.

Imeidopf

Dieser Name war eine besonders harte Nuss für mich und meine Mitarbeiter(innen) an der Universität. Und ich bin mir sicher, dass es keinen gibt, der die wahre Bedeutung ohne weitere Recherche erraten kann, denn die Probleme beginnen schon damit, dass *Imeidopf* ein wirklich sehr seltenes Exemplar ist. In Deutschland sind nicht mal eine Hand voll Familien mit diesem Namen bekannt. Fast alle haben ihren Wohnsitz in Frammersbach. Wenn ich einen Namen vorgelegt bekomme, der nur wenige Male bezeugt ist, schrillen bei mir sofort die Alarmglocken. Aber das hilft auch nicht immer, um eine Lösung zu finden.

Im Internet findet man Hinweise auf diesen Familiennamen in der Namensammlung der Mormonen, in der nach Schätzungen insgesamt etwa zwei Milliarden Daten gespeichert sind. Es gibt wenigstens sieben Einträge aus Maryland, New York und Pennsylvania, was nur wenig hilft, da Familiennamen in Amerika im Allgemeinen ja nicht dort entstanden sind, sondern von Einwanderern mitgebracht worden sind.

Meine erste Vermutung war, dass hier eine Umdeutung von *Imeidhof* vorliegt. Diesen Namen behandelt M. Gottschald (*Deutsche Namenkunde*, Berlin/New York 1982, S. 269) und deutet ihn als Namen eines Ortes bei Frankfurt am Main. Ich selbst habe diesen Ort aber nicht gefunden, sodass mich dieser Hinweis zunächst einmal nicht weiterführte, obwohl ich ihn im Nachhinein für richtig halte.

Ein wichtiger Bestandteil der Arbeit eines Namenforschers ist es, den zu untersuchenden Namen in seine Bestandteile zu zerlegen, also im vorliegenden Fall in die drei Silben »im«, »eid« und »opf«. Verändert man jetzt die Aussprache leicht, so hört es sich an wie »Im-Eid-Hof«. Jetzt ist es nur noch ein kleiner Schritt bis zu der Feststellung, dass das klingt wie die Ortsnamen *Maidhof* beziehungsweise *Meidhof.* Und diese Orte konnten wir auch tatsächlich lokalisieren. Sie befinden sich – wen wundert's – genau in der Gegend, in der heute noch die wenigen *Imeidhopfs* wohnen.

Das ist aber nur ein erstes Ergebnis. Die Überraschung ist perfekt, wenn man jetzt weiterfragt, woher denn der Ortsname *Meidhof* kommt. Hier findet sich die einleuchtende Erklärung: Im Mittelalter gab es ein viel gebrauchtes, ganz normales Wort für einen »Hengst«. Es lautete *meid, meiden.* Und wenn jemand *meidenete,* dann war er weder ein Reiter noch ein Pferdezüchter – ganz im Gegenteil: Er kastrierte die armen Hengste.

Der *Maidhof* war also ursprünglich ein Hof, in dem Hengste ihrer Männlichkeit verlustig gingen. Die Personen, die dort lebten oder arbeiteten, bekamen einen davon abgeleiteten Namen, der sich über die Jahrhunderte hinweg zu *Imeidopf, Imeidhopf* veränderte, weil der ursprüngliche Sinn verloren ging und man nach einem neuen suchte, *-hopf, -opf, -topf.* Die Tatsache, dass es heute nicht mehr viele *Imeidhopf*s (mit *h* oder ohne) gibt, ist wiederum ein Beweis für unsere Deutung. Im Vergleich zum Fischer, Fleischer oder Schmied war der Pferdekastrator kein so häufiger Beruf. Allerdings gibt es noch weitere Namen mit gleicher »Übersetzung«. Der Mitherausgeber der FAZ, *Günther Nonnenmacher*, zum Beispiel hat in der Tat Urahnen, die Tiere unfruchtbar, also »zur Nonne« gemacht haben. Wie der schon erwähnte *Sauschneider*, der keineswegs schlechte Kleider genäht hat, sondern Schweinekastrator war.

Kässbohrer

Diesem Namen kommt auch der Ungeübte etwas schneller auf die Spur. Ein bekannter Namenträger ist die in Eugendorf ansässige Firma *Kässbohrer*, die seit 1950 Fahrzeugtransporter und Lastwagen herstellt und in ganz Europa und Japan verkauft. Auch wenn ich die zum Teil gewaltigen Nutzfahrzeuge häufig bei meinen Fahrten zwischen Berlin, Leipzig und Göttingen auf den Straßen beobachten konnte, habe ich bislang nicht feststellen können, ob und gegebenenfalls wie häufig damit Käse transportiert wurde. Denn natürlich leitet sich – so denkt man – der über 40 Mal in Deutschland vorkommende Familienname von »Käsebohrer« ab, von denen es zurzeit immerhin fast 70 Haushalte gibt.

Sie haben nun schon mehrfach gesehen, dass die Namenforschung zuerst mit der Untersuchung der Namenstreuung beginnt. Wo und wie häufig findet sich ein Eintrag in den einschlägigen Registern? Warum das so wichtig ist, wird am Beispiel dieses Namens eindrucksvoll sichtbar. Die Standardwerke der deutschen Familiennamenforschung vertreten bezüglich *Kässbohrer* die Deutung eines Berufsnamens: »der den Käse durch Anbohren auf seine Beschaffenheit zu prüfen hat«. So zum Beispiel J.K. Brechenmacher, der ein exzellentes Nachschlagewerk erarbeitet hat.[14] In diesem Fall bin ich aber entschieden anderer Auffassung. Denn wenn man sich die Verteilung des Namens auf der deutschen Landkarte ansieht und dabei selbstverständlich die vielen Firmenfilialen außer Acht lässt, entdeckt man dann schnell eine Häufung in Bayern zwischen München und Augsburg.

14 J.K. Brechenmacher, *Etymologisches Wörterbuch der deutschen Familiennamen*, Bd. 1–2, 1960–63.

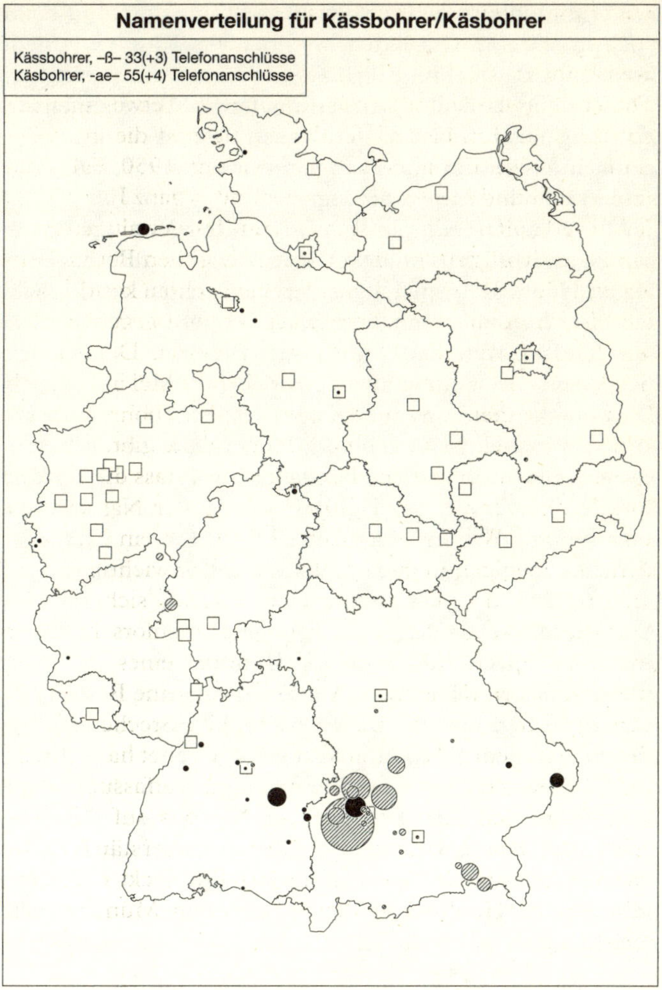
Namenverteilung für Kässbohrer/Käsbohrer
Kässbohrer, -ß- 33(+3) Telefonanschlüsse
Käsbohrer, -ae- 55(+4) Telefonanschlüsse

Durch diese Karte gerät die »Käsebohrer«-Theorie ins Wanken. Denn warum gibt es den Namen nur dort und nicht auch in anderen Gegenden, wo ebenfalls Käse hergestellt wird, zum Beispiel im Allgäu? Weil Wörter, die zweifelsfrei »Käseprüfer« bedeuten, uns in deutschen Familiennamen *nicht* begegnen: Weder niederdeutsch *Kesesteker* noch hochdeutsch *Käsestecher* und auch nicht niederländisch *Kaasbor* sind in Familiennamen bezeugt.

Alle Namenträger, gleich, ob sie *Käss-* oder *Käsebohrer* heißen, kann ich beruhigen: Vergessen Sie die dummen Hänseleien und Anspielungen der Nichtwissenden. Ein Käsebohrer hat nichts mit Naschen oder gar Nasepopeln zu tun. Und im Käse hat er auch nicht gebohrt. Es liegt vielmehr eine Umdeutung aus *Kaspar* vor, wobei süddeutsche Dialekte ihre Wirkung tun: *Kaspar* näherte sich *Kaspor* an, und damit war der Verballhornung zu *Kas-bohr* und *Kasbohrer* – sowie schließlich hochdeutsch *Käsbohrer* – der Weg bereitet. Der Name des Heiligen aus dem Morgenland ist eigentlich persischer Herkunft und gehört zum altpersischen *kandschwar*, »Schatzmeister«, *gandsch*, »Schatz«.

Mannteufel

Kann man sich vorstellen, dass sich die bisherige Forschung bei diesem scheinbar so eindeutigen Namen nicht ganz einig ist? Ein Mann des Teufels, ein teuflischer, diabolischer Mensch? Natürlich sind Ihre ersten Überlegungen gar nicht so falsch. Es fehlt nur noch eine wichtige Kleinigkeit für die Interpretation: In der Schreibweise *Manteuffel* gibt es weit über 400 Familien dieses Namens in Deutschland. Die Formen *Mannteufel* (28) und *Mannteuffel* (4) sind sehr viel seltener vertreten. Nach einem Blick auf die Landkarte spricht alles dafür anzunehmen, dass Menschen dieses Namens aus dem Osten zugewandert sind: Verfolgt man die Spur zurück bis ins 14. Jahrhundert, so finden sich Belege für ein pommersches Adelsgeschlecht, das ursprünglich niederdeutsch *Mandüwel* genannt wurde (so beschrieben bei Bahlow, *Niederdeutsches Namenbuch*, Nachdruck Vaduz

1993, S. 317). Erstmals bezeugt wurde es im Jahr 1322 in Stralsund. Weitere frühe Nachweise gibt es etwa aus dem Jahr 1362 *(Engelke Mandüwel)* oder später, 1535, einen Mann namens *Erasmus Mandüvel.*

Allerdings sollte in allen Fällen mit diesem Namen keinesfalls ein Ketzer stigmatisiert werden. Dem Adelsgeschlecht hätte das wohl nicht gefallen. *Mandüwel* beziehungsweise *Mandüvel* war vielmehr als Lob gedacht, denn ein »Teufelsmann« ist der, den wir heutzutage immer noch als einen »Teufelskerl« bezeichnen: ein bewundernswerter Draufgänger; jemand, der ein hohes Risiko und selbst den Teufel nicht scheut.

Eine andere Meinung vertritt Gottschald (*Deutsche Namenkunde*, Berlin/New York 1982, S. 490), dem diese Deutung wohl zu einfach erscheint. Er sieht hier eine Ableitung des in der Normandie häufig vertretenen Familiennamens *Mandeville.* Eine Überprüfung der »Franzosenthese« ergibt jedoch zweifelsfrei, dass sich diese Meinung nicht halten lässt. Dazu genügt ein Blick auf die Verbreitung des Namens in Deutschland: Kein Familienname ist so gestreut, dass er eindeutig aus Frankreich gekommen sein kann; es liegt zweifelsfrei eine niederdeutsche Lautform vor. Daher spricht alles für das niederdeutsche *Mandüwel* für »Mann«, »Teufel«, »Teufelskerl«. Das bestätigt auch die Verbreitung des Namens *Düwel,* die sich fast perfekt mit der von *Manteufel* deckt und der die niederdeutsche Variante des Wortes *Teufel*s enthält. (Übrigens: Der Name *Düvel* ist in Deutschland immer noch sehr verbreitet, als *Düvel* 458 Mal, als *Düwel* 595 Mal, wenn auch nicht so sehr wie seine hochdeutsche Variante *Teufel* – 1702 Mal.)

Perplies

Ein Herr namens *Anjo Perplies* wollte von mir wissen, was es mit seinem ungewöhnlichen Namen auf sich habe. Der Vorname war schnell geklärt. *Anjo* ist eine friesische Variante des bulgarischen Namens *Andjel* und heißt »Engel«. Der Nachname wurde nach unseren Ermittlungen Menschen gegeben, die »knarrten« oder »scharrten«. Womöglich ist ganz einfach »schnarchen« hier der Hintergrund. *Perplies* ist ein litauischer Familienname. Er gehört zu *parplys*, »der Erdkrebs, die Maulwurfsgrille«, auch werden damit Menschen bezeichnet, die »knarren, quarren oder schnarren«.

Macheleidt

Nach den vielen Satznamen, die wir bisher gemeinsam erörtert haben, ist dem geübten Leser die Bedeutung dieses seltenen Nachnamens sofort klar. Er ist heute bunt über Deutschland gestreut und noch knapp 90 Mal registriert. Neudeutsch kann man ihn gut mit »füge Schaden zu« übersetzen.

Lockenvitz

Dieser Name hat nichts mit einer misslungenen Dauerwelle zu tun. Die Worte *Locke* und *Witz* sind noch nicht einmal rudimentär in ihm enthalten. Das Vorkommen des Namens in Schleswig-Holstein und Mecklenburg weist auf einen Herkunftsnamen, den man auch rasch findet in dem Ortsnamen *Lockwisch* bei Schönberg, östlich von Lübeck. Dieser ist slawischen Ursprungs und gehört zu *lokva*, »Pfütze, Tümpel« – ein Wort, das auch im Lateinischen *lacus,* dem englischen *lake,* der deutschen *Lache* und auch dem schottischen *Loch* Verwandte besitzt. (Wer kennt nicht das Ungeheuer von *Loch Ness*?)

Peter(-)Silie

Das Küchenkraut gibt es in Form eines Familiennamens in einem Wort. Zudem ist er infolge einer bewussten oder unbewussten Doppelnamengebung mit Bindestrich entstanden. Entweder weil Herr *Peter* Frau *Silie* oder umgekehrt geheiratet hat. Derart auffällige Namenspiele sind in Deutschland überaus häufig. Im Internet gibt es zu dem Thema und vielen weiteren Namenkuriositäten eine ganze Sammlung. Unter *www.echtenamen.de* können Sie sich hier einen vergnüglichen Überblick verschaffen.

Der zusammengeschriebene Nachname *Petersilie* ist ein Übername für einen Gemüsehändler, der sogar in latinisierter Form bekannt geworden ist. Nicht nur meine Kinder fieberten mit, wenn der Zauberer *Petrosilius Zwackelmann* im »Räuber Hotzenplotz« sein Unwesen trieb, und selbst Josef Meinrad schlüpfte in einem Film in dessen Rolle. (Nebenbei: *Hotzenplotz* ist kein erfundener Name, sondern die deutsche Form des tschechischen Ortsnamens *Osoblaha,* in bestimmten Formen als *Osobladze* ausgesprochen, in dem ein Flussname, nämlich der eines Nebenflusses der Oder, auf polnisch *Osobłoga,* steckt.)

Die Analyse von *Petersilie* als Familienname ist einfach. Doch was in aller Welt steckt hinter dem Doppelnamen *Peter-Silie*, den es fünf Mal in Deutschland gibt? Auf jeden Fall ein gelungener, Aufsehen erregender Bindestrich-Name aus zwei Elementen. Der Nachname *Peter,* der sich von dem Vornamen *Petrus* ableitet (vom griechischen Wort *Petros* für »Fels«) ist eindeutig. Woher aber kommt der zweite Namengeber *Silie*? Auch hierfür ist wohl letzten Endes die christliche Kirche verantwortlich. *Silie* gehört zusammen mit *Zirk, Zieres, Zürks, Cyrach* und auch dem Vornamen des Fußballspielers *Ciriaco Sforza* zu den Namen des christlichen Heiligen *Cyriax, Kyriakos,* einem der vierzehn Nothelfer. Zugrunde liegt das griechische für »dem Herrn (Gott) gehörig«.

Piffrement

Der Anfragende war der Meinung, es handle sich um einen Hugenottennamen, und sprach ihn deshalb mit einer wohlklingenden, französischen Betonung aus. Derartige »Hugenotten-Verdachtsfälle« kann man zumeist selbst prüfen. Dazu genügt ein Blick auf die Internetseite *www.notrefamille.com*, die die französischen Familiennamen perfekt einschließlich von Kartierungen präsentiert. Sie enthält keinen Familiennamen *Piffrement.* In Deutschland ist er 44 Mal bezeugt, daneben aber auch *Peppermint* etwa 20 Mal. Und damit sind wir auch schon bei der Lösung: *Piffrement* ist ein hochdeutsch-niederdeutsches »Gemisch« aus *Pfefferminze* und *Peppermint,* angereichert mit französischem Charme, der leicht auch zu einer entsprechenden Aussprache führt. Nicht nur Teeliebhaber und Kaugummikauer schätzen die Pfefferminze, die hier namengebend war.

Neigenfind

Schon früher war man skeptisch gegenüber allem Neuen und Unbekannten. Auch Fremde – Menschen, die aus anderen Orten oder Ländern kamen (von ihnen leiten sich Namen wie *Kömmling* ab) – wurden früher besonders misstrauisch beäugt. In Nachnamen wie *Neufeind*, *Neuefind* und anderen Ableitungen kommt starke Fremdenfeindlichkeit zum Ausdruck. *Neigenfind* gibt es über 100 Mal. Übersetzt heißt der Name: »der neue Feind«.

Depta

Das polnische *deptać* heißt »treten« und wird im Sinne von »auf der Stelle treten« benutzt. Heute wäre das der richtige Name für ein Trimm-dich-Fahrrad. Gemeint war mit *Depta* aber jemand, der einfach nicht vorwärtskam. Ein Trödler, ein »Trödelfritze«, »Nölepeter« oder eine »Nölsuse«, wie man in Berlin und anderswo auch sagt.

Beduhn

Der Mann dieses Namens hatte polnische Verwandte, und so war die Lösung schnell gefunden. Ob er mit der Analyse zufrieden war, vermag ich angesichts des Ergebnisses aber nicht zu sagen. Das polnische *bieda* bedeutet »Armut« und »Unglück«, *biedny* steht für »arm, ärmlich«. Der erste Träger dieses Namens, der ihn dann an die nachfolgenden Generationen weitergab, war aller Wahrscheinlichkeit nach ein »armer Schlucker«. (Herr Beduhn musste für die Deutung übrigens kein Geld bezahlen.)

Oschließ

Bei diesem Namen wusste die Dame, die sich an mich gewandt hatte, lediglich, dass ihr Vater aus dem ostpreußischen Ort Goldap stammte. Der Name ist gar nicht mal so selten und 167 Mal belegt. In Polen kommt er noch zehnmal bei Elbing, Allenstein, also im ehemaligen Ostpreußen, und bei Krakau vor. Dies spricht für einen baltischen Ursprung, und tatsächlich gibt es das passende litauische Wort *ošlŷs*. Ich musste die Anfrage auch hier mit einem unschönen Fazit beenden: Die Vorfahren der Frau waren Angeber. Das litauische Wort steht nämlich für »Großsprecher«, »Prahler« und »Prahlhans«.

Hättich

Auch in Ihrem Bekanntenkreis gibt es sicherlich den einen oder anderen, der sich einer ständig wiederkehrenden Sprachfloskel bedient, etwa indem er Sätze mit den Worten »Ich sag mal …« einleitet oder mit »nicht wahr?« abschließt. Karriereberater warnen vor dieser »Todsünde« in Vorstellungsgesprächen: Angeblich würden sie dem Personalchef Unsicherheit und Rhetorikschwächen symbolisieren. Im Mittelalter konnte der Gebrauch derartiger Phrasen ebenfalls nachteilige Folgen haben, wenn er den Mitmenschen auffiel. Er führte zu der Gattung der *Echonamen*. Die auffällige Sprachfloskel wurde demjenigen, der sie benutzte, als Beiname verpasst: Herr oder Frau *Gutenmorgen* waren demnach höfliche Menschen, die sich einander morgens stets freundlich grüßten. Den Familienname *Beigott* erhielt jemand, der dadurch seine Ausführungen im Gespräch bedeutungsvoll unterstreichen wollte. Auch *Hättich* für »hätte ich« ist häufig ein Echoname, zumal er eine eindeutige Häufung in Baden-Württemberg besitzt. Mir selbst werden übrigens gleich zwei »Echonamen« nachgesagt. Da ich im Gespräch mit meinen Studenten dazu neige, an viele Satzenden »Verstehen Sie?« anzufügen, ist dieser Annex zum geflügelten Wort geworden, genauso wie »Keine Zeit«. Ein Kollege gestand mir, dass ich früher an der Universität so genannt wurde, weil ich immer in Eile war und diese Floskel wohl unbewusst häufig benutzte. *Verstehen Sie?*

Kegel

Bereits im alten Ägypten war lange vor unserer Zeitrechnung das Kegeln bekannt, wie der Fund eines Kegelspiels für Kinder bei Ausgrabungen bestätigte. In unseren Gefilden wurde es um das Jahr 1150 zum ersten Mal urkundlich erwähnt. So kann es natürlich sein, dass der deutsche Familienname *Kegel* auf einen Menschen zurückgeht, der eine besondere Fertigkeit bei diesem Freizeitvergnügen zeigte. Mindestens genauso wahrscheinlich ist aber eine weitaus unschönere Bedeutung. Ursprünglich war *kegel* das mittelhochdeutsche Wort für »Knüppel« oder »Stock«. Im Frühneuhochdeutschen stand *kegel* für einen ungeschliffenen Menschen. Und in der Redewendung »mit Kind und Kegel« kommt die häufigste Herleitung zum Ausdruck. »Kegel« bedeutet hier »uneheliches Kind«. Es war nicht allzu selten, dass dieses Stigma dem »Bankert« für immer in Form eines Nachnamens erhalten blieb.

Knigge

Der Nachname *Knigge* erinnert heutzutage an eines der erfolgreichsten Sachbücher aller Zeiten. Die berühmte »Benimmfibel« erschien im Jahr 1788 zum ersten Mal unter dem Titel *Über den Umgang mit Menschen* und war als eine Aufklärungsschrift für Taktgefühl und Höflichkeit gedacht. (Dabei sparte der Autor *Adolph Franz Friedrich Ludwig Freiherr von Knigge* das Thema Tischmanieren übrigens völlig aus: Die heute so typischen Hinweise auf gutes Benehmen, die seinen Namen berühmt gemacht haben, wurden erst nach seinem Tod in das Buch aufgenommen.)

Knigge ist ein gutes Beispiel für einen Namen, dessen Sinn sich heute niemandem mehr ohne Vorkenntnisse erschließt – selbst wenn man das mittelhochdeutsche Wort kennt, von dem es abgeleitet wird: *knick*. Denn der *knick* war weder ein körperliches Merkmal wie etwa ein krummer Rücken oder ein auffälliger Gang noch ein Hinweis auf einen besonderen Ort. *Knick* bedeutet noch heute in Schleswig-Holstein »lebender Zaun, Hecke«. *Knick* nennt man also Hecken, die immer wieder geknickt wurden, um sie in ihrer Form und Dichte zu halten. Damit haben wir zwar das Wort *Knick* geklärt, aber noch nicht *Knigge*. Dazu muss man sich in niederdeutscher Sprachgeschichte auskennen, wo einem hochdeutschen *ck* oder *kk* oft ein *gg* entspricht. Ganz deutlich wird das an einer Stadt in Flandern, deren flämischer Name *Brügge* in ganz ähnlicher Weise mit dem hochdeutschen *Brücke* verglichen werden kann.

Für Psychologen ist es sicher eine interessante Tatsache, dass ausgerechnet ein Mensch mit dem Namen *Knigge* sein Leben der Aufgabe gewidmet hat, die Barrieren, »Zäune« zwischen den Menschen abzubauen. Ein Buch *Über den Umgang mit Nachbarn* wäre heute sicher ebenso ein Bestseller, besonders wenn es die umstrittene Frage klärt, wann der Nachbar jenseits des Zauns seine Hecke schneiden darf oder muss.

Amendt

Manchmal verrät allein eine andere Betonung den Ursprung des Namens. Da wir im Deutschen fast immer die erste Silbe eines Wortes betonen, machen wir dies auch bei *Amendt*. Würden wir wie die Franzosen eher die zweite Silbe betonen, käme man über *Améndt* vielleicht schneller zur ursprünglichen Bedeutung des Namens. Es hat also nichts mit dem Amen in der Kirche zu tun. Der Vorfahre wohnte vielmehr *am Ende* eines Dorfes. Und wir sind damit auch am Ende dieses Kapitels angelangt.

17. Kapitel
Sonntag, Merz, Ostertag: Die Kalendernamen

Ob Monate, Jahreszeiten, Wochen- und Feiertage oder andere Termine – der Kalender hatte einen sehr großen Einfluss auf die deutsche Namengebung. Von *Montag* bis *Sonntag* sind alle Namen in Deutschland vergeben. Der *Sonn-*

abend ist auch als *Samstag* vorhanden. Nur der *Dienstag* ist vom Aussterben bedroht: Dieser Name ist nur noch einmal registriert. Bei *Gutjahr*, *Weihnacht* oder *Heiligtag* fiel der Tag der Geburt auf einen Fest- oder Feiertag. Die Wochentagsnamen haben oft den gleichen Ursprung, aber gelegentlich auch eine profanere Herleitung. Sie kennzeichneten, wann der Namenträger seinem Lehnherrn abgabepflichtig war. Der *Montag* hatte montags zu leisten, der *Dienstag* am Dienstag usw. bis *Sonnabend*. Am *Sonntag* wurde natürlich nicht gearbeitet, und daher ist dieser Name wieder ein Hinweis auf den Tag der Geburt. *Karfreitag* (vier Mal bezeugt) und *Ostersonntag*, genauer *Ostertag* (über 1000 Mal bezeugt), sind wohl dafür verantwortlich, dass diese beiden Wochentage in Deutschland am häufigsten vergeben sind. Eine bestimmte Abgabe zu Ostern, nämlich eine, die aus Korn bestand, gab die Grundlage für den Namen des *Stern*-Chefredakteurs *Thomas Osterkorn*.

Den *(p)fünfzigsten* Tag nach Ostern hört man heute noch aus Namen wie *Pfingst*, *Pfingsten* und *Pfingst(t)ag* heraus, dem das griechische Wort *pentekoste*, »fünfzig«, zugrunde liegt. Ähnliche Termine und Bräuche fanden ihren Niederschlag bei *Maibaum* oder *Faßnacht*. Mit dem Leersaufen von Fässern hat *Faß-* in *Faß(t)nacht* aber nichts zu tun. Das mittelhochdeutsche *vastnaht* beziehungsweise *vasnaht* heißt »Vorabend vor Beginn der Fastenzeit«. Es ist verwandt mit *vaschank*, aus dem der Nachname *Faschang* hervorging, der später dann zu *Fasching* wurde. Diese Nachnamen können zum einen wieder einen festgelegten Abgabetermin meinen. Es war eine bei Grundherren weit verbreitete Sitte, die Bauern zur Lieferung von Fastnachtshühnern aufzufordern. Meistens beschrieben diese Namen aber einen Menschen, der das bunte Treiben und das Feiern liebte, ähnlich wie beim Namen *Kirmes* oder *Kirmse*: Dieser Name ist eigentlich die Abkürzung von »Kirchweihmesse«.

Wie gesagt: Hinter jedem Namen steckt ein Einzelschicksal, hinter jedem Schicksal eine kleine Anekdote. Oft können wir nur vermuten und Lösungsvorschläge anbieten. Wenn die Überlieferung aber unvollständig oder fehlerhaft ist, ist es mit der Namenforschung wie mit dem Urknall. Die Wissenschaftler können die Entstehung bis zu einem gewissen Punkt zurückverfolgen und sind dann auf mehrere Theorien angewiesen. Gerade was Jahres- und Monatsnamen anbelangt, kann man sich vielfach nicht immer auf die erste Zeit ihrer Entstehung einigen. So nannte Karl der Große, als er im 8. Jahrhundert die Kalendernamen einführen wollte, den Februar *hornunc*. Im Internet kursiert die niedliche, aber leider falsche Saga, *hornunc* sei das altertümliche Wort für den »zu kurz gekommenen« und deshalb der passende Name für einen Monat mit nur 28 Tagen. Tatsächlich aber werfen in dieser Zeit die Hirsche ihre Hörner ab, und daraus entwickelte sich der Familienname *Hornung*: entweder für einen Menschen, der in diesem Monat geboren wurde oder der eine besondere Zins- oder Abgabeverpflichtung seinem Dienstherrn gegenüber hatte.

Anders als bei Wochentagen sind die Monate also nicht vollständig als Namen vergeben. *Februar, September, Oktober* und *November* fehlen komplett, der *Juni* ist nur noch sehr selten registriert. Da nun davon auszugehen ist, dass sich das Kinderkriegen früher nicht auf die restlichen Monate beschränkte, kann der Tag der Geburt nicht immer allein für die Namengebung nach Kalenderabschnitten verantwortlich sein. Bei *August* kommt auch eine Ableitung des beliebten Vornamens *Augustin* infrage. Bei *April* könnte es ebenso eine Anspielung auf den launischen, wechselhaften Charakter einer Person sein. Bei dem Namen *März* wird darüber gestritten, ob es hier nur um den Abgabetermin geht oder ob nicht etwa der Kriegsgott *Mars* seine Finger im (Namen-)Spiel hatte. Wahrscheinlicher ist eine Ableitung von *Marcellus* oder *Markus*. Immerhin gibt es über 23000 deutsche Familien mit den Namen *Merz, März* oder *Mertz*. Daher geht man auch davon aus, dass diese Namen Berufsbeschreibungen sein können: der Bauer, der das Märzvieh aussonderte *(ausmerzte!)*, oder der Händler, der seine Ware (früher auch *Merz* genannt), feilbot.

März & Co sind aber weit abgeschlagen hinter fast doppelt so vielen Deutschen namens *Mai.* In Varianten wie *May* und *Mey* gibt es sie über 40 000 Mal. Hier besteht Einigkeit, dass die zahlreichen Besonderheiten dieses Monats die Ursache einer späteren Nachnameninflation sind. Mai geht zurück auf das lateinische *Maius,* das nach dem *Jupiter Maius,* dem Wachstum bringenden Gott, benannt ist. Bereits Karl der Große taufte ihn *Wunnimanoth (Wonnemond),* und wenn die Eisheiligen uns keinen Strich durch die Rechnung machen, beginnt mit ihm wirklich die schönste Zeit des Jahres. Die Menschen begrüßen den »Eintritt des Sommers« (mittelniederdeutsch *meien*) traditionell mit dem Tanz in den Mai und stellen auf den beliebten Festplätzen den *Maibaum* auf. Dieser Nachname ist heute noch 846 Mal, als *Meibaum* 51 Mal vorhanden.

Natürlich kann auch hier wieder eine Terminverpflichtung gemeint sein. Mit dem *Maier* hat es aber nichts zu tun. Der kommt, wie bereits erörtert, von *Meyer, Meier,* dem Verwalter.

Ein Haus mit dem Namen »Zum Maien« könnte auf seinen Besitzer abgefärbt haben und für dessen Namen verantwortlich sein. Hausnamen sind auch für einen nicht geringen Teil unserer Familiennamen verantwortlich. *Mai*stens jedoch werden das Aufblühen der Vegetation und die ansteigenden Temperaturen zu dem beliebten deutschen Nachnamen geführt haben.

Der wahrhaft außergewöhnliche Monat hat übrigens noch eine weitere Besonderheit, die vielen unbekannt sein dürfte: Kein anderer Monat in einem Kalenderjahr beginnt mit dem gleichen Wochentag wie der Mai.

18. Kapitel
Berlin, Hamburg, Dresden: Städtenamen und ihre Bedeutung

Der Mensch ist seinem Wesen nach kreativ. Ein Beweis für diese These ist die Existenz der Sprache. Ein Bekannter von mir hatte einmal die interessante Aufgabe, Werbespots für einen afrikanischen Radiosender in Guinea zu schreiben. Das Problem war nur, dass ein Großteil der Zuhörer Analphabeten waren. Sie würden ein neues Produkt im Supermarkt nicht an seinem Namen und Schriftzug erkennen können. Die Werbespots für Cola-Dosen mussten deshalb den Hinweis enthalten: »Frag nach Coca-Cola!« Oder: »Such nach der Büchse mit der weißen Schrift auf rotem Grund!« Das Problem war also mithilfe der Sprache gelöst. Was aber wäre, wenn wir uns nicht auf die Bedeutung bestimmter Buchstabenkombinationen zur Kennzeichnung von Gegenständen, Personen, Eigenschaften und anderem geeinigt hätten? Woher haben »Feuer«, »Rad« oder »Himmel« ihre Bezeichnungen? Wir können einzelne Worte bis zu einer Ursprache zurückführen. Die Indogermanistik versucht dies in hohem Maße, führend waren dabei Forscher in Leipzig. Aber am Anfang der Sprachschöpfung stand die Kreativität des Erfinders. Das erste Wort für Mensch dürfte eine sinnfreie Kunstschöpfung gewesen sein, wie vielleicht der allererste Name. Das macht die Grenze der Namenforschung deutlich: Wie die Naturwissenschaften die logische Sekunde des Urknalls »annehmen« müssen, erreichen die Namenforscher irgendwann ein Stoppschild, wenn sie einen Nachnamen durch die Zeiten verfolgen.

Mehrfach schon habe ich darauf verwiesen, dass der eine oder andere Nachname von einem Orts- oder Städtenamen herrührt. Doch woher haben eigentlich die Städte ihre Namen? Ich bitte um Nachsicht, dass dieses Buch nicht alle Fragen umfassend und abschließend klären kann. Allein über die Flussnamen in Mitteldeutschland ließe sich eine mehrbändige Abhandlung schreiben. Wegen der besonderen Bedeutung von Städtenamen für unsere Nachnamengebung will ich Ihnen in diesem Kapitel dennoch einen kurzen Einblick in die Herkunft einiger ausgewählter Ortsnamen geben. Dabei habe ich mich auf die Darstellung der Hauptstädte der Bundesländer beschränkt zuzüglich der Metropolen Köln und Frankfurt am Main. Diese Gliederung ist wie die Auswahl der anderen Namen in diesem Buch ebenso subjektiv wie unvollständig, denn natürlich hat jeder einzelne Ort auf der Welt seine ureigene, spannende und damit erzählenswerte Namengeschichte.

Wie zum Beispiel die der Hauptstadt *Berlin*: Das Wahrzeichen des Bären, der auch das Wappen ziert, führt selbst waschechte Berliner noch in die Irre. Oft wird ein Zusammenhang mit dem um das Jahr 1100 geborenen Markgrafen von Brandenburg, *Albrecht der Bär*, hergestellt. Doch der Name dieser Stadt ist nicht der Fauna, sondern eher der Flora zuzuordnen. Das Urstromtal der Spree, an deren Unterlauf die Stadt ihren Ursprung nahm, war ursprünglich Sumpfland. Kein Wunder also, dass ein slawischer Wortstamm *berl-, brl-* seine Spuren im Namen der Metropole hinterlassen hat. Er findet sich unter anderem in dem ukrainischen Wort *borlo*, »Sumpf«, dem kroatischen beziehungsweise serbischen *brla, brlja* für »flaches, sumpfiges Wasser, Pfütze«. Die ersten deutschen Siedler übernahmen diesen slawischen Urnamen, als sie sich um das Jahr 1180 hier niederließen.

Die sächsische Landeshauptstadt *Dresden* ist vom Namen her ein »Wald-Ort«. Zunächst siedelten germanische Stämme in dem fruchtbaren Elbtal, bevor im 6. Jahrhundert Slawen einwanderten, die von Böhmen her kamen und das Dorf *Drezdany* gründeten. Aufgrund älterer Belege, 1209 *in Dresdene,* 1216 in *Dreseden,* ist der Ortsname auf das slawische *Drežd'ane*, »Waldbewohner, Leute am Wald«, eine Ableitung des slawischen *drezga, drjazga* für »Wald«, zurückzuführen. Der Name bezog sich auf die Menschen, die in dieser

Gegend wohnten, und heißt übersetzt etwa »Waldbewohner«. Nachdem im 10. Jahrhundert deutsche Heere unter Heinrich I. das Gebiet zwischen Saale und Elbe von den Slawen eroberten, wurde auch hier der Name von den deutschen Siedlern übernommen und nur leicht abgeändert.

Schon die ersten beiden Beispiele zeigen, dass es oft landschaftliche Besonderheiten waren, denen die Siedlungen ihre Namen zu verdanken haben. Dies gilt auch für Brandenburgs Hauptstadt *Potsdam*. Lange vor Berlin taucht der Name schon am 3. Juli 993 in einer Urkunde auf. Kaiser Otto III. war damals König des ostfränkisch-deutschen Reiches. Heutzutage wäre er mit seinen damals 13 Jahren noch gar nicht geschäftsfähig. Zu seiner Zeit verschenkte er ganze Ländereien – etwa den Ort *Poztupimi* an seine Tante Mathilde von Quedlinburg. Das Flurstück bestand zu dieser Zeit im Wesentlichen nur aus einer Burg, die bereits seit dem 8./9. Jahrhundert an der Mündung des Nuthe-Flusses existierte. Der Name bedeutet wahrscheinlich – es gibt ein lautliches Problem, dessen Darstellung hier den Rahmen sprengen würde – »Ort unter Eichen«. Unter Bezug auf diese mögliche Bedeutung wählte im Jahr 2003 der damalige Ministerpräsident von Brandenburg, Matthias Platzeck, eine 120 Jahre alte Stieleiche für eine Baumpatenschaft aus. Sie ist heute auf dem Bassinplatz der Landeshauptstadt zu bewundern.

Burgen waren schon immer der Dreh- und Angelpunkt einer wachsenden Stadt. Um das Jahr 825 verwirklichte Ludwig der Fromme einen Plan seines Vaters, Karls des Großen. Er ließ eine Festung für den Kampf gegen die Heiden an der Alster errichten. Diese Fluchtburg bekam den Namen *Hammaburg*, woraus sich unverkennbar *Hamburg* entwickelte. Der Name ist hochinteressant, besitzt Verwandte in *Hamm, Hameln, Hemeln* an der Weser, *Hohenhameln, Hammelburg* und auch in einigen englischen Ortsnamen wie *Hambleden, Hambledon, Hameldon.* Aber auch mit dem englischen Wort *ham* für »Schinken« ist der Name verwandt. »Schinken, Hüfte, Lende, Schenkel« gehen auf eine Grundbedeutung »Biegung, Krümmung, Winkel« zurück, und genau diese Grundbedeutung, nämlich der »Winkel«, liegt der Siedlung, die im Winkel zwischen Alster und Elbe entstand, zugrunde. Zunächst war die Festung lediglich 130 mal 130 Meter groß und bot nur Platz für 50 Mann Besatzung. Bald darauf ließen sich vor ihren Toren jedoch Händler, Kaufleute, Krämer, Fischer und Gastwirte nieder und errichteten einen Marktplatz: Ausgangspunkt für die heutige Elbmetropole Hamburg.

Bei der Hauptstadt des kleinsten deutschen Bundeslandes, *Saarbrücken,* war eine Brücke über die Saar namengebend. Im Jahr 999 n. Chr. schenkte wieder Kaiser Otto III. diesmal den Bischöfen von Metz eine Königsburg mit der klangvollen Bezeichnung »castellum sarabruca«, also »Brücke über die Saar«. Der Flussname *Saar* erfordert eine eigene Untersuchung, denn seine älteren Formen lassen sich nicht mehr aus dem Deutschen oder Germanischen erklären. Er stammt aus einer viel früheren Zeit, als man noch indogermanische oder indoeuropäische Dialekte sprach.

Die Bedeutung des Ortsnamens *Magdeburg* schien schon lange entschieden: Verdiente Germanisten und Namenforscher hatten keinen Zweifel daran, dass es sich um eine »Burg der Mägde oder Jungfrauen« handeln müsse. Das Wappen der Stadt lässt daran auch keinen Zweifel. Es zeigt eine Magd mit einer Kranz in der Hand, die auf den Burgzinnen steht. Der Name hat aber mit dem altniederdeutschen Wort *magað,* (althochdeutsch *magad,* gotisch *Magaþs*) für »Mädchen« mit Sicherheit nichts zu tun. Dagegen sprechen auch die ältesten Belege *Magadaburg, Magathaburg, Magedeburg.* Ein Gesetzestext Karls des Großen erwähnt im Jahr 805 *Magadoburg* als Grenzhandelsplatz an der Elbe. Im ersten Teil des Namens muss zwingend ein Adjektiv enthalten sein, kein Substantiv oder Hauptwort. Das zeigt der

Wortausgang in *Magada-, Magatha-, Magede-*. Es gibt 20 weitere Ortsnamen in Norddeutschland, die dieses Element enthalten, das man am besten mit »groß« übersetzt. Zudem bedeutet altniederdeutsch *Borg* nicht nur »Burg« im engeren Sinne, sondern auch »Stadt«. Somit ist *Magdeburg* einfach eine der ganz wenigen »großen Städte«. Das stimmt für damalige Verhältnisse wie heute: Immerhin ist Magdeburg nach Halle die zweitgrößte sachsen-anhaltische Stadt.

Die Zeitung *Volksstimme* sah wegen dieser Deutung, die ich anlässlich einer Festtagung zur 1200-Jahr-Feier gab, bereits ihr Jubiläum gefährdet. Die Bedeutung eines Ortsnamens hat aber nichts mit der Feier eines Gründungstages zu tun; dieser hängt allein von der meist zufälligen ersten Erwähnung in einem historischen Dokument ab. Und genauso wie Berlin muss auch Magdeburg meiner Meinung nach nichts an seinem Wahrzeichen ändern, nur weil die Namenforschung das Wappen nicht bestätigen kann.

Lange vor den Städten gab es bereits Flüsse, Bäche, Seen und Quellen. Es ist daher nicht erstaunlich, dass Gewässer einen starken Einfluss auf die Namengebung von Siedlungen hatten. *Wiesbaden* zum Beispiel ist auch heute noch berühmt für seine Thermalquellen. Schon bei den Römern waren die Thermen so beliebt, dass sie zu Beginn des 1. Jahrhunderts n. Chr. auf dem Gebiet der heutigen Landeshauptstadt Hessens eine Befestigung errichteten, die sie *Aquae Mattiacorum*, lateinisch »die Wasser der Mattiaker«, nannten. Die Mattiaker waren ein befreundeter germanischer Stamm, die im Kampf die Römer unterstützten. Der Biograph Karls des Großen, Einhard, erwähnte diesen Ort zum ersten Mal im Jahr 829 und nannte ihn *Wisibada*, »das Bad an den Wiesen«.

Zur Zeit des Fränkischen Reiches, also um 500 n. Chr. konnte man den Main an der Stelle, wo heute *Frankfurt* liegt, gelegentlich noch bequem zu Fuß durchwaten. Die Furt, durch die einst die Franken schritten, wurde deshalb

»Frankenfurt« genannt. Einst war damit nur der Flussübergang gemeint. Durch Karl den Großen verfestigte sich der Name. In einer auf Latein verfassten Urkunde für das Regensburger Kloster Sankt Emmeram im Jahr 749 heißt es: *actum super fluvium Moin in loco nuncupante Franconofurt*, also *ausgestellt am Flusse Main in einem Orte genannt Franconofurt.*

Eine andere Furt gab der thüringischen Landeshauptstadt *Erfurt* ihren Namen, die *Erphesfurt. Erph* kann mit einem althochdeutschen Wort verbunden werden, das »braun« bedeutet. Wahrscheinlich hieß die heutige Gera wegen ihres schlammigen Wassers in der Erfurter Gegend *Erfesa.*

Wir wissen, dass größere Flüsse früher keineswegs nur einen einzigen Namen trugen, sondern in Teilabschnittsnamen gegliedert waren. Diese blieben gelegentlich in den an den Flüssen gelegenen Siedlungen »hängen«: So liegt *Osnabrück* heute an der *Hase,* heißt aber nicht *Hasenbrück.* Wir schließen daraus, dass der Fluss dort einmal *Osna* hieß.

Erfurt, die berühmte Universitätsstadt, deren Gründung auf das Jahr 742 datiert wird, nahm an einer flachen Stelle am Ufer des braunen Gewässers ihren Anfang, lange bevor sie eine Bevölkerungszahl von heute rund 200 000 Einwohnern erlangte.

Auch die Ursprünge von *Hannover* lagen an einer Furt. Schon der Philosoph Gottfried Wilhelm Leibniz übersetzte Hannover richtig mit »hohes Ufer«. Es geht dabei nicht gleich um mehrere Meter, sondern um einen leicht erhöhten Uferrand, der vor allem vor den üblichen Hochwassern schützte. Alte Siedlungen liegen nur ganz selten direkt an Flüssen, sondern zumeist etwas entfernt von ihnen, daher wird die ungewöhnliche Lage eines Ortes in unmittelbarer Nähe des Gewässers gern zum Motiv für die Namengebung. Aus diesem Grund gibt es den Namen *Hannover* auch nicht nur als Hauptstadt Niedersachsens; etliche weitere Orte in Norddeutschland und auch in England heißen so oder ganz ähnlich.

Der Name der Landeshauptstadt Nordrhein-Westfalens, *Düsseldorf*, zeigt, dass sich ein Dorf zu einer Großstadt entwickeln kann, auch wenn der Name etwas anderes aussagt. Während der Name ihrer bekannten Rivalin am anderen Ufer des Rheins, der ältesten deutschen Großstadt, *Köln*, aus dem Lateinischen stammt, lässt sich *Düsseldorf* aus germanischem Wortmaterial erklären. Für Köln setzte bereits im Jahr 50 v. Chr. die römische Kaiserin *Agrippina* das Stadtrecht durch und erreichte bei ihrem Ehemann Claudius, dass diese Stadt fortan als *colonia* galt: also als eine Ansiedlung mit römischem Bürgerrecht. Der lange amtliche Name *Colonia Claudia Ara Agrippinensium* wurde allmählich gekürzt zu *Colonia Agrippina* und schließlich zu *Colonia*.

Bei dem Namen *Düsseldorf*, im Jahr 1134 zum ersten Mal schriftlich als *Dusseldorp* erwähnt, spielt wiederum ein Fluss eine tragende Rolle. Das Dorf lag einst am Ufer der *Düssel*, einem kleinen rechtsrheinischen Gewässer in Nordrhein-Westfalen. Dort, wo heute die Düssel am Schlossturm in den Rhein mündet, begann das Dorf über die Jahrhunderte hinweg zur Landeshauptstadt zu wachsen. Der Gewässername wird auf eine Grundform, *Thusila*, zurückgeführt und mit dem deutschen Wort *tosen* etwa im Sinne von »rauschend, brausend« verbunden.

Die schleswig-holsteinische Landeshauptstadt *Kiel* hieß ursprünglich (etwa um das Jahr 1318) in voller Länge *de(r) stadt tome Kyle*. Schon im Jahr 1242 hatte sie das Stadtrecht. Die niederdeutsche Sprache verkürzte den Namen über die Jahre immer mehr. Zunächst ließ man *Stadt, Sted* weg, später verzichtete man auf *tom* (niederdeutsch *zu dem*), und schließlich blieb nur noch *kyle*. Das ist das niederdeutsche Wort für »Keil«, hier bezogen auf die *Förde*, also eine Meeresbucht, die wie ein Keil ins Landesinnere hineinragt. In diesen Zusammenhang gehört auch der *Kiel* eines Schiffes, denn auch der Rumpf eines Schiffes verläuft ähnlich keilförmig nach unten. Salopp übersetzt bedeutet Kiel also »Keil der Ostsee«.

Neben Flüssen, Gewässern und anderen landschaftlichen Besonderheiten gab und gibt es auch Städte, deren Namen auf Tiere zurückzuführen sind. So steht das slawische *Zuerin, Zwerin, Swerin,* latinisiert *Zuarina,* für »tierreiche Gegend«, heute noch bezeugt im polnischen Wort *zwierzyniec* für »Tiergehege, Tiergarten; Pferdegestüt«. Als der Welfenherzog Heinrich der Löwe im Jahr 1160 die Slawen besiegte, gründete er im Westen des heutigen Mecklenburg-Vorpommern eine Stadt, deren Namenherkunft aus *Zwerin* auch heute noch deutlich herauszuhören ist: *Schwerin.* Letzten Endes liegt eine slawische Entsprechung zum Namen der Hauptstadt Baden-Württemberg vor, die hier angeschlossen werden kann.

Unter den Tieren nahm im Mittelalter das Pferd eine ganz besondere Stellung ein. Das ist kein Wunder, hatte es seinerzeit doch die gleiche Bedeutung wie heute das Auto. Herzog Liudolf von Schwaben errichtete im 10. Jahrhundert ein Gestüt, dessen Name über 1000 Jahre später noch allgemein bekannt ist. Er wählte für seine Pferdezucht einen nach drei Seiten abgeschlossenen, natürlichen Talkessel im jetzigen Baden-Württemberg. Der »Stutengarten«, zum ersten Mal erwähnt um das Jahr 1160 als *Stukarten,* später *Stutgarten, Stoutgart* genannt, bekam bald nach dem Jahr 1250 das Stadtrecht und trägt seitdem den Namen *Stuttgart.*

Der Ortsname *Mainz* hat eine lange Entwicklungsgeschichte hinter sich. Man könnte meinen, er bezöge sich auf den *Main,* der ja auf der anderen Seite des Rheins in diesen einmündet. Von den Römern als *Mogontiacum* bezeichnet (Tacitus schreibt *Moguntiacum*), wechselte die Schreibweise von *Moguntia* beziehungsweise *Magantia* zu *Mogancia, Magancia urbis* und *Maguntia.* Im 8. Jahrhundert hieß sie *Magontia,* im 11. Jahrhundert wieder *Moguntiacum* oder abgekürzt *Moguntie.* Das 12. Jahrhundert kannte diese Stadt unter dem Namen *Magonta, Maguntia, Magontie* und *Maguntiam.* Auf einer arabischen Weltkarte ist sie zum ersten Mal mit *ai* verzeichnet, und zwar als *maiansa.* Seit dem 13./14. Jahrhundert veränderte sich ihr Name in lateinischen Quellen von *Meginze* zu *Menze.* In deutschsprachigen Schriften wechselt der Name von *Meynce* über *Meintz, Maentze* zu *Meintze.* Erst im 15. Jahrhundert taucht zum ersten Mal die Schreibweise *Maintz* auf; häufiger ist aber weiterhin von *Menz, Mentze, Meintz* oder *Meyntz* die Rede. Im Barock wiederum bevorzugte man das *ai,* und so setzte sich schließlich im 16. Jahrhundert wieder *Maintz* durch. Mit Ausnahme eines französische Zwischenspiels – *Mayence* hieß die Stadt während der Besetzung im Jahr 1799 – wurde ab dem 18. Jahrhundert an Aussprache und Schreibweise nur noch wenig verändert.

Doch ganz gleich, welche der zahlreichen Varianten man nimmt, jede stammt von einer keltischen Grundform ab, die wir aber nur in lateinischer Form kennen gelernt haben. Letztlich liegt ein keltischer Personenname, wahrscheinlich *Mogontios,* zugrunde, der Ortsname ist daher etwa als »Ort, Siedlung des Mogontios« zu verstehen.

Der Name der bayerischen Landeshauptstadt ist da schon kirchlich korrekter. Heinrich der Löwe ließ im Jahr 1158 bei den Isarinseln, am Platz der heutigen Ludwigsbrücke, einen Gehweg über die Isar errichten, um Geld von allen verlangen zu können, die den Fluss auf der Brücke überqueren wollten. Der Name erscheint bei Heinrich dem Löwen in der Form *apud Munichen,* zu übersetzen als »bei den Mönchen«. Jüngere Theorien, die an eine baskische Herkunft des Namens glauben, können getrost übergangen werden.

Wer den Ortsnamen *Bremen* erklären möchte, darf die noch selbst nähende Hausfrau fragen, was sie unter einem »Spuck-« oder »Rollsaum« versteht, und erhält folgende Erklärung: Wenn man einen zarten und leichten Stoff, etwa Seide oder Chiffon, am Rand einfassen muss, dann geht das am besten unter Zuhilfenahme eines immer feuchten Fingers. Man rollt den Stoff, umsticht ihn mit der Nähnadel und nennt dieses »etwas verbrämen«. Darin steckt ein altes Wort für »Rand, Kante«, mittelhochdeutsch *brem*, »Einfassung«, englisch *brim*, »Rand«, altsächsisch *bremo*, »Rand«, das heute auch noch in der Fachsprache der Kürschner als *Bräme*, »Pelzbesatz«, weiterlebt. Die Stadt *Bremen* entstand auf einer Düne am rechten Ufer der Weser, also »am Rand gelegen«.

19. Kapitel
Grass, Süskind, Heidenreich: Die Namen der Schriftsteller und Literaten

Unsere kurze Reise zu den Wurzeln bekannter, interessanter und berühmter Namen soll mit diesem Kapitel über Namenträger, die des Schreibens weitaus mächtiger sind als ich, sein vorläufiges Ende finden. Gleich danach werden wir uns dann in Teil III mit der Methodik befassen, wie Sie Ihren eigenen Familiennamen erforschen können.

Bereits an anderer Stelle habe ich einige der wohl größten Aushängeschilder deutscher Literatur entzaubert mit dem profanen Hinweis, dass *Goethe* von »Gottfried« und *Schiller* von »schielen« kommt. Um große und bedeutende Werke zu schaffen, die den Tod des Dichters lange überdauern, bedarf es keines eindrucksvollen Namens. Den Beweis dafür liefern unter anderen *Hermann Hesse* und *Bertolt Brecht.* Bei *Hesse* ist die Herkunft der Vorfahren wohl eindeutig. Und bei *Brecht* handelt es sich einfach um die Abkürzung eines Vornamens, wie etwa *Adalbrecht, Engelbrecht* oder *Ruprecht* zum Beispiel. Die Silbe *-brecht,* das wurde bereits an anderer Stelle ausgeführt, ist eine Fortentwicklung des althochdeutschen beliebten Wortes *beraht* für »glänzend«.

Der Nachname des Schweizer Schriftstellers *Max Frisch* enthält ebenfalls eine einfache, allgemein verständliche Aussage. Allerdings bezog sich das mittelhochdeutsche Wort *vrisch* damals nicht auf die Haltbarkeit von Lebensmitteln, sondern auf den Eindruck, den eine Person auf ihre Mitmenschen machte. Sie erschien ihnen zum Beispiel als »jung«, »munter« oder »rüstig« und verdiente deshalb diesen Namen. *Frisch* feierte 1958 einen großen Erfolg mit seinem Hörspiel »Biedermann und die Brandstifter«, der auch unter dem Blickwinkel der Onomastik sehr interessant ist. Jeder hat heute ein klare, eher negative Vorstellung von einem *Biedermann* im Sinne von *bieder* beziehungsweise *Biederkeit*. Ursprünglich war diese Bezeichnung aber ein Kompliment; *bider* hieß »unbescholten, rechtschaffen«. Die deutschen Biedermänner können also aufatmen. Im Grunde ihrer Namenbedeutung sind sie alle »Ehrenmänner«.

Es gibt zahlreiche Beweise dafür, dass großartige und erfolgreiche Literatur keine Domäne der Männer ist, selbst wenn *Ingeborg Bachmann* ein maskulines Anhängsel im Namen trägt und trotz der Tatsache, dass einige der bedeutendsten deutschen Schriftsteller ihre »Männlichkeit« ganz offen zur Schau tragen wie *Thomas* und *Heinrich Mann*. Anders als bei der Endung eines Namens auf *-mann* gibt es nur wenige Interpretationsmöglichkeiten, wenn dieses maskuline Urwort am Anfang oder allein steht. Ein tüchtiger oder besonders tapferer Mann hatte sich das Recht verdient, diese Eigenschaften auch mit seinem Namen offen kundzutun.

Es muss aber nicht immer ein Mann sein. Erfolgreich und berühmt werden kann man auch als »Kind«. Der Name *Süskind* steht auf über acht Millionen Buchrücken des Romans *Das Parfum*. Von dem zurückgezogen lebenden Bestsellerautor, der die Filmrechte für zehn Millionen Euro an Constantin-Film verkauft haben soll, ist nicht viel Privates bekannt. Da er öffentliche Auftritte meidet, kaum Interviews gibt und selbst Einladungen zu zahlreichen Preisverleihungen regelmäßig absagt, kann man nur vermuten, dass seine Persönlichkeit ebenso dem Namen entspricht, wie sie es beim ersten Namenbesitzer getan haben könnte. Jener war ein »süßes Kind«, wobei *süß* als Umschreibung benutzt wurde für einen »Menschen mit angenehmem Charakter«.

Fast das Gegenteil findet sich im Namen des Mannes, der als der einzige lebende deutsche Schriftsteller von Weltrang gilt, *Günter Grass.* Sein Nachname wurde spätestens im Jahr 1959 mit der Veröffentlichung der *Blechtrommel* über alle Landesgrenzen hinweg bekannt. Hierbei handelt es sich um einen besonderen Familiennamen, um den man sich wegen seines anscheinend offensichtlichen Inhaltes keine Gedanken macht. Dabei hat *Grass* wie *Graß* wohl nichts mit einer grünen Wiese oder einem Gärtner zu tun. In diesem Falle würde der Name im Allgemeinen nicht mit doppeltem *s* oder scharfem *ß* geschrieben. Der Name des Literaturnobelpreisträgers wird abgeleitet von dem mittelhochdeutschen Wort *graz* und heißt »zornig, wütend«.

»Das passt ja«, bekomme ich vielfach als Reaktion auf diese Analyse zu hören. Tatsächlich hat Grass in der Vergangenheit aus seinem Herzen nie eine Mördergrube gemacht und stets offen seine Meinung gesagt. Im Jahr 1999 nutzte er die Dankesrede anlässlich der Verleihung des Nobelpreises an ihn, um »den ausufernden Größenwahn des Kapitalismus« anzuprangern, und ein Jahr später fand er angesichts aufkeimender rechter Gewalt wütende Worte über Deutschland als Land voller »Missstände und Skandale, die zum Himmel stinken«. Von sich selbst behauptet der Literaturnobelpreisträger hingegen, er sei zwar ein Mann des Zweifels und der Skepsis. Aber er habe niemals »zornig« geschrieben.

Heinrich Böll ist ebenso wie Grass ein bedeutender Literaturpreisträger, und *Die verlorene Ehre der Katharina Blum* steht ebenso wie *Die Blechtrommel* als Lektürevorschlag im Lehrplan für den Deutschunterricht in deutschen Gymnasien. Während Böll im Jahr 1917 in Köln geboren wurde und dort auch aufwuchs, müssten seine Urahnen in der

Nähe eines nicht näher bezeichneten Hügels gelebt haben. Noch heute leben aber die meisten *Bölls* am Rhein und im deutschen Südwesten. *Böll* enthält einen Hinweis auf etwas Rundes, Kugelförmiges. Das kann ein geographischer Name sein wie etwa in *Bad Boll*; möglich ist aber auch, dass der Name eine unfreundliche Anspielung auf die merkwürdige Figur eines Menschen war. Er wurde Personen angehängt, die eine runde, dickliche und kugelförmige Gestalt hatten. (Der Name des ehemals traditionsreichen Berliner Milchmanns und der späteren Lebensmittelhandelskette *Bolle* hat übrigens die gleiche Herkunft.)

Im Jahr 1947 verabredeten sich auf Initiative von *Hans-Werner Richter* zahlreiche Schriftsteller zu regelmäßigen Treffen, um hier die Manuskripte der anwesenden Autoren vorzulesen, zu kritisieren beziehungsweise auszuzeichnen. Zu den Teilnehmern der Gruppe 47 zählte neben *Grass, Böll* und vielen anderen renommierten Schriftstellern auch *Johannes Mario Simmel*. Der Bestsellerautor, dessen Gesamtauflage die 70-Millionen-Grenze weit überschritten hat, wurde im Jahr 1951 zu einem Treffen eingeladen. Im Titel seines erfolgreichsten Romans macht er darauf aufmerksam, dass es nicht immer »Kaviar« sein muss. Aus der Sicht eines »Bäckers« ist diese Lebensweisheit nur allzu verständlich: *Simmel*, eine Dialektvariante von *Semmel,* ist als Name vor allem bezeugt in Südostbayern und daher ein Berufsübername für jemanden, der tagtäglich »Semmeln« herstellen muss, auch *Semmler* genannt.

Der Nachname des erwähnten Begründers der Gruppe 47, *Hans-Werner Richter*, rangiert heute unter den Top-20 der häufigsten Nachnamen in Deutschland. Man findet ihn stark gehäuft vorwiegend zwischen Hof, Erfurt, Magdeburg, Berlin und Frankfurt an der Oder; es ist aber ein typisch sächsischer Familienname. Die Ursache dafür ist, dass in diesen Gegenden das Amt des Richters auch dem des Dorfvorstehers entsprach, der sich zum Beispiel um die Abgaben an den Gutsherrn zu kümmern hatte. Später wurden diese Personen auch Dorfschulze genannt, was wiederum die Häufigkeit der *Schulzes* erklärt (Platz 7 im Telefonbuch). Zumal das Amt erblich war und somit auch dieser Name von Generation zu Generation weitergereicht wurde.

Gegenwärtig besitzt keine Frau so viel Einfluss auf die deutsche Literaturszene wie *Elke Heidenreich.* Nicht nur, dass sie als Autorin regelmäßig die Bestsellerlisten anführt. Die Bücher, die sie in der populären ZDF-Sendung »Lesen!« empfiehlt, sind oft schon am nächsten Tag in den Buchläden vergriffen. Wie bei dem Musiker Haydn liegt es nahe, an einen heidnischen Ursprung zu denken – der Name *Heidenreich* scheint dazu Anlass zu geben. Jedoch ist sich die Wissenschaft über den Ursprung dieses häufigen Namens (etwa 3500 Telefonteilnehmer) keineswegs einig. Kein Problem macht der zweite Teil des Namens, denn *-reich, -rik* ist zweifellos mit deutsch *reich, Reich* im Sinne von »reich, mächtig, herrscherlich« zu verbinden. Aber *Heide(n)-*? Hier kommen zunächst zwei Möglichkeiten in Betracht: 1. »Heide« im Sinn von »Nichtchrist«; 2. »Heide« als »unbebautes Land, Wildland«, davon abgeleitet »Heidekraut«. Es bedarf keiner großen Überlegung, um zu konstatieren, dass keine der beiden Möglichkeiten wirklich überzeugt. Altgermanische Vornamen – und auf einen derartigen geht *Heidenreich* mit Sicherheit zurück – enthalten weder Hinweise auf »Heidnisches« noch auf »unkultiviertes Land«. Daher ist eine dritte, nicht so unmittelbar erkennbare Möglichkeit vorzuziehen: Es ist das Element *-heit* (der Fachmann spricht von einem *Suffix*), das in Wörtern wie *Schön-heit, Faul-heit, Mehr-heit* bestens bekannt ist. Es gehört zu einer germanischen Wortsippe, die auf eine Grundbedeutung »Art und Weise, Erscheinung« weist und daher in Personennamen erwartet werden kann: gotisch *haidus,* »Art und Weise«, altnordisch *heidr,* »Ehre, Würde«, altenglisch. *hād,* »Wesen, Person, Rang, Würde, Geschlecht«, altsächsisch *hēd* und althochdeutsch *heit,* »geistlicher Stand, Person, Geschlecht«, mittelhochdeutsch *heit*, »Wesen, Beschaffenheit, Rang, Würde«. Auch das deutsche *heiter* gehört hierher.

Selbst ohne die Empfehlung von Frau Heidenreich hat es der Autor *Peter Prange* geschafft, monatelang in den Bestsellerlisten zu erscheinen, unter anderem mit seinem verfilmten Werk *Das Bernstein-Amulett*. Auch privat habe ich ihn als einen sehr netten, humorvollen Menschen kennen gelernt, dessen ansteckende Fröhlichkeit selbst dann nicht verschwand, als ich ihn mit den Ergebnissen meiner Namenforschung konfrontierte. *Prange* ist mittelniederdeutsch und steht für »Pfahl, Stange zum Hemmen, Fesseln oder Klemmen«. Unschwer davon abgeleitet ist der *Pranger,* an den man Rechtsverletzer und solche, die man dafür hielt, stellte. Der ebenfalls bekannte Satzname *Mackeprang* gibt aber nur einen Sinn, wenn man in *-prang* ein anderes Wort sucht. Dieses findet sich in mittelniederdeutsch *prang, prank*, »Kampf, Streit«, und *Mackeprang* ist demnach einer, der »Streit macht, Streit sucht«. Im Mittelniederdeutschen ist *Prankmaker* sogar als »Unruhe-, Kriegsstifter« belegt. Gelegentlich wird es sich bei *Prange* auch um einen Wohnstättennamen handeln, bei dem der Träger einfach nur in der Nähe eines markanten Pfahls gewohnt hat, häufiger aber dürfte der ursprünglich zänkische Charakter namengebend gewesen sein.

Hätten *Albert Einstein*, *Pablo Picasso* oder der Filmstar *Tom Cruise* schon im Mittelalter gelebt, wären sie zweifellos auf den Nachnamen *Link* getauft worden. Zu der deutschen Erfolgsautorin *Charlotte Link* passt der Name hingegen weniger. Sie schreibt mit der rechten Hand – im Gegensatz zu den zuvor genannten Persönlichkeiten, die allesamt über eine genetisch bedingte Dominanz der rechten Gehirnhälfte verfügten und deshalb Linkshänder waren beziehungsweise sind.

Link kann natürlich auch der Name für einen linkischen, also ungeschickten Menschen sein; im Mittelniederdeutschen und Hochdeutschen stand *link* beziehungsweise *linc* für »unwissend«. Da allerdings Linkshändigkeit noch bis vor kurzer Zeit als ein Makel galt und deshalb wie eine Behinderung in der Öffentlichkeit auffiel, ist mit größerer Wahrscheinlichkeit hier ein Anknüpfungspunkt für Namen wie *Link, Linke, Linncke* oder *Linker* zu finden. Selbst Gerhard Schröder hatte noch unter dem Vorurteil zu leiden und wurde in seiner Kindheit deshalb auf die rechte Hand »umgeschult«.

Eine niederdeutsche Entsprechung zum deutschen Wort *links* steckt übrigens auch in *Luchterhand*, das Niederländische kennt ebenfalls das Wort *luchter*, das auch mit dem englischen *left* verwandt ist. Also ein weiterer »Linkshänder«. Selbst ein Ohr kann auffallend sein, und manchmal ist es das linke, wie in den Familiennamen *Linkohr* und *Lingohr*, den zum Beispiel eine Fußballwelt- und -europameisterin trägt.

Der geheimnisvolle Klang des Namens *Kafka* scheint wie für einen Schriftsteller geschaffen, dessen außergewöhnliche Werke keiner bestimmten Stilrichtung zugeordnet werden können. Für deutsche Ohren passt er sowohl zu der Einsamkeit, den Ängsten und der Ohnmacht, die seine Protagonisten als Spielball anonymer Mächte durchleben. In Kafkas Geburtsstadt Prag lässt sein Nachname weniger Spielraum für phantasievolle Assoziationen. Im Tschechischen hat er eine eindeutige Übersetzung, *kavka* ist die »Dohle«. Wie bei *Raab* oder *Rabe* wurde dieser Tiername für Menschen mit schwarzem, dichtem Haar gewählt, was ja auch zur äußeren Erscheinung dieses Schriftstellers passt. Dass Kafkas berühmtes Werk *Der Prozess* auch heute noch, lange nach seinem frühen Tod im Jahr 1924, der Nachwelt erhalten geblieben ist, liegt vor allen Dingen an einem Mann mit dem schlichten Namen *Max Brod.* Dieser hielt sich nicht an Kafkas Testament, in dem er verfügt hatte, den *Prozess* und zwei weitere Romanfragmente zu vernichten. *Brod* kommt nebenbei bemerkt nicht von »Brot«, sondern dürfte ein slawischer Herkunftsname zu *brod,* »Furt«, sein.

Am 11. Mai 1944 äußerte ein junges Mädchen in seinem später weltberühmt gewordenen *Tagebuch* den Wunsch, Schriftstellerin zu werden. Zehn Monate später starb *Anne Frank* im KZ Bergen-Belsen an den Folgen einer Typhus-Epidemie. *Anne Frank* war ein Kind jüdischer Eltern, *Edith Holländer* und *Otto Frank*. Beide hatten damit einen Herkunftsnamen. Otto Frank, am 12. Mai 1889 in Frankfurt am Main geboren, trug in seinem Namen den Hinweis »der aus *Franken*«. Bei der Familie *Holländer*, die ihren Wohnsitz in Aachen hatte, ist der Verweis auf die Niederlande noch deutlicher. Im Namen *Frank* kann sich auch das mittelhochdeutsche *franc* verstecken, das Sie aus der Redewendung *frank und frei* kennen. Zudem ist es in dieser Bedeutung von »frei« weiterhin ein gebräuchlicher Bestandteil unseres Sprachgebrauchs, zum Beispiel bei *frankieren*, »freimachen«. Anne Franks Freiheit endete im Alter von dreizehn Jahren, als sie sich im Juli 1942 gemeinsam mit ihrer Familie vor den Nazis in einem Hinterhaus in der Amsterdamer Prinsengracht 263 versteckte. Heute wird das *Tagebuch der Anne Frank* sowohl als einzigartiges Dokument als auch als Beweis für ihre schriftstellerische Begabung angesehen.

Von den etwa 38 000 Hugenotten, die als Flüchtlinge wegen ihres Glaubens in Deutschland ankamen, zog die überwiegende Mehrheit nach Brandenburg-Preußen. Dorthin hatte sie Friedrich Wilhelm, der Große Kurfürst von Brandenburg, am 29. Oktober 1685 mit dem Edikt von Potsdam eingeladen und damit auch für die gehäufte Existenz der so genannten »Hugenottennamen« in dieser Region gesorgt. Ein berühmtes Beispiel hierfür ist der in Neuruppin geborene Apothekerssohn *Henri Theodor Fontane*. Wie der Name des Politikers Oskar *Lafontaine* geht er auf das französische Wort *Fontaine* für »Quelle« oder »Brunnen« zurück. Weitere bekannte Hugenottennamen sind *Chamisso, Laroche, Linnier, de Maizière* oder *Savigny*.

Immer wieder erhalte ich Anfragen von Ratsuchenden, deren Familiengeschichten auf eine Herkunft von Hugenotten verweisen sollen. Hier hilft fast immer ein einziger Blick auf eine bereits erwähnte Seite im Internet: *www.notrefamille.com*. Dort gibt man in das Fenster mit dem Titel »Entrez un nom« seinen Nachnamen ein, klickt einmal auf die »Enter«-Taste und erhält sowohl die Gesamtzahl der in Frankreich belegten Familiennamen – zunächst für die Zeit von 1966 bis 1990 – als auch die jeweilige Zahl in den einzelnen Departements, falls dort Nachweise bestehen. Nur wenn ein Name in Frankreich auch wirklich sicher und gut bezeugt ist, kann eine hugenottische Herkunft möglich sein, andernfalls gehören die Familiengeschichten in das Reich der Fabel.

Auch Schriftsteller und Forscher, die ihrem Leben der Suche nach außerirdischer Intelligenz gewidmet haben, tragen ganz bodenständige irdische Familienamen – wie der Schweizer *Erich von Däniken,* dessen Name bei der Internet-Suchmaschine *google* täglich rund eine Million Mal von Fans und Kritikern nachgefragt werden soll. *Däniken* ist ein gutes Beispiel dafür, dass Sie bei Zweifeln über Ihre eigene Herkunft zuerst einmal einen Blick auf eine Landkarte werfen sollten. Oft gibt es einen Ort in der Nähe Ihrer Wohngegend, der eine verräterische Ähnlichkeit besitzt mit dem, was in Ihrem Pass steht. Im Fall des Autors und Unternehmers von Däniken, der seine Theorien über außerirdisches Leben mittlerweile in einem »Mystery Park« in Interlaken multimedial in Szene gesetzt hat, ist der Name ein Fingerzeig auf den Ort *Däniken* bei Solothurn.

Passend zum Schluss dieses Kapitels und damit zum vorläufigen »Ende« unser Namengeschichten dürfen wir einen der beliebtesten und erfolgreichsten deutschen Autoren des 20. Jahrhunderts nicht vergessen: *Michael Ende.* Sein Name beschreibt ausnahmsweise einmal das, was er wörtlich aussagt. Der erste Namenträger hatte seinen Wohnsitz am Rande der Siedlung. Wenn man ihn besuchte, musste man weit laufen – nämlich bis ans »Ende« des Dorfes. So wurde die Lage des Hauses zum Namen seiner Bewohner. Die Vorfahren Michael Endes wohnten also »am Ende eines Ortes«, und je nach Art der Betrachtung könnte man das auch für den bevorzugten Wohnsitz des Schriftstellers gelten lassen. Nach einem strengen Winter erinnerte sich Michael Ende an die Schwärmereien von Luise Rinser über das angenehme und sonnige Leben in Italien. Die damals erfolgreichste Schriftstellerin der Nachkriegszeit war eng mit seiner Frau, Ingeborg Hoffmann, befreundet. Anfang der 1970er-Jahre zog er schließlich in das etwa 25 Kilometer vor Rom gelegene Genzano di Roma; in ein Haus, das ihm der bekannte Journalist und Schriftsteller Gustav René Hocke empfohlen hatte. Hocke, seinem Nachnamen nach ein Mann mit einer *Hocke* (einer Traglast), ein »Hökerer«, also ein »Kleinhändler«, war nicht nur ein Freund von Michael Ende, sondern auch der entscheidende Impulsgeber für einige der erfolgreichsten Romane seines neuen Nachbarn. Michael Ende selbst bezeichnete Hockes Werk *Die Welt als Labyrinth* als »Schlüsselroman« für sein Verständnis der phantastischen Kunst, der wir letztlich *Momo* und *Die unendliche Geschichte* zu verdanken haben. Letzteres wäre auch ein passender Titel für ein Buch über Namenforschung.

Teil III
Dem eigenen Namen auf der Spur

Es würde mich sehr wundern, wenn Sie nicht schon lange, bevor Sie diese Zeilen lesen, das Register dieses Buches aufgeschlagen haben, um nachzuschauen, ob Ihr eigener Name darin verzeichnet ist. Trotz der zahlreichen besprochenen Beispiele ist angesichts der Vielfalt deutscher Familiennamen die Wahrscheinlichkeit sehr hoch, dass Sie sich selbst hier nicht entdeckt haben. Gerade dann werden die folgenden Abschnitte für Sie umso interessanter sein. Doch selbst wenn Sie bereits fündig geworden sind, sollten Sie diesen Teil wenigstens überfliegen. Denn auch bei Ihrem Namen ist es möglich, dass sich mehrere Herleitungen in ihm verstecken, von denen vielleicht genau diejenige, die auf Sie zutrifft, nicht besprochen wurde.

Noch vorsichtiger müssen Sie sein, wenn ein Name »nur so ähnlich« klingt oder geschrieben wird. Ein einziger veränderter Buchstabe kann zu einer völlig neuen Sinngebung führen, wie das Beispiel *Heider/Heiden* zeigt. Frau *Heiden* etwa muss bei ihrer Namenforschung »heidnische« Aspekte oder einen nur sporadischen Kirchgänger berücksichtigen, während Herr *Heider* sich nach Vorfahren erkundigen sollte, die auf einem »wilden, unbebauten, ebenen Land« wohnten, also auf der »Heide«. Allerdings macht dieses Beispiel auch deutlich, dass kleine Veränderungen in Aussprache und Schrift manchmal gar keinen Einfluss auf den Sinn haben können. Der umstrittene österreichische Politiker *Jörg Haider* schreibt sich zwar mit *a* statt mit *e*. Dennoch kommt sein Name von der »Heide«.

Das Gesagte war als Mahnung zur Vorsicht gedacht, nicht zur Abschreckung. Ich will Ihren Forscherdrang nicht bremsen, sondern lediglich in ein sicheres Fahrwasser leiten. Schlimm ist es, die Bedeutung seines Namens nicht ermitteln zu können, aber schlimm ist es auch, in falscher Gewissheit zu leben. Ein guter Freund von mir glaubte jahrzehntelang, sein Nachname komme aus dem Polnischen und bedeute »Eierkocher«. Ob sich ein Kollege hier nur einen Scherz mit ihm erlaubt hatte oder ob es ein irriger, aber ernst gemeinter Hinweis war, spielt keine Rolle. Die Wirkung blieb die gleiche. Der Freund hatte keine Lust, mit irgendjemandem über die Bedeutung seines Namens zu debattieren. Bis ich ihn beruhigen konnte, dass *Szymanski* zwar tatsächlich polnischen Ursprungs ist, aber einen ganz anderen Sinn hat. Wie bei dem von Götz George verkörperten TV-Kommissar *Schimanski* handelt es sich um eine Ableitung von *Simon,* polnisch *Szymon, Szyman.* Zugrunde liegt in jedem Fall der mit dem Christentum zu uns gekommene hebräische Name *Schimeon,* zu verstehen etwa als »Erhörung Jahwes« (Gottes).

Also schön. Namenforschung und damit auch die Ermittlung des eigenen Familiennamens ist schwierig und nicht zu Unrecht eine Wissenschaft, die man eigentlich studieren muss. Allerdings will ich Sie mit dieser Feststellung selbstverständlich nicht im Stich lassen. Denn mit etwas Sorgfalt, guten Arbeitsmaterialien und ein wenig Glück kommen Sie auch ohne wissenschaftliche Vorkenntnisse zu einem Ergebnis.

Der Weg zur Erkenntnis besteht dabei aus drei Schritten: Vorbereitung, Herkunft, Analyse. Vergessen Sie also bitte fürs Erste das Ziel Ihrer Wünsche. Stürzen Sie sich nicht sofort auf die einschlägigen Fachbücher und Namenlexika, surfen Sie noch nicht im Internet, um gleich die Bedeutung Ihres Namens zu hinterfragen. Das rate ich Ihnen schon aus Rücksicht auf Ihren Geldbeutel und um Ihnen verschwendete Zeit und Enttäuschungen zu ersparen. Denn Namenforschung hat Konjunktur. Und mit der zunehmenden Begeisterung in der Bevölkerung wächst auch das Interesse windiger Geschäftemacher. Gerade im Internet tummeln sich viele Anbieter, die unter dem Deckmantel »Genealogie« oder »Ahnenforschung« eine Herkunftsanalyse gegen Entgelt versprechen. Manche Dienste sind seriös, doch hin und wieder gibt es »schwarze Schafe«, die einem lediglich wertlose Seiten mit zufällig angeordneten Adressenlisten und nutzlosen Informationen zuschicken. In den USA gab es bereits Prozesse gegen betrügerische Internetdienste, die mit dieser Masche arbeiteten. Für Sie gibt es zunächst einmal gar keinen Grund, einen solchen kostenpflichtigen, teuren Service in Anspruch zu nehmen. Denn zum einen ist die reine Namenforschung lediglich ein Ausschnitt aus dem weiten Feld der Genealogie. Zum anderen gibt es zahlreiche hervorragende und kostenlose Recherchemöglichkeiten, wie zum Beispiel in der gewaltigen Namendatenbank *www.familysearch.com*, auf die ich gleich ausführlicher eingehen werde. Denn zunächst einmal ist es für die richtige Namenanalyse weitaus wichtiger, dass Sie sich gut vorbereitet die Frage stellen: »Wo komme ich eigentlich her?«

1. Kapitel
Die richtige Vorbereitung

Ich habe Ihnen anfangs versprochen, mit Ihnen auf eine Reise in die Vergangenheit zu gehen. Jetzt müssen wir die Koffer dafür packen. Und es müssen große Koffer sein, denn das Mindestrüstzeug, das Sie brauchen, ist ein internetfähiger Computer mit CD-ROM-Laufwerk. Ich möchte an dieser Stelle nicht auf die technischen Voraussetzungen eingehen, die Sie benötigen, um ins Internet zu gelangen. Sollten Sie bislang noch nicht »online« sein, dann würde Ihnen eine kurze Einführung von mir an dieser Stelle jetzt auch nicht weiterhelfen. Ich selbst musste als hoffnungsloser Computerlaie erst von meiner Tochter erfahren, dass es so etwas wie E-Mails gibt. Und ich stellte fest, dass es sich in diesem Punkt wie mit dem Fahrradfahren verhält: Man kann darüber so viel lesen, wie man will – letztlich braucht man jemanden, der es einem zeigt, und dann muss man selbst eigene Erfahrungen sammeln. Schauen Sie sich also in der Verwandtschaft, im Freundes- und Kollegenkreis einmal um, wer Ihnen hier Hilfestellung geben könnte. Ein Tipp: Sollte sich wider Erwarten kein Kollege, Neffe, Enkelkind oder Nachbar dazu bereit erklären, finden Sie in vielen Bibliotheken mittlerweile internetfähige Computer. Die Angestellten werden Ihnen gerne helfen. Natürlich können Sie auch einen Volkshochschulkurs belegen. Und wer doch von Anfang an schriftliche Informationen braucht, ist mit der anschaulichen Einführung von Helmut Ivo, *Familienforschen leicht gemacht*, Sankt Pölten 2004, gut beraten, da sich dessen Hinweise ab Seite 80 bereits auf das konkrete Thema beziehen.

Daneben wäre es sehr hilfreich, wenn Sie sich wenigstens eines der beiden populärwissenschaftlichen Standardwerke wie den *Familiennamen-Duden* beziehungsweise den *dtv-Atlas Namenkunde* (auch auf CD-ROM) zulegen könnten: am besten beide, sie ergänzen sich hervorragend. Vielleicht gibt es diese Bücher ja auch in einer Bibliothek in Ihrer Nähe. Zuletzt schafft eine Telefonbuch-CD-ROM die optimalen Voraussetzungen für den Start unserer Reise.

Ordnung schaffen

Doch bevor es losgeht, müssen wir noch einmal eine kleine Pflichtarbeit erfüllen. Wenn Sie sich auf die Suche nach den Wurzeln Ihrer Herkunft begeben, ohne zuvor einige Vorbereitungen getroffen zu haben, werden Sie häufig mit einer Fülle von Informationen und Fakten fast erschlagen, sodass Sie schon nach kurzer Zeit keinen Überblick mehr haben. Damit Ihnen nicht schon bald die Lust vergeht, empfehle ich Ihnen an dieser Stelle die Anschaffung eines Aktenordners, in dem Sie alle Hinweise über Ihren Namen abheften. Ob Sie das chronologisch geordnet tun oder nach Quellen sortiert (etwa nach Internetquellen, eigenen Quellen aus der Familie, aus Zeitungen, Büchern usw.), bleibt Ihnen überlassen. Nur zwei Dinge sind wichtig, gerade wenn Sie sich der Hilfe elektronischer Medien bedienen: Drucken Sie alles aus, was Sie bei Ihrer Recherche im Internet oder auf Info-CD-ROMs für wichtig erachten. Und notieren Sie sich die genaue Fundstelle, damit Sie sie später wiederfinden.

Wenn Sie mit dem eigenen Computer arbeiten, sollten Sie sich auch hier einen Datei-Ordner anlegen, in dem Sie – spiegelbildlich zu dem realen Aktenordner – alle Dokumente und Fundstellen speichern. Auch hier gilt: Wie Sie diesen Ordner untergliedern und führen, bleibt Ihnen überlassen. Machen Sie es nicht zu kompliziert. Allerdings sollte auch der virtuelle Ordner nach Möglichkeit den gleichen Aufbau wie der reale in Ihrem Bücherschrank haben.

»Zerlegen« Sie Ihren Namen

So ausgerüstet und gewappnet kann es mit der »Aufwärmphase« beginnen. Machen Sie sich Stück für Stück mit Ihrem eigenen Namen vertraut, indem Sie ihn in seine Bestandteile zerlegen. Anhand der Beispiele in diesem Buch haben Sie sicher gesehen, dass es oft auf die Endung eines Namens ankommt. Schreiben Sie deshalb Ihren Namen auf ein Blatt Papier. Sie können ihn auch gleich im PC in ein Word-Dokument eingeben. Nun zerlegen Sie ihn in einzelne Silben. Was bleibt für ein Wortstamm übrig, wenn Sie das Ende weglassen? Wenn Sie zum Beispiel *Beierle* heißen, dann ist höchstwahrscheinlich *Beier* das Sinn gebende Element und *le* nur ein Suffix, das für die Bedeutung zunächst zweitrangig ist.

Bei längeren Worten sollten Sie eine onomastische Variante von »Scrabble« spielen: Versuchen Sie, aus Ihrem Nachnamen so viele Wortkombinationen wie möglich zu bilden, natürlich ohne die Buchstaben zu vertauschen. Ergeben die

Silbenelemente Ihres Namens einen Sinn, selbst wenn man den Rest weglässt? Der Name *Strohschein* zum Beispiel ist offensichtlich eine Verbindung aus »Stroh« und »Schein«. Doch Vorsicht. Wir sind erst in der Vorbereitung. Ziehen Sie jetzt noch keine voreiligen Schlüsse. Bedenken Sie, dass die Sprache danach strebt, unverständlichen Namen einen neuen Sinn zu geben, und dieser ist manchmal – ein übles Wortspiel – Blödsinn, also sinnlos.

Notieren Sie sich Ihre Gedanken besser als Fragen, als einen Verdacht, den Sie später überprüfen. Bei *Beierle* wären es die Fragen: »Was bedeutet *Beier*?«, »Kommt *Beier* vielleicht von *Bayer* oder von *Bayern*?«, was an und für sich gut möglich wäre. Dass der Name anders erklärt werden muss – die Verbreitung spricht gegen eine Verbindung mit *Bayer(n)* –, ist erst später von Bedeutung. Wir werden die Fragen der Streuung der Namen noch eigens erörtern.

Im Zusammenhang mit dem als Beispiel gewählten Namen *Strohschein* ergeben sich folgende Fragen: »Hat dieser Name etwas mit Stroh zu tun?« »Kann Stroh scheinen?« »Ist das wirklich eine sinnvolle Kombination?« »Liegt etwa eine spätere Umdeutung eines fremden, unverständlichen Namens vor?«. Überlegen Sie, ob *Strohschein* wirklich als Name einen Sinn ergibt. Wenn nicht – wie gerade in diesem Fall –, ist allerhöchste Vorsicht geboten. Lösen Sie sich von der angeblichen Bedeutung und prüfen Sie zunächst, wo der Name vor allem vorkommt (dazu gleich mehr). Sie werden sehen, dass er auch 60 Mal in Polen bezeugt ist und dort auch 26 Mal in der Schreibung *Stroschein*; das muss einen Grund haben, und die Schreibung ist ungewöhnlich. Aber das ist noch längst nicht alles: In Polen erscheint er ferner 27 Mal als *Stroszain,* 20 Mal als *Stroszajn,* acht Mal als *Stroszejn.* Sie sehen, er entfernt sich von vom deutschen Namen *Strohschein* und muss ganz anders erklärt werden.

Wenn Sie jetzt skeptisch geworden sind, sind Sie auf dem richtigen Weg. Überprüfen Sie nochmals das Vorkommen in Deutschland anhand eines Telefonbuchs oder einer Telefonbuch-CD, und Sie werden erkennen, dass es hierzulande nicht nur die Schreibung *Strohschein* gibt, sondern auch *Strohschän, Strohschänk, Strohschen, Strohschenk, Strohschön.* Und damit ist die Analyse aus *Stroh* und *schön* mit Sicherheit als Irrtum entlarvt. Der Name gehört in einen ganz anderen Zusammenhang: Die polnischen Belege weisen auf das Wort *pstrong* hin, das heißt »Forelle«.

Sie sollten erkennen: Am Anfang ist alles erlaubt. Lassen Sie Ihrer Phantasie freien Lauf, wenn Sie Ihren Namen zerlegen. Spielen Sie dabei auch mit den Vokalen. Wie klingt Ihr Name, wenn Sie ihn anders aussprechen? Bei dem sehr häufigen Familiennamen *Döring* (über 9000 Telefonteilnehmer) zum Beispiel müssen Sie gleich mehrere Buchstaben und die Aussprache verändern, um die Bedeutung zu erkennen. Die Erklärung ist einfach: Es ist die niederdeutsche Form von *Thüringer*, »aus Thüringen stammend«. Auch die Namen *Ober-* und *Untertürkheim* in Stuttgart, wo heute Autos mit einem Stern als Wahrzeichen gebaut werden, zeigen an, dass hier einmal Thüringer gesiedelt haben. Türken kamen erst Jahrhunderte später ins Land.

Gehen Sie auf Tuchfühlung

Ich habe einen Bekannten, der, sobald er in eine fremde Stadt kommt, sofort das Telefonbuch aufschlägt und nach Namensvettern sucht. Wird er fündig, ruft er denjenigen oder diejenige an, um zu erfahren, ob sie vielleicht mit ihm verwandt sind oder zumindest gemeinsame Bekannte haben. Er tut dies aus Zeitvertreib und nicht aus Gründen der Namenforschung, denn die Bedeutung seines eigenen Nachnamens ist ihm längst bekannt. Dennoch ist diese Form der Kontaktaufnahme ein erster möglicher Schritt. Im Zeitalter des Internets eröffnen sich hier natürlich viel bequemere und kostengünstigere Wege: Mit dem Aufkommen von Suchmaschinen, die das Internet nach Schlagworten durchsuchen, hat sich für das Verhalten meines Freundes sogar ein eigenes Wort herausgebildet: *Ego-googeln.*

Immer mehr Menschen geben in regelmäßigen Abständen den eigenen Namen zum Beispiel in die Maske der weltgrößten Suchmaschine *Google* ein (*www.google.de*), um zu erfahren, wie häufig und auf wie vielen Seiten darüber geschrieben wurde.

Ich empfehle Ihnen auch diesen Schritt. Und zwar ausdrücklich nicht, um hier sofort per Mausklick eine Antwort auf Ihre Frage zu erhalten. Ganz im Gegenteil muss ich Sie sogar vor überzogenen Hoffnungen warnen. Es gibt zwar zahlreiche Foren und Newsgroups, in denen über Namenforschung diskutiert wird. Doch das Internet ist hier Segen und Fluch zugleich. Auf der einen Seite erreicht man in Sekundenschnelle hilfsbereite Menschen rund um den Globus. Ihre privaten Auskünfte zur Herkunft des Namens sind jedoch meistens falsch und entspringen häufig einer blühenden Phantasie. Solche Einträge im Internet kann natürlich niemand überprüfen, geschweige denn korrigieren. Dennoch vermittelt Ihnen das »Ego-Surfen« einen ersten Hinweis auf die Vielschichtigkeit Ihres Namens. Sie werden auf private Homepages von Namenverwandten stoßen, auf Firmen, die sich mit Ihrem Nachnamen schmücken, und vielleicht finden Sie sogar etwas über sich selbst heraus. Für *Udolph* zum Beispiel brauchte die Suchmaschine 0,22 Sekunden, um etwa 13600 Einträge auszuspucken. Selbstverständlich betreffen die wenigsten davon meine eigene Person.

Nebenbei bemerkt: Der Name *Google* ist die Abwandlung eines amerikanischen Kunstwortes *googol,* das auf Deutsch wie »Gugel« ausgesprochen wird, aber mit einer »Kugel« nichts zu tun hat. Der US-Mathematiker Milton Sirotta erfand dieses Wort, um eine Zahl mit einer Eins und hundert Nullen zu beschreiben. Die Google-Erfinder Larry Page und Sergej Brin »borgten« es sich als Synonym für die Fülle der Websites und Homepages im weltweiten Netz.

Wenn Sie meinen, beim ersten »ziellosen« Durchstöbern im Internet anhand Ihres eigenen Namens auf etwas gestoßen zu sein, das Ihnen weiterhelfen könnte, dann notieren Sie es sich sowohl im Computer als auch auf Papier. Machen Sie eine Notiz, die Sie abheften. Am besten, indem Sie sich einen Ausdruck machen. Notieren Sie sich alle Auffälligkeiten. Ganz besonders, wenn Sie merken, dass es eine Häufung von gleichen Namen in einem bestimmten geographischen Gebiet gibt. Das könnte der erste wichtige Hinweis auf Ihre Herkunft sein. Und damit wäre die Vorbereitungsphase abgeschlossen, der Koffer gepackt, und es kann endlich richtig losgehen.

2. Kapitel
Die Herkunft Ihres Namens

Es ist schlicht unmöglich, die genaue Bedeutung Ihres Namens zu bestimmen, wenn Sie Ihre Herkunft nicht kennen. Das prominente Beispiel *Rakete* hat gezeigt, dass die Deutung davon abhängt, ob der Träger französische oder slawische Vorfahren hatte. Nun bin ich mir natürlich bewusst, dass Ahnenforschung ein sehr langwieriger Prozess ist, besonders wenn es in der Verwandtschaft keinen Menschen mehr gibt, der einem Näheres über die Familiengeschichte erzählt. Dennoch kann ein Griff zum persönlichen Telefonbuch nicht schaden. Wenn nicht andere Gründe dagegen sprechen, sollten Sie alte Familienbande wiederherstellen und mit jedem in Kontakt treten, der Ihnen etwas über Ihren Stammbaum verraten kann.

Parallel dazu sollten Sie im Internet die Seite *www.telefonbuch.de* öffnen. Hier hält die Deutsche Telekom alle aktuellen Telefonnummern per Mausklick bereit. Die Eingabemaske verlangt zwar von Ihnen, dass Sie neben dem Nachnamen auch noch den Ort angeben, wo Sie suchen wollen. Doch das ignorieren Sie einfach. Denn die örtliche Streuung wollen Sie ja gerade herausbekommen.

Nachdem Sie also auf »Suchen« geklickt haben, achten Sie

bitte gleich auf die Zahl, die rechts oben in dem sich neu öffnenden Fenster erscheint. Wenn es nicht zu viele sind, zeigt es die Anzahl der gefundenen Nameneinträge. Jetzt erhalten Sie einen ersten Überblick darüber, wie häufig Ihr eigener Nachname in Deutschland laut Telefonverzeichnis verbreitet ist. Hinter den einzelnen Namen finden Sie auch die dazugehörenden Orte. Doch leider hat dieser schnelle Weg mehrere Haken: Zum einen können Sie immer nur zwanzig Einträge auf einmal sehen. Und das erweist sich als sehr mühselig, wenn Sie denselben Nachnamen haben wie mehrere tausend Teilnehmer auch. Außerdem können Sie nur mit Fleißarbeit wirklich herausbekommen, in welchen Orten besonders viele Menschen gleichen Namens leben. Letztlich müssen Sie alle Firmen- und Gewerbenamen ignorieren.

Wenn Sie sich also bis hierhin noch nicht sicher sind, wo sich die Wurzeln Ihrer Familie befinden und in welcher Gegend es eine auffällige Namenhäufung gibt, dann führt kein Weg an einem kostenpflichtigen Telefonregister vorbei.

Die Namenforschung hat erst vor wenigen Jahren entdeckt, welches Potenzial Telefonverzeichnisse enthalten. Da inzwischen fast jeder Haushalt in Deutschland einen Telefonanschluss besitzt, ist damit in diesen Verzeichnissen auch nahezu jeder deutsche Familienname enthalten. Am schnellsten und besten kommt man mit Sammlungen auf CD-ROM zurecht. Nehmen Sie nicht eine neue oder die neueste CD. Sie wollen ja keine aktuelle Telefonnummer ermitteln, sondern die historische Entwicklung eines Namens erfahren. Außerdem sparen Sie Geld, wenn Sie eine ältere Ausgabe (etwa durch eBay, amazon oder auf anderen Internetmarktplätzen) erwerben.

Wie schon mehrfach betont, ist die Verbreitung eines Namens von entscheidender Bedeutung. Ich verzichte nur in äußerst seltenen Fällen darauf – etwa wenn es sich um »aussterbende« Namen handelt, bei denen es weniger als zehn Telefonanschlüsse gibt. Aber schon die Streuung von fünf oder sechs Einträgen an einem Ort kann auch Ihnen einen entscheidenden Hinweis auf die Herkunft Ihrer Familie liefern. Ich selbst nutze eine durch puren Zufall entdeckte CD-ROM. Der Onomastikstudent Bernd Liebau entdeckte sie auf dem Grabbeltisch im Media-Markt in Leipzig und kaufte sie für fünf Euro. Es ist die Telefon-CD »DT-Info & Route« aus dem Jahr 1998. Die Verpackung enthält keinerlei Hinweis auf die Firma, die diese CD hergestellt hat. Das hat einen guten Grund: Es handelt sich um eine »schwarz« gebrannte, also widerrechtlich erstellte Kopie einer Telekom-Telefon-CD, für deren Benutzung ich allerdings eine Ausnahmeberechtigung durch die Rechtsabteilung der Deutschen Telekom erhalten habe. Für »normale« Nutzer ist diese Telefon-CD kaum noch interessant; ihre Daten sind ja hoffnungslos veraltet, man wird Zehntausende von aktuellen Telefonnummern nicht mehr finden. Aber für Namenforscher wie mich (und vielleicht bald auch für Sie?) ist sie von allerhöchstem Wert. Diese CD ist leider nicht mehr im Handel erhältlich, die Telekom hat Prozesse geführt, um den Vertrieb zu untersagen. Aber wenn Sie Glück haben, erwischen Sie noch die eine oder andere bei eBay, bei anderen Internetversteigerern oder auf dem Flohmarkt.

Dieser Zufallsfund des Leipziger Studenten hat sich als wahrer Segen für die deutsche Onomastik erwiesen, da diese CD sozusagen einen »Webfehler« enthält, der sie für Familiennamenforscher zu einer wahren Fundgrube werden lässt. Markiert man bis zu 999 Namen, so stellt sie auf einen Klick hin die jeweiligen Namen auf einer Deutschland-Karte dar. Eine weitere Funktion erweist sich ebenfalls als sehr hilfreich. Mit der Einstellung »Zoomen« können stufenlos Ausschnitte aus der Gesamtkarte hergestellt werden, die die Verbreitung in einzelnen Regionen deutlicher werden lassen.

Falls Sie sich eine Telefon-CD-ROM zulegen wollen (aber nochmals gesagt: die Darstellung der Streuung bietet nur DT-Info & Route), achten Sie bitte auf ein Erscheinungsdatum etwa zwischen den Jahren 1996 und 1998. Das hat zwei Gründe: Zum einen ist der Nachholbedarf an Telefonanschlüssen in den neuen Bundesländern in dieser Zeit gestillt worden. Im Jahr 1998 erreichte der Ausstattungsgrad mit Telefonen nach Angaben der Regulierungsbehörde für das Telefon- und Fernmeldewesen in den neuen Bundesländern 98,5 Prozent. Außerdem kann man bei diesen CDs in einem Arbeitsgang bis zu 999 Namen exportieren, also etwa in ein Word-Programm überführen. Bei Ausgaben ab dem Jahr 1999 verhindert dieses eine aus Datenschutzgründen installierte Sperre; nun können nur noch 75 Namen auf einmal bearbeitet werden. CDs jüngeren Datums sind auch deshalb nicht zu empfehlen, weil seitdem die Mobiltelefone den Markt zu erobern begannen. Deren Daten sind nicht verzeichnet; sie können also für die Lokalisierung von Familiennamen auch nicht verwendet werden. Es ist deshalb ein Glücksfall für die deutsche Familiennamenforschung, dass zwischen der Vergrößerung des Telefonnetzes in den neuen Bundesländern und der Handy-Zunahme zeitlich ein schmaler Korridor existierte, in dem Verzeichnisse entstanden, die unsere speziellen Bedürfnisse erfüllen.

Sollte Ihre CD-ROM nicht die Möglichkeit bieten, Verbreitungs- und Streuungskarten aufzuzeigen, so stehen Ihnen hierfür auch andere Wege offen. Als einer der ersten Forscher hat Professor Dr. Konrad Kunze (Freiburg i. Br.) zusammen mit seinem Sohn, einem EDV-Fachmann, ein entsprechendes Software-Programm entwickelt. In zwei Publikationen kann man etwas darüber nachlesen[15], sodass ich hier nicht näher darauf einzugehen brauche. Kunze bietet es auch im Internet an und erstellt gegen geringe Gebühr eine derartige Karte. Sie finden die Kontaktadresse unter *www.germanistik.uni-mainz.de/dfa/kontakt.htm*.

Der zweite Fachmann auf diesem Gebiet ist Dr. Volkmar Hellfritzsch (Stollberg), der Familiennamen und Ortsna-

15 K. Kunze, dtv-Atlas Namenkunde; Vor- und Familiennamen im deutschen Sprachgebiet, 4. Aufl., München 2003, S. 198ff.; K. Kunze, R. Kunze, Computergestützte Familiennamen-Geographie, in Zeitschrift: Beiträge zur Namenforschung. Neue Folge, Band 38, Heft 2, Heidelberg 2003, S. 121–224 (mit 57 Verbreitungskarten).

men untersuchte und zusammen mit seinem Schwiegersohn ein EDV-Programm ausgearbeitet hat, das entsprechende Karten liefert.

Wer sich im Internet auskennt, kann nun dort auch verschiedene Programme zum Erstellen von Verbreitungskarten kostenlos herunterladen und nutzen. Es handelt sich zum einen um »Das Postleitzahlen-Diagramm«, das auf der Web-Seite *www.klaus-wessiepe.de* gratis angeboten wird. Eine zweite Möglichkeit hat sich vor wenigen Monaten eröffnet: Es ist das kostenlos downladbare Programm »Geogen« von Christoph Stöpel, *www.christoph-stoepel.de*. Der Name steht für »geografische Genealogie«, also ortsbezogene Ahnenforschung. Die Installierung erfordert etwas Zeit, lohnt sich aber.

Wie notwendig und hilfreich Streuungskarten sind, will ich nochmals an ausgewählten Beispielen verdeutlichen.

Oben haben wir bereits beim Thema Vorbereitung herausgefunden, dass die Veränderung des Namens *Döring* zu *Düring* beziehungsweise *Thüring* ein Hinweis auf seine Bedeutung oder Herkunft sein kann. Der Blick auf die Verbreitungskarte bestätigt jetzt den Anfangsverdacht.

Er ist vorwiegend in Norddeutschland, aber besonders in dessen südlichem Teil, angrenzend an Thüringen, bezeugt.

Der Namenforscher kann anhand dieser Verbreitungskarte übrigens auf ein interessantes Phänomen eingehen, das Sprachwissenschaftler »die zweite Lautverschiebung« nennen. Das klingt komplizierter, als es ist; es verrät viel über die Entwicklung unserer Sprache und Gemeinsamkeiten mit anderen Sprachen in Europa. Einem *d* im Niederdeutschen und Englischen entspricht häufig ein *t* im Hochdeutschen, wie die folgenden Beispiele klarmachen: Das niederdeutsche *dochter* (englisch *daughter*) ist hochdeutsch *Tochter;* das niederdeutsche wie englische *deep* heißt hochdeutsch *tief,* das niederdeutsche *dor* (englisch *door*) entspricht dem hochdeutschen *Tor.* Und auch das Verhältnis

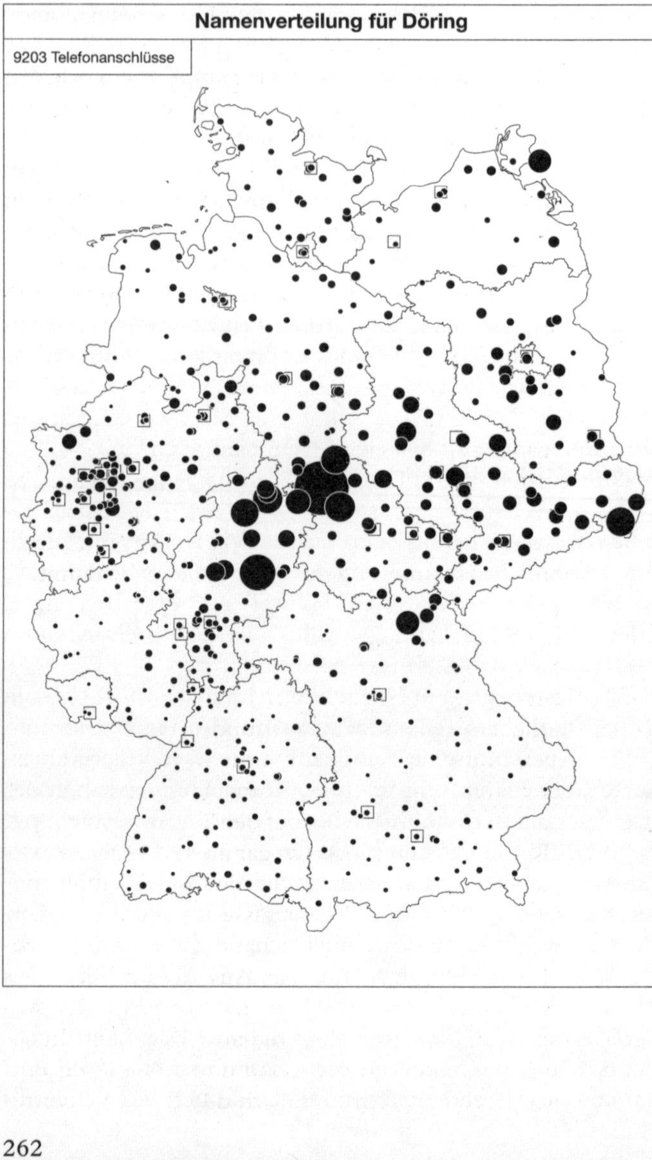
Namenverteilung für Döring
9203 Telefonanschlüsse

von *ö und ü* in *Döring* und *Thüringen* besitzt eine Reihe von Parallelen: Der niederdeutsche *Köster* heißt hochdeutsch *Küster,* der niederdeutsche *Möller* ist hochdeutsch ein *Müller*. Diese Vergleiche zeigen ganz klar: *Döring* ist mit seinem *d* und *ö* ein niederdeutscher Name. *Thüringen* ist hochdeutsch.

In Deutschland tragen 130 Telefonteilnehmer den Namen *Kais*. Der exotisch anmutende Name ist von der Person, die mich einst um eine Analyse bat (und die selbst aus der Slowakei stammt), mit dem Iranischen in Verbindung gebracht worden, weil es dort einen arabischen Dichter mit dem Namen *Kais* gebe. Diese Iran-Vermutung kann man durch einen schnellen Blick auf die Verbreitungskarte (S. 264) widerlegen. Dafür zeigt sie zu große Häufungen in Süddeutschland, wobei der Raum um Stuttgart besonders auffällt.

Dem entspricht die Deutung: *Kais* hat westschwäbische Sprachwurzeln und kommt von *Käs(e)*. Auch das Ostfränkische kennt die Entwicklung von *ä* zu *ai (ae)*. Also produzierte der Vorfahre von Herrn *Kais* Käse oder er handelte damit.

Die internationale Recherche

Namen kennen keine Grenzen. Im Lauf der Jahrhunderte haben Menschen aus zahlreichen Gründen ihren ursprünglichen Lebensraum beziehungsweise ihr Herkunftsland verlassen oder verlassen müssen. Meist machten sie sich in der Hoffnung auf ein besseres Leben auf den Weg in fremde, weit entlegene Regionen, wenn sie nicht gar auf der Flucht waren oder vertrieben wurden. Gerade die deutsche Familiennamenlandschaft ist durch die Ereignisse im und nach dem Zweiten Weltkrieg gewaltig durcheinander geschüttelt worden. Mit den zwölf bis 15 Millionen Aussiedlern, Vertriebenen und Flüchtlingen kamen ebenso viele Namen in das heutige Deutschland. Und der Strom riss auch danach nicht ab. Ich wohne in der Nähe von Friedland und sehe die Zuwanderer immer noch fast jeden Tag durch den Ort schlendern.

Namenverteilung für Kais

90 Telefonanschlüsse

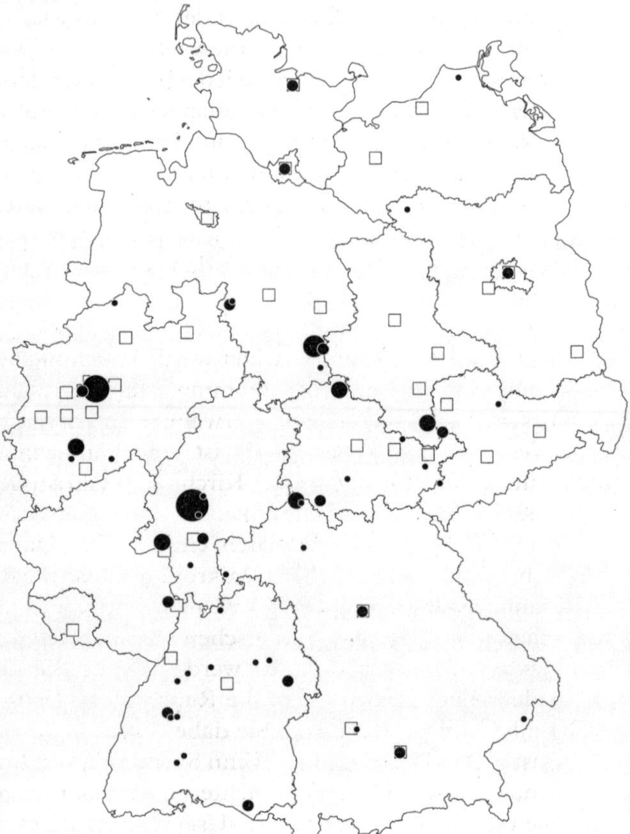

Die Frage nach der Herkunft kann also ohne eine internationale Betrachtung gar nicht mehr vonstatten gehen. Auch hier hilft das Internet und noch dazu kostenlos. Es gibt verschiedene Seiten, die man unbedingt aufsuchen sollte, und einige, die je nach Herkunft des Namens wichtig sind. Die nachfolgenden Seiten werden jetzt vielen sicher etwas »technisch« anmuten. Ich bitte jedoch um Nachsicht, dass ich hier tiefer gehen muss. Wir haben jetzt ein Stadium in Ihrer Namenforschung erreicht, an dem Ihnen allgemeine Tipps nicht mehr weiterhelfen. Ich empfehle Ihnen, sich kurz anhand der Abschnittüberschriften einen ersten Überblick zu verschaffen. Je nachdem, wo Sie einen Herkunftsverdacht haben, können Sie sich dann ja mit den Details beschäftigen.

So wie ich bei meiner täglichen Arbeit werden auch Sie bei Ihrer Recherche nicht daran vorbeikommen, einen Blick auf die in diesem Buch schon häufig erwähnte Internetseite *www.familysearch.com* zu werfen. Es ist eine Familiennamensammlung der Mormonen, der Kirche Jesu Christi der Heiligen der Letzten Tage in Amerika, die schätzungsweise rund zwei Milliarden Personendaten enthält. Die Daten sind gesichert auf Millionen von Mikrofilmrollen, die in einem Granitgewölbe liegen. Dort wird auch eine Kopie der Daten sicher verwahrt, die von Menschen aus aller Welt auf der *familysearch*-Seite hochgeladen werden. Wenn Sie die Seite geladen haben, geben Sie in die Rubrik »Last Name« Ihren Familiennamen ein. Lösen Sie dabei *ä, ü, ö* in *ae, ue, oe* auf, sonst gibt es kein Ergebnis. Wenn Sie nur Namen finden wollen, die völlig mit dem gesuchten übereinstimmen, klicken Sie unten links vor der Zeile »Use exact spelling« in das freie Feld. Wollen Sie auch ähnliche Namen erhalten, unterlassen Sie das Anklicken. Das kann hilfreich sein, um Namenvarianten zu finden, und ist nicht selten der Schlüssel zum Erfolg.

Klicken Sie schließlich auf »Search«; es erscheint eine Seite mit Ergebnissen: Bei familysearch werden die Daten nach Regionen aufgelistet, für uns sind zumeist wichtig »Continental Europe« und »Germany«. Noch ein wichtiger Hinweis, der leicht übersehen wird: Steht am Ende einer dieser Rubriken etwa folgende Zeile, *Matches: International Genealogical Index/Germany – over 25,* klicken Sie diese unbedingt an! Es erscheint eine neue Seite mit zum Teil Hunderten von Namen, die entscheidend sind. Da diese Fülle nicht auf der ersten Seite untergebracht werden kann, schob man die Daten in eine Unterabteilung, die man aber unbedingt beachten sollte.

Mit den Ergebnissen der familysearch-Datei werden Sie nach meinen Schätzungen in circa 70 bis 80 Prozent der Fälle erkennen, woher Ihr Name kommt. Diese Sammlung ist neben der Recherche in einer Telefon-CD wirklich unerlässlich für die Suche nach den eigenen Vorfahren. Ich gehe hier jetzt nicht auf die gelegentlich fehlerhaften Schreibungen der Namen und auf die veralteten geographischen Bezeichnungen ein. Sie werden zum Beispiel noch *Preußen, Hannover* oder *Oldenburg* als Länderbezeichnungen finden. Trotz weiterer kleinerer Unzulänglichkeiten ist der große Wert der Sammlung dadurch für Sie nicht wesentlich beeinträchtigt.

Französische Herkunft

Immer wieder vermuten Menschen, dass sie von Hugenotten, den kalvinistischen Flüchtlingen aus Frankreich, abstammen. Oft musste ich die Fragenden enttäuschen, denn nur in den seltensten Fällen stimmte diese Vermutung. Es gibt zwei Möglichkeiten, Sicherheit zu gewinnen. Zum einen hilft ein Blick in unser Standardwerk: J. Zamora, *Hugenottische Familiennamen im Deutschen*, Heidelberg 1992. Zum anderen ist zu prüfen, ob der Name in Frankreich überhaupt nachgewiesen ist. Das müsste der Fall sein, wenn die Vorfahren aus diesem Land gekommen wären. Und dazu gibt es eine exzellente Webpage im Internet mit dem Namen *www.notrefamille.com*. Nach dem Öffnen der Seite, die mit viel Werbung umrandet ist und dadurch etwas unübersichtlich wirkt (lassen Sie sich davon nicht abschrecken!), geben Sie den gesuchten Namen in die Rubrik »Entrez un nom« ein und klicken die Eingabetaste (»Enter«). Es erscheint eine Frankreich-Karte (mit Übersee-Départements) und einer Gesamtzahl der gefundenen Namen. Wenn Sie zum Beispiel den Namen *Patet* eingeben, erhalten Sie als Ergebnis, dass er in Frankreich zwischen 1966 und 1990 mit 62 Geburten bezeugt ist. Unterschiedliche Blautöne in der grafischen Darstellung, die Sie mit dem Ergebnis erhalten, lassen Schwerpunkte erkennen. Wenn Sie mit dem Cursor auf ein Département fahren, erscheint die dort nachgewiesene Zahl der Geburten. Sie können auch verschiedene zeitliche Perioden auswählen.

Wir haben hier ein perfektes Arbeitsmittel für die Familiennamenforschung in Frankreich. Bei »Hugenottenverdacht« genügt ein Blick in diese Datei, um fast immer sagen zu können: »ja« oder »nein«. Oft musste ich feststellen, dass der mutmaßliche Hugenottenname in Frankreich kein einziges Mal vorkommt: ein sicheres Zeichen, dass er also nicht von hier kommen kann.

Deutungen französischer Namen lassen sich auch gut dem Buch von M. Morlet, *Dictionnaire étymologique des noms de famille*, Paris 1997, entnehmen. Hilfreich für die nördlichen und nordöstlichen Regionen ist auch F. Debrabandere, *Verklarend Woordenboek van de familienaamen in België en Noord-Frankrijk*, Bd. 1–2, Brüssel 1993, neuere Auflage unter dem Titel: F. Debrabandere, *Woordenboek van de familienaamen in België en Noord-Frankrijk*, 2. Aufl., Amsterdam/Antwerpen 2003.

Niederländische Herkunft

Der Nordwesten Deutschlands grenzt an die Niederlande, an Luxemburg und Belgien. Auch hier sollte man nicht mehr ohne das Internet arbeiten. Für die Niederlande unbedingt zu empfehlen ist die Seite *www.familienaam.nl*. Hier kann man die Häufigkeit von mehr als 60 000 Familiennamen ermitteln, zudem erhält man oft schon Informationen über die Herkunft des Namens und kann in einer Karte deren Verbreitung ermitteln. Mit einem Klick kann man von der Niederlande-Seite auf die belgische Seite springen (*www.familienaam.be*) und erhält im Prinzip ähnliche Informationen. Die niederländische und belgische Familiennamenforschung ist weit fortgeschritten und hat in dem oben bereits angeführten F. Debrabandere einen ihren wichtigsten Repräsentanten. In zwei Büchern hat er sein Wissen über die Familiennamen der beiden Länder zusammengetragen. Diese sind aber auch jedem Interessenten zu empfehlen, der aus dem westlichen Niedersachsen, aus Nordrhein-Westfalen und Rheinland-Pfalz kommt: Nicht selten findet man bei Debrabandere die entscheidenden Hinweise. Dazu gehören auch Familiennamen, die aus dem Friesischen stammen. Friesisch ist eine eigenständige germanische Sprache, die heute noch in Resten auf den Nordfriesischen Inseln und im niedersächsischen Saterland gesprochen wird (abgesehen von der niederländischen Provinz Friesland, wo es noch recht verbreitet ist). Sie hat in Familiennamen und auch in Vornamen *(Antje, Greetje)* ihre Spuren hinterlassen.

Dänische und schwedische Herkunft

Dänemark und Schweden werden oft als Herkunftsländer von Söldnern oder Offizieren angesehen, die angeblich im Dreißigjährigen Krieg der Liebe wegen in Norddeutschland hängen geblieben sind. So jedenfalls lauten Berichte, die ich immer wieder erhalte mit dem Hinweis, dass der Familienname dänischer oder schwedischer Herkunft sei. Die Überprüfung führte mich bisher zu dem Ergebnis, dass nicht ein einziger dieser »Verdachtsfälle« der Überprüfung standhielt. Es ist vielmehr umgekehrt. Sehr viel häufiger finden sich *deutsche* Familiennamen in diesen beiden Ländern.

Slawische Herkunft

Für jeden dritten oder vierten Leser dieses Buches sind die folgenden Bemerkungen von entscheidender Bedeutung. Denn von den heutigen Familiennamen in Deutschland sind fast 30 Prozent slawischer Herkunft. Hierzu zählen insbesondere Polnisch, Tschechisch, Slowakisch, Sorbisch, Russisch, Slowenisch, Kroatisch, Serbisch und Bulgarisch.

Natürlich können Sie jetzt nicht für die nächsten 20 Jahre Sprachunterricht nehmen, bevor Sie Ihren Namen analysieren. Ich werde Ihnen deshalb im Folgenden einige Hinweise geben, wie Sie mithilfe des Internets auch ohne slawische Vorkenntnisse einige hilfreiche Informationen bekommen. Dabei konzentriere ich mich auf die für unser Thema wichtigsten Sprachen: Polnisch, Sorbisch und Tschechisch.

Welche Hilfsmittel können Sie nutzen, wenn Sie vermuten, dass Ihr Name polnischen Ursprungs ist? Erst seit kurzer Zeit gibt es dafür allgemein zugängliche Quellen in sehr guter Qualität. Ausgangspunkt war eine in Krakau erstellte Buchedition: Der polnische Sprachwissenschaftler K. Rymut nutzte die Tatsache, dass bis zur Wende in Polen jeder Bürger Mitglied einer staatlichen Versicherung war. Er veröffentlichte die damit erfassten 35 Millionen Namendaten in zehn Bänden. Genau dieses Material ist jetzt auch im Internet frei zugänglich, und zwar unter *www.herby.com.pl/herby/indexslo.html*. Sie brauchen des Polnischen nicht mächtig zu sein, um hiermit zu arbeiten. Geben Sie einfach oben in das einzige Fenster der Seite den gesuchten Namen ein. Dann klicken Sie auf »Szukaj« (Suchen). Wenn Sie zum Beispiel den Namen *Tabaczek* eintragen, wirft Ihnen die Webseite eine Gesamtzahl von 152 »Treffern« aus und zeigt Ihnen die einzelnen Bezirke an, wo die Personen bis 1999 wohnten. Zum Beispiel: *Wa* für Warszawa, *Ka* für Kattowitz und so fort. Sie können das Ergebnis dieser Suche dazu nutzen, eine Verbreitungskarte in Polen zu erstellen. Befördern Sie dazu die gefundenen Namen in die Zwischenablage und fügen Sie diese dann in ein Fenster auf einer neuen Webseite ein. Diese finden Sie in einer englischen Fassung, die für die meisten Leser sicher leichter zu verstehen ist, unter www.genpol.com/index.php?newlang=eng. Klicken Sie dann links oben auf »Mapa Polski«. Alles weitere wird Ihnen dort erläutert.

Inzwischen hat die polnische Forschung die Daten aber noch weiter aufbereitet. Das Ergebnis ist eine CD-ROM von K. Rymut, die Sie für 25 Euro im Instytut Jezyka Polskiegon unter der Adresse Mickiewicza 31, 31–120 in Kraków (Polen) erhalten.

Weißrussische, ukrainische und russische Herkunft

Für Weißrussland, die Ukraine und Russland gibt es nur wenige gute Hilfsmittel. Bislang sind erst einige wenige Telefonverzeichnisse erschienen, zumeist auch nur in Form von Branchenverzeichnissen (so genannte *Weiße Seiten, white pages*). Am weitesten kommt man in diesem Fall immer noch mithilfe verlässlicher Informationen von den Familienangehörigen. Für größere Städte kann man auch auf ältere Einwohnerverzeichnisse zurückgreifen, die allerdings nur in wenigen wissenschaftlichen Bibliotheken vorhanden sind. Zudem ist die Suche außerordentlich mühsam. Eine Verbesserung der Informationsmöglichkeiten liegt noch in recht weiter Ferne.

Böhmische, mährische und slowakische Herkunft

Diese Länder waren die Heimat nicht weniger Menschen, deren Nachkommen heute in Deutschland leben. Schon des Öfteren bin ich von Angehörigen von Deutschen im Gebiet der so genannten Zips gefragt worden: Dort sind seit dem 13. Jahrhundert zahlreiche deutsche Siedler eingewandert. Noch höher war die Anzahl in Böhmen (vor allem im Sudetenland) und in Mähren. Für die Slowakei stehen fast gar keine Hilfsmittel zur Verfügung, sieht man von Branchen-Telefon-CDs ab. Besser ist die Situation in Böhmen und

Mähren, dem heutigen Tschechien. Die tschechische Familiennamenforschung ist zwar nicht so weit entwickelt wie die polnische, bietet aber doch etliche Hilfsmittel. Zu nennen sind: eine Telefon-CD mit etwa fünf Millionen Einträgen, ein exzellentes Nachschlagewerk der deutschen Familiennamen in Böhmen von J. Beneš, *Německá příjmení u čechů*, Bd. 1–2, Ústí nad Labem 1998, und eine zusammenfassende Darstellung der tschechischen Familiennamen von J. Svoboda, *Staročeská osobní jména a naše příjmení*, Praha 1964. Gelegentlich hilft auch R. Simek, St. Mikulášek, *Kleines Lexikon der tschechischen Familiennamen in Österreich*, Wien 1995.

Balkan-Herkunft

Kompliziert sind die Verhältnisse auf dem Balkan. Die Problematik wird noch erhöht durch das Fehlen von brauchbaren Hilfsmitteln. Erfolg versprechend ist noch die Suche in Telefon-CDs, die es inzwischen für etliche Länder, so etwa für Slowenien, Ungarn etc. gibt. Daneben habe ich mit Gewinn benutzt: I. Iordan, *Dicţionar al numelor de familie româneşti*, Bucureşti 1983; M. Grković, *Rečnik ličnich imena kod srba*, Beograd 1977, P. Simunovič, *Hrvatska prezimena*, Zagreb 1995, und A. Tressel, *Ungarische Familiennamen im deutschen Sprachgebiet*, Saarbrücken 2002.

Baltische Herkunft

Noch nicht erwähnt wurde das Baltische. Wir unterscheiden hier mit Litauisch, Lettisch und dem ausgestorbenen Altpreußisch (noch in latinisierter Form bewahrt in *Borussia*) eine Sprachgruppe, die den indogermanischen Sprachen zuzurechnen und daher auch mit dem Germanischen, Slawischen und weiteren Sprachen verwandt ist, sowie das Estnische, das zusammen mit dem Finnischen und dem Ungarischen eine Untergruppe der finno-ugrischen Sprachen bildet.

Für unsere Fragen wichtig sind die Namen der zahlreichen Aussiedler aus Ost- und Westpreußen, die nicht selten altertümliche baltische Namen tragen. Diese sind häufig erkennbar an typischen Endungen wie *-eit* oder *-at*. Man vergleiche etwa *Adomeit, Aschmoneit, Motikat, Lebenath, Ramuschkat, Sunkemat.* Die Untersuchung dieser Namen ist seit einigen Jahren durch ein wichtiges Werk der litauischen Familiennamenforschung entscheidend vorangebracht worden. Wenn Sie die Vermutung haben, dass ein baltischer Name vorliegen könnte, ist es unbedingt zu konsultieren. Es trägt den Titel: *Lietuviu Pavardžiu Žodynas,* Bd. 1–2, Vilnius 1985–1989 und hat auch den deutschen Untertitel *Wörterbuch der litauischen Familiennamen.* Zwar ist es litauisch geschrieben, aber man sollte sich nicht scheuen, darin zu lesen. Wie viele Nachschlagewerke über Familiennamen ist es knapp gefasst. Zudem hilft ein hervorragendes litauisch-deutsches Wörterbuch, den Sinn wenigstens grob zu erfassen: A. Kurschat, *Litauisch-deutsches Wörterbuch*, Bd. 1–4, Göttingen 1968–1973.

Da die Sammlung der Mormonen auf www.familysearch.org oft die ehemaligen deutschen Ostgebiete einbezogen hat, ist die Untersuchung der Familiennamen aus dem ehemaligen West- und Ostpreußen auf eine recht gute Grundlage gestellt worden.

Schweizerische und österreichische Herkunft

Spezielle Nachschlagewerke zu den Familiennamen der Schweiz und Österreichs existieren faktisch nicht, sieht man von der nicht allzu umfangreichen Untersuchung von M. Hornung, *Lexikon österreichischer Familiennamen*, Sankt Pölten/Wien 1989, oder dem regional ausgerichteten Werk von K. Finsterwalder, *Tiroler Namenkunde*, Innsbruck 1978, ab. Auch Namenverbreitungskarten lassen sich bisher weder für Österreich noch für die Schweiz erstellen, ein großes Hindernis für die Untersuchung von Familiennamen in der Alpenregion. Einziger Lichtblick ist Italien: Mithilfe der

Web-Seite *www.gens.labo.net/en/cognomi* lassen sich Verbreitungskarten für dieses Land erstellen. Sie umfassen auch Südtirol mit dem nicht unerheblichen Anteil deutscher Familiennamen.

Damit sind wir am Ende unserer geographischen Reise rund um Deutschland angelangt. Ich schätze, dass mit den in diesem Abschnitt genannten Informationen die meisten von Ihnen entscheidende Hinweise zur Antwort auf diese Fragen gewinnen: Woher komme ich? Woher kommt mein Vorfahre, von dem ich meinen Familiennamen erhalten habe? Dieses Wissen ist die unabdingbare Voraussetzung für eine überzeugende und fundierte Analyse Ihres Namens.

3. Kapitel
Die Analyse Ihres Namens

Nun beginnt der aufregendste Teil der Reise. Wir nähern uns dem Ziel. Unsere Aktenordner sind voll mit Fragen, die wir bei der Vorbereitung und der Herkunftsbestimmung notiert haben. Sie haben Ihren Nachnamen in sinnvolle Bestandteile zerlegt und kennen die Gegenden, in denen er besonders häufig vorkommt. Jetzt ist es an der Zeit, Ihren Anfangsverdacht zu überprüfen.

1. Kategorisierung

Bitte erinnern Sie sich dazu nochmals an die Einführung im ersten Teil dieses Buches. Jeder Familienname lässt sich wissenschaftlich in eine der folgenden Kategorien einordnen:

- Familiennamen aus Rufnamen (Vornamen)
- Familiennamen nach der Herkunft
- Familiennamen nach dem Beruf
- Familiennamen aus Übernamen (Eigenschaften)

Bei Herkunftsnamen müssen Sie streng genommen die Wohnstättennamen unterscheiden. Während der Herkunftsname sagt, von woher jemand zugezogen ist, beschreibt Letzterer, wo jemand tatsächlich wohnt. Für den dahinter stehenden Sinn macht es an dieser Stelle jedoch keinen Unterschied, sodass wir es hier der Einfachheit halber zusammen betrachten.

Bitte überprüfen Sie, ob nach Ihren bisherigen Erkenntnissen Ihr Name in eine dieser Kategorien fällt. Praktisch sollten Sie sich also vier Fragen stellen:

- Hat mein Name Ähnlichkeit mit einem Vornamen oder trägt er Elemente/Bestandteile eines mir bekannten Vornamens?
- Erinnert er mich möglicherweise an einen Ort oder eine Gegend? Oder gibt es einen ähnlichen Ort in der Gegend, aus der meine Familie kommt? (Ein guter Bekannter namens *Frutiger* antwortete auf diese Frage spontan: »Natürlich. *Frutingen*. Das ist ein Ort in der Schweiz, ganz in der Nähe, wo ich geboren wurde.«)
- Könnte ein Beruf, ein Handwerk oder ein Gewerbe im Namen stecken?
- Oder gibt es einen metaphorischen Hintergrund, sodass der Name im übertragenen Sinn zu verstehen wäre? Dies wäre der schwierigste Fall und zumeist ohne Hilfe eines Fachmanns nur sehr schwer zu deuten, denn er setzt umfassende geschichtliche und etymologische Vorkenntnisse voraus. Der Grund liegt darin, dass Menschen nach ihrem Aussehen, ihrem Charakter, ihren Eigenheiten usw. benannt worden sein können. Die nachfolgenden Aufzählungen innerhalb der Kategorien sollen Ihnen hierbei noch mal Erinnerung und Hilfestellung sein.

Familiennamen aus Rufnamen

So genannte patronymische *Namen* sind oft erkennbar am auslautenden *-(e)s* oder *-sen*; zumeist entstanden sie durch

Übernahme des Namens des Vaters: aus *Gerhard, Friedrichs Sohn* entstand *Friedrichs;* hierzu gehören auch *Friedrichsen, Alberts, Borchers, Cordes, Engels, Heinrichs, Rohlfs, Hansen, Jensen, Klaasen, Hinrichsen, Jörgensen* usw.

Bildung aus zumeist zwei alten Elementen, die zusammengezogen oder verkürzt werden können, oder ein alter Namentyp, der zum Beispiel auch im Slawischen verbreitet war wie *Vladi-mir, Miro-slav, Jaro-slav*: *Berthold, Burkhard, Degenhardt, Leonhart, Siegmund, Volkmar, Wolfram*; Verkürzungen traten rasch ein als *Siggi, Volker, Wolf, Günter, Bernd, Gerd, Kurt.* In diesen Namen begegnen uns alte Wörter, die heute nicht immer verständlich sind, zum Beispiel: *ask* »Speer«, *beraht* »hell, strahlend«, *degan* »Krieger«, *fridu* »Friede, Schutz«, *fruma* »Nutzen, Vorteil, Segen«, *garda* »Rute, Zepter«, *hagen* »umfriedeter Ort«, *kuoni* »kühn«, *nid* »Feindschaft, Hass«, *sigu* »Sieg«, *wig* »Kampf, Streit«, *witu* »Holz« (wichtige Hilfsmittel für die Bestimmung dieser Elemente sind die Standardwerke von E. Förstemann, M. Gottschald, K. Kunze, K. Brechenmacher[16]).

Stark waren auch der Einfluss des Christentums und der Kirche – *Johannes, Nikolaus, Petrus, Matthias* erinnern daran. Heilige und Märtyrer kamen hinzu. Verkürzungen führten zu heutigen Formen wie *Alex, Christoph, Nickel, Franz.*

Kontakte mit dem Norden führten in Deutschland zudem zur Übernahme von nordgermanischen Namen wie *Sven* und *Björn.* Der Osten »lieferte« slawisch *Sascha* (Kurzform von *Alexander*), *Anja* (von *Anna*). Aus dem Westen stammen englische und romanische Namen wie *Kevin, Maik, Yvonne.* Alle letztgenannten sind allerdings zu jung, um zu Familiennamen geworden zu sein.

Familiennamen nach der Herkunft

Aus Namen wie *Hans von Nürnberg* (nicht als Adelsname zu verstehen, sondern als Herkunftsname) entstand *Hans Nürnberg* oder *Hans Nürnberger;* ebenso war es mit *Bamberger* und

16 Die genaueren Daten finden sich unten.

Mauersberger. Aber auch Familiennamen wie *Auerbach, Bielefeld, Erfurt, Fischbeck, Hartenstein, Oldenburg, Polenz, Steinhagen, Wildenhain* gehen auf Ortsbezeichnungen zurück.

Wenn man diesen Namen auf den Grund gehen will, kommt man an der Ortsnamenforschung nicht vorbei. Es befriedigt Herrn *Merseburger* eben nicht, wenn er erfährt, dass sein Vorfahre aus Merseburg kommt. Er möchte dann auch noch wissen, was sich hinter *Merseburg* verbirgt. Ich gebe weiter unten eine Literaturliste an, die bei der Suche nach der Bedeutung der Ortsnamen helfen kann.

Familiennamen aus Berufsbezeichnungen

Sie sind die größte und damit wahrscheinlichste Gruppe. Es gibt sie in einer außerordentlichen Vielzahl. Wer kennt nicht einen *Müller, Schmidt, Meier, Schneider, Hofmann, Fischer*? Oder einen *Becker, Wagner, Schulz, Bauer, Koch, Zimmermann, Richter*? Versuchen wir eine Untergliederung.

- Land- und Forstwirtschaft, Jagd und Fischerei
  Bauer, Baumann, Feldmann, Höfer, Neubauer, Gärtner, Pflüger, Drescher, Gerstner, Höpfner/niederdeutsch *Höppner, Rößler, Hacker, Hirt, Schäfer, Nonnenmacher* (mhd. *nunnenmacher,* »Sauschneider« = »Kastrator«), *Köhler, Jäger, Vogler, Zeidler* (= Imker).
- Nahrungsgewerbe
  Bäcker, Semmler, Küchler, Fleischhauer, Fleischmann, Metzger, Koch, Melzer, Müller/niederdeutsch *Möller, Oehler, Oelschlägel.*
- Bergbau, Hüttenwesen, Metallverarbeitung
  Bergmann, Schmied, Goldschmidt, Kleinschmidt, Klingenschmidt, Kannengießer, Keßler, Schlosser, Schwerdtfeger (»Waffenschmied«).
- Holzverarbeitung
  Böttcher, Büttner, Küfner, Stellmacher, Wagner, Rademacher, Felgenhauer, Tischler, Schreiner, Moldenhauer, Drechsler/niederdeutsch *Dressler, Brettschneider, Spindler, Schindler* (Schindelhauer).

- Lederherstellung und -verarbeitung
Gerber, Lederer, Sattler, Fickenscheer (zu mhd. *vicke,* »Beutel«, und *schern,* »abschneiden, scheren«; auch ein Name für Gauner), *Riemenschneider, Schuhmacher/Schomaker, Schumann, Schuster, Schubert.*
- Textil- und Bekleidungsgewerbe
Wollschläger, Wollmann, Wollner, Weber, Zwirner, Schneider, Schröter/Schröder (mhd. *schrōtære, -er,* »Schneider; Münzmeister; der Fässer auf- und ablädt«), *Kürschner, Nestler.*
- Baugewerbe
Mauer, Steinmetz, Zimmermann/Timmermann, Schieferdecker, Glasbrenner, Glaser, Teichgräber/Deichgräber (wichtig für die Anlage von Fischteichen).
- Gesundheitswesen, Schönheitspflege
Bader, Badstübner, Scherer
- Handel und Verkehr
Kaufmann, Krämer/Kramer, Tauscher, Körner, Salzer, Salzmann, Roßteuscher (nicht »Ross-täuscher«, sondern »Rosstauscher«), *Biermann, Wirt, Kretschmer* (slaw. *krčma,* »Schenke, Kneipe«), *Krüger, Fuhrmann, Wagenführ(er), Wagenknecht, Kutscher, Fehrmann, Zöllner, Schiffer.*
- Städtische, fürstliche und kirchliche Ämter und Dienste, Kriegswesen
Kanzler, Vo(i)gt, Schultheiß/Schulze/Scholz, Schulte, Richter, Schreiber, Meier (»Oberbauer, der im Auftrage des Grundherrn die Aufsicht über die Bewirtschaftung der Güter führt und in dessen Namen die niedere Gerichtsbarkeit ausübt, Amtmann; Haushälter«), *Hagemeister, Kellermeister, Kellner, Hofmann, Hofmeister, Schaffner, Stadler, Kästner* (»Verwalter des Kornspeichers, Einnehmer und Aufseher über die Einkünfte, Rentmeister«), *Burgmeister, Kieser* (»amtlich bestellter Prüfer von Getränken, Brot usw.«, altdt. *erkiesen,* »erwählen«, auch in *Kiesewetter,* »Kenner, Prüfer des Wetters«), *Prüfer, Thorwart, Wachter/Wächter, Glöckner, Kirchner, Küster(mann),* niederdeutsch *Oppermann,* »Opfermann, Küster, Messdiener«, *Fähn(d)rich, Krieger, Strecker,* nicht selten »Folterer, Henker«.

- Rechts- und Besitzverhältnisse
  Bürger, Gildemeister, Meister, Häusler, Lehmann, Wiedeman (mhd. *widem, widen,* »was bei der Eheschließung der Bräutigam der Braut [ursprünglich als Kaufpreis ihrem Vater] zu Eigen gibt, eine Brautgabe«, auch »Dotierung einer Kirche oder eines Klosters vor allem mit Grundstücken«).
- Musikanten, Gaukler, Spielleute
  Lautenschläger, Peukert, Pfeiffer/Pieper, Trummler/Trommler, Springer, Tümmler (mittelniederdeutsch *tumeler* »Seiltänzer, Springer; Zureiter«), *Zimmermann,* niederdeutsch *Timmermann, Bläser.*

Familiennamen aus Übernamen

Diese Namen kennzeichnen den Träger im Wesentlichen nach körperlichen und geistigen Eigenschaften, nach Gewohnheiten im weiteren Sinn sowie nach bestimmten charakteristischen Beziehungen. Oft handelt es sich um so genannte Berufsübernamen, das heißt, der Name bezieht sich auf ein bestimmtes Werkzeug, ein Gerät oder dergleichen. Dabei spielt auch der Scherz eine Rolle: Man bezeichnet mit *König* einen würdevollen und mit *Fuchs* einen listigen Menschen, mit *Knoblauch* einen Liebhaber dieses Gewürzes, mit *Mehlhose* einen Müller usw.

- Körperliche Kennzeichen, Körperteile
  Haupt, Breitkreuz, Großkopf, Schädel, Kraus/Krauss (Haar), *Strobel, Struwe, Grau/Groh, Gehlhaar* (*geel,* »gelb«), *Schwarzkopf, Kahl, Langnese* (niederdeutsch »lange Nase«), *Zahn, Barth, Bauch, Schenkel/Schinkel, Hinkfoth* (niederdeutsch »Hinkefuß«), *Dick, Dürr, Groß*/niederdeutsch *Groth, Klein, Kurz*/niederdeutsch *Kort, Lang, Scheel* (ndt. *scheel,* »schielend, schief, krumm«; dazu gehört auch *Schill, Schiller*). Außerdem *Lenk/Link,* der Verlagsname *Luchterhand* (»Linkshand«, zu niederdeutsch *luchter* »links«, verwandt mit engl. *left*), *Stark, Knaak* (ndt. »Knochen«), *Knauf, Knebel, Stange/Steng* (hochaufgeschossener Mensch), *Parnickel,* auch *Barnickel, Barnikol* (»Gerstenkorn am Auge«).

- Geistige und charakteristische Eigenschaften, Gewohnheiten, Sprechweise
Baldauf, Frühauf, Guth, Gutmann, Biedermann, Böse, Quade (mittelniederdeutsch *quāt,* »böse, schlecht«), *Übel, Nimmergut, Schade, Schädlich, Demuth, Hochmuth, Ohnesorge, Kummer, Lo(h)se* (»frei, ledig, übermütig«), *Leisegang/Liesegang, Liebeskind, Mönch/Münch, Schlecht, Schlicht, Bierfreund, Stürze(n)becher* (niederdeutsch *Störtebeker*)*, Seelig, Süß, Trost, Unbehaun, Sparmann, Schimmelpfennig* (geizig, lässt den Pfennig so lange liegen, bis er schimmelt), *Wucherpfennig, Zänker, Zorn, Zürner, Schmutzler* (zu *schmunzeln,* »lächeln«), *Schleicher.*
- Verwandtschaft, Alter, Geschlecht
Altmann, Alter, Jung, Knabe, Vater, Kind, Vetter, Neef/Neff/Neffe, Oheim, Oehme.
- Weltliche und geistige Würdenträger
Kaiser, König, Graf, Landgraf, Markgraf, Edelmann, Ritter, Junker, Marschall, Probst.
- Tiere, Körperteile von Tieren
Adler, Bär, Birkhahn, Bock, Falke, Fink, Fuchs/Voß, Goldhahn, Hase, Kohlhase (mittelhochdeutsch *kolhase,* »Heuschrecke«), *Schellhase* (mhd. *schel[lek],* »aufspringend, scheu«), *Hecht, Hummerl, Krebs, Kuckuck, Lux, Meisegeier* (zu *mûs,* »Maus«, und *Geier*)*, Mücke, Pfau, Rebhahn, Schaf/Schoof, Sperling, Storch, Vogel, Wurm/Worm, Zobel, Rehbein* (für einen Feingliedrigen).
- Pflanzen, Pflanzenteile, Früchte
Blum, Bohn, Faulhaber (*faul* und *haber,* »Hafer«, Bauern-Übername, auf dessen Feld der so genannte *Schwindelhaber, Düppelhaber = Lolium temulentem,* ein nicht ungefährliches Gift, vermehrt wächst), *Hopf/Hopfe*/niederdeutsch *Hoppe, Kienapfel* (Samenzapfen der Kiefer), *Kienast* (Ast des Kienspans), *Kirsch, Knoblauch/Knobloch, Kürbis, Pfeffer, Pfefferkorn, Pilz, Sommerlatt* (mittelhochdeutsch *sumerlat,* »diesjähriger, im Sommer gewachsener Schössling« für einen aufgeschossenen, unreifen oder frühreifen Menschen), *Stengel, Weihrauch.*

- Speisen und Getränke
  Flade, Krautwurst, Obst, Rindfleisch, Dünnebier, Sauerbier/Suhrbier, Sauerbrey, Sauermilch, Schlegelmilch (mhd. *slegelmilch,* »Buttermilch«), *Sauerteig, Senf, Weißbrodt.*
- Kleidung
  Blaurock, Schönrock, Kittel, Kittler, Leinhos, Hornschuh.
- Rohstoffe, Arbeitsmaterialien
  Blei, Demandt (mittelniederdeutsch *demant,* »Diamant«), *Glas, Kupfer, Leder, Stahl.*
- Arbeitsgeräte, Werkzeuge, Gefäße, Arbeitsprodukte
  Bechstein/Pechstein, Beutel, Bohnsack (Bohnenzüchter, Bohnenhändler), *Eckstein, Hammer, Kamprath* (Kammrad in der Mühle), *Kessel, Knieriem, Kober/Köber* (Korb, Masche), *Krug, Krummholz, Runge, Nagel, Nothnagel, Sense, Zapf/Zapp, Zaumseil, Zaumsegel.*
- Waffen und Rüstung
  Degenkolb, Harnisch, Kolb (mhd. *kolbe,* »Kolben, Knauf«), *Panzer, Pfeil.*
- Münzen, Maße, Gewichte, Zahlen, Reihenfolge, Geschäft, Recht, Pflicht und Besitz
  Pfenning (niederdeutsch *Piening*), *Scherf, Schilling, Hundertmark, Scheffel, Dreißig, Leihkauf, Teuerkauf* (niederdeutsch *Dürkop*), *Hüttenrauch, Reich, Habenicht.*
- Religion und Mythologie, Aberglaube
  Teufel, Düwe, Deibel, Hellriegel (mittelhochdeutsch *hellerigel,* »Teufel«), *Riese, Reese, Ungetüm, Rosenkranz.*
- Zeitbestimmungen, meteorologische Erscheinungen
  Abend, Sonntag, Montag, Freitag, Mai, Lenz, Sommer, Herbst, Winter, Luft, Sturm, Storm, Bösewetter, Frost.

Sie sehen erneut, wie vielschichtig der Bereich der Familiennamengebung ist. Dabei haben wir hier im Wesentlichen nur hochdeutsches Material herangezogen. Deutschland liegt aber nun einmal in der Mitte Europas, und Deutsch besitzt von allen europäischen Sprachen die höchste Zahl an Kontakten mit seinen Nachbarn, weshalb auch noch zahlreiche andere Sprachen und Dialekte bei der Namenforschung zu berücksichtigen sind. Gelegentlich angesprochen wurde schon das Niederdeutsche, das zur Zeit der Hanse die tonangebende Sprache in Norddeutschland und im Ostseeraum gewesen ist. Weiterhin muss mit der Herkunft aus folgenden Sprachen gerechnet werden: Niederländisch (Flämisch), Friesisch, Dänisch, Sorbisch, Polnisch, Jiddisch, Tschechisch, Französisch, ferner auch Schwedisch, Baltisch (Altpreußisch, Litauisch, Lettisch), Weißrussisch, Ukrainisch, Russisch, Rumänisch, Ungarisch, Slowenisch, Kroatisch, Serbisch, Bulgarisch, Albanisch, Italienisch, Rätoromanisch. Dabei haben wir noch die Zuwanderungen der jüngsten Vergangenheit übergangen, etwa aus der Türkei und aus Afrika.

2. Der fachkundige Rat

Wir sind soweit. Ihr Name ist gründlich untersucht, seine Verbreitung festgestellt, und möglicherweise haben Sie ihn gemäß Ihres Anfangsverdachtes schon kategorisiert. Bei der Onomastik ist es jetzt ähnlich wie beim Arzt: Die Selbstanalyse ist in der Regel hilfreich. Doch letztlich kann die abschließende Diagnose nur vom Experten bestimmt werden. Zum Glück gibt es exzellente Nachschlagewerke, Institutionen und Fundstellen im Internet, die Sie in den meisten Fällen ohne großen Kostenaufwand konsultieren können.

Kommentierte Literaturhinweise zum Thema Familiennamen
Die nachfolgenden Bücher können Ihnen eine große Hilfestellung sein, wenn Sie auf der Suche nach dem Ursprung und der Bedeutung Ihres Familiennamens selbstständig tätig werden wollen. Da das Thema Namenforschung sich einer immer größeren Beliebtheit erfreut, wird die Liste der Verweise gerade im Internet immer weniger überschaubar. Die Auswahl hier ist deshalb bewusst knapp gehalten und beschränkt sich auf einen ersten, aber fundierten Einstieg in die Materie. Alle genannten Werke geben ihrerseits zahlrei-

che weitere Hinweise auf weiterführende Literatur und sind bereits aus diesem Grunde zu empfehlen.

- *Duden – Familiennamen, Herkunft und Bedeutung.* Rosa und Volker Kohlheim, Mannheim 2005.
  Dieses umfangreiche Nachschlagewerk ist ideal für den ersten Einstieg in die deutsche Namenforschung. Es bietet alphabetisch geordnet einen schnellen Überblick über die Herkunft und Bedeutung von 20 000 Nachnamen. Jetzt, wo Sie hoffentlich Ihre eigene Herkunft kennen, also wissen, aus welcher Region Sie kommen, können Sie bei mehreren Vorschlägen wahrscheinlich selbst das Richtige auswählen. In diesem wie in allen anderen auf dem Markt befindlichen Nachschlagewerken (Ausnahme: *dtv-Atlas Namenkunde*, siehe unten) wurde das inzwischen als entscheidend anerkannte Prinzip, die Verbreitung des jeweiligen Namens zur Voraussetzung einer Deutung zu machen, noch nicht durchgehend angewandt.
- Max Gottschald, *Deutsche Namenkunde*, 5. Auflage, Berlin/New York 1982.
  Das absolut wissenschaftliche Standardwerk. Enthält die größte Sammlung deutscher Familiennamen, sehr knapp gehalten, sollte aber in jedem Fall befragt werden. Bei einem Preis von über 100 Euro empfiehlt sich die Einsicht in einer Universitätsbibliothek.
- *dtv-Atlas Namenkunde*, Konrad Kunze, 5. Auflage, München 2004, jetzt auch als CD-ROM erhältlich.
  Unentbehrlich für jeden, der sich tiefer gehend mit Namenforschung beschäftigen will. Dieses 255 Seiten starke Buch liefert einen kompletten Überblick über die Geschichte der Vor- und Nachnamen im deutschen Sprachgebiet. Es ist ein idealer Einstieg für Laien, aber auch ein nützliches Instrument für »Fortgeschrittene«. Hier stehen allerdings nicht die Bedeutungen von Namen im Vordergrund (obwohl sie anhand von vielen Beispielen erläutert werden), sondern Systematik, Historie und Herleitung. Wenn Sie zum Beispiel die Endung (Suffix) Ihres Namens

untersuchen wollen, weil Ihnen etwa der Rest bekannt ist, leistet das Register dieses Buches hervorragende Dienste.

- *Duden – Lexikon der Vornamen*, Rosa und Volker Kohlheim, 4. Auflage, Mannheim 2004.
  Viele unserer Nachnamen lassen sich auf Vornamen zurückführen. Deshalb ist dieses Lexikon unentbehrlich, wenn man seinem Nachnamen wirklich auf den Grund gehen will. Bei insgesamt über 6000 Vornamen sind auch die seltenen, altertümlichen Beispiele gut dargestellt.
- Hans Bahlow, *Deutsches Namenlexikon*, Frankfurt/Main 1977.
  Nicht das aktuellste Werk, dafür behandelt es auch ausgefallene Namen, die zum Teil nicht im Duden stehen. Allgemein gesagt: Es gibt kein Werk, das alle Namen behandeln würde. Oder anders ausgedrückt: Es ist absolut notwendig, mehrere Bücher zu konsultieren.
- Hans Bahlow, *Niederdeutsches Namenbuch*, Nachdruck Vaduz 1993.
  Wichtig für alle Namen, die ihre Wurzeln in Norddeutschland haben. Enthält auch eine gute Einführung in die niederdeutschen Familiennamen.
- J. K. Brechenmacher, *Etymologisches Wörterbuch der deutschen Familiennamen*, Bd. 1/2, Limburg/Lahn 1960–63.
  Hervorragendes Werk, das vor allem süddeutsche Familiennamen untersucht. Bietet auch Hinweise über ältere Belege eines Namens und ist deshalb wichtig für die Genealogie. Mit einer guten und ausführlichen Bibliographie.
- Ernst Förstemann, *Altdeutsches Namenbuch*, Bd. 1: Personennamen, 2. Auflage, Bonn 1900 (auch als Nachdruck erschienen).
  Ein nach wie vor nicht überholtes, wichtiges Nachschlagewerk für altgermanische Personennamen; unentbehrlich für die weitere Untersuchung der in Familiennamen enthaltenen alten Vornamen.
- A. Heintze, P. Cascorbi, *Die deutschen Familiennamen*, 7. Auflage, Halle/S. 1933.

Eine ebenfalls noch nicht überholtes, wichtiges Werk, das auch eine ausführliche Einleitung in die Bildung der Familiennamen enthält und in seiner Struktur vor allem für die erste Orientierung bestens geeignet ist.

- Adolf Bach, *Deutsche Namenkunde. Die deutschen Personennamen*, 3. Auflage, Bd. 1/2, Heidelberg 1978.
  Wissenschaftlich angelegtes, umfassendes Werk zu den deutschen Vor- und Familiennamen. Zugang über Bd. 3 (Register). Sollte vielleicht nicht am Anfang der Analyse benutzt werden, jedoch unbedingt im Verlauf der Untersuchung.
- Wilfried Seibicke, *Historisches deutsches Vornamenbuch*, Bd. 1/4, Berlin/New York 1996–2003.
  Das Standardwerk der deutschen Vornamen. Sollte dann konsultiert werden, wenn es um Familiennamen geht, die auf Vornamen zurückgehen.
- Walter Wenzel, *Lausitzer Familiennamen slawischen Ursprungs*, Bautzen 1999.
  Populäre Fassung des Standardwerks desselben Verfassers (W. Wenzel, *Studien zu sorbischen Personennamen*). Es untersucht die sorbischen Familiennamen in Deutschland. Beide Werke sind unentbehrlich bei Namen, die aus dem Slawischen stammen.
- Rudolf Zoder, *Familiennamen in Ostfalen*, Bd. 1/2, Hildesheim 1968.
  Ostfalen ist der Raum um Magdeburg, Quedlinburg, Halberstadt, Goslar, Braunschweig, Hannover, Göttingen, also ein Kerngebiet Deutschlands. Daher ist dieses Buch nicht nur für dieses Gebiet von Bedeutung, sondern auch für den gesamten norddeutschen und mitteldeutschen Raum. Hilfreich sind auch die älteren Belege von Familiennamen, die den Zugang zu genealogischen Forschungen erlauben. Ein wichtiges Werk.
- Wolf Hennig Petershagen, *Maier, Jauch und Eisele*, Ulm 2001.
  Amüsante, kurz gefasste Auswahl vorwiegend süddeutscher Namen.

- Helmut Ivo, *Familienforschen leicht gemacht*, Sankt Pölten 2004.
  Dieses Werk beschäftigt sich mit der Ahnenforschung (Genealogie) und ist daher weiter gehend als die Namenkunde. Letztlich ist es aber meistens notwendig, die eigene Familienherkunft zu kennen, um die Bedeutung des Nachnamens fehlerfrei feststellen zu können. Hierbei gibt dieses Buch eine »Einstiegshilfe«. Darüber hinaus können Sie es sehr gut gebrauchen, wenn Sie sich mit dem Thema Internet und Technik noch nicht befasst haben. Sie finden hier allgemeine Hinweise, wie Sie so schnell wie möglich »online gehen« können.

Kommentierte Literaturhinweise zum Thema Ortsnamen
Trägt man einen Herkunftsnamen, so hört die Suche im Allgemeinen nicht damit auf, dass man zu der Erkenntnis kommt: Mein Vorfahre war *Kölner, Bremer, Berliner, Hamburger, Merseburger* oder *Nürnberger*. Der Wissensdrang führt fast immer zu der weiteren Frage: Und was bedeutet der Ortsname, den ich letzten Endes trage?
Es ist unmöglich, hier einen vollständigen Überblick über die gesamte Palette der Ortsnamenforschung zu geben, aber ich denke, einige Hinweise können helfen, wenigstens den Zugang zu den wichtigsten Büchern zu erleichtern. Ich gehe in Deutschland von Nord nach Süd fortschreitend vor.

- Schleswig-Holstein besitzt ein komplettes Werk von W. Laur, *Historisches Ortsnamenlexikon von Schleswig-Holstein*, 2. Aufl., Neumünster 1992.
  Wichtige Flurnamenelemente hat K. Falkson, *Die Flurnamen des Kirchspiels Büsum* (Dithmarschen), Bd. 2, Neumünster 2000, zusammengestellt. Den Osten Schleswig-Holsteins decken drei Bücher von A. Schmitz ab: *Die Ortsnamen des Kreises Herzogtum Lauenburg und der Stadt Lübeck*, Neumünster 1990; A. Schmitz, *Die Orts- und Gewässernamen des Kreises Plön*, Neumünster 1986: und

A. Schmitz, *Die Orts- und Gewässernamen des Kreises Ostholstein*, Neumünster 1981.

- Mecklenburg-Vorpommern ist noch nicht zufriedenstellend bearbeitet worden. Zahlreiche slawische Namen sind gut gedeutet von R. Trautmann, *Die Elb- und Ostseeslawischen Ortsnamen*, Teil 1/2, Berlin 1948/49.
- Ostvorpommern, Rügen und der Kreis Uecker-Randow ist in einigen, aber nur sehr schwer zugänglichen Studien von M. Niemeyer, *Greifswalder Beiträge zur Ortsnamenkunde*, erfasst worden.
- Gut ist die Lage in Brandenburg, wo das *Brandenburgische Namenbuch* in 13 Bänden fast das gesamte Gebiet umfasst.
- Auch Sachsen besitzt in dem *Historischen Ortsnamenbuch von Sachsen* eine hervorragende Untersuchung dieser Namen.
- Nicht so gut sieht es in Sachsen-Anhalt aus, einige Bände sind in der Leipziger Reihe *Deutsch-Slawische Forschungen zur Namenkunde und Siedlungsgeschichte* erschienen, die auch für Sachsen und Thüringen wichtige Studien enthält.
- Ein umfassendes Werk für Thüringen fehlt. Auch hier muss auf einzelne Bände der Leipziger Reihe zurückgegriffen werden. Veraltet, aber noch nicht ganz zu ersetzen ist A. Werneburg, *Die Namen der Ortschaften und Wüstungen Thüringens*, Nachdruck Köln/Wien 1983.
- In Niedersachsen erscheint seit einigen Jahren das *Niedersächsische Ortsnamenbuch*, das die Kreise Göttingen, Osterode, Northeim, Hannover, Wolfenbüttel und die Stadt Salzgitter erfasst hat. Lüchow-Dannenberg hat A. Schmitz, *Die Siedlungsnamen und Gewässernamen des Landkreises Lüchow-Dannenberg*, Neumünster 1999, behandelt; G. Lutosch *Die Siedlungsnamen des Landkreises Diepholz*, Syke 1983, und Hoja, *Die Ortsnamen des ehemaligen Landkreises Grafschaft Hoya*, 1978. Schließlich kann für den Kreis Schaumburg genannt werden: W. Laur, *Die Ortsnamen in Schaumburg*, Rinteln 1993. Ferner auch G. Lohses

Studien zur *Geschichte der Ortsnamen im östlichen Friesland zwischen Weser und Ems*, 2. Aufl. Wilhelmshaven 1996.

- In Nordrhein-Westfalen ist noch viel zu tun. Veraltet, aber immer noch nicht zu ersetzen ist die kleine Studie von H. Jellinghaus, *Die westfälischen Ortsnamen nach ihren Grundwörtern*, 3. Auflage, Osnabrück 1923. In letzter Zeit bemüht sich P. Derks um die Ortsnamen dieses Landes u.a. mit dem Buch *Die Siedlungsnamen der Stadt Essen*, Essen 1985. Hilfreich sind aber auch Flurnamenarbeiten, so der *Westfälische Flurnamenatlas*, Lfg. 1–3, bearb. v. G. Müller, Bielefeld.
- Für Hessen immer noch brauchbar ist W. Arnold, *Ansiedelungen und Wanderungen deutscher Stämme*, Nachdruck Köln/Wien 1983. Zahlreiche Ortsnamen finden eine Erklärung bei K. Andrießen, *Siedlungsnamen in Hessen. Verbreitung und Entfaltung bis 1200*, Marburg 1990. Ferner sind wichtig die Flurnamenstudien unter der Leitung von H. Ramge, *Hessischer Flurnamenatlas*, Darmstadt 1987; *Südhessisches Flurnamenbuch*, Darmstadt 2002.
- Große Teile Baden-Württembergs hat L. Reichardt bearbeitet, vor allem den Landesteil Württemberg mit grundlegenden Untersuchungen zu den Ortsnamen der Kreise Reutlingen, Heidenheim, Stuttgart.
- Für Rheinland-Pfalz können genannt werden M. Dolch, A. Greule, *Historisches Siedlungsnamenbuch der Pfalz*, Speyer 1991; und E. Christmann, *Die Siedlungsnamen der Pfalz*, Speyer 1952/53. Auch das Saarland berücksichtigt H. Engels, *Die Ortsnamen an Mosel, Sauer und Saar und ihre Bedeutung für eine Besiedlungsgeschichte*, Mainz 1958.
- In Bayern hilft das Buch von W.-A. Frhr. v. Reitzenstein, *Lexikon bayerischer Ortsnamen*, 2. Auflage, München 1991, das leider aber nur einen kleinen Teil des Gesamtbestandes umfasst. Ausführlicher, aber auch noch nicht das gesamte Bundesland umfassend, sind die Bände des *Historischen Ortsnamenbuchs* von Bayern.

Arbeiten über Ortsnamen der Nachbarländer führe ich hier nur in aller Kürze an; in den meisten Fällen wird die Konsultation eines Experten wohl unumgänglich sein. Hilfreich sind in jedem Fall für Polen: *Nazwy miejscowe Polski*, Bd. 1f., Kraków 1996 f.; für Böhmen: A. Profous, *Místní jména v čechách*, Bd. 1–5, Praha 1947–1960; E. Schwarz, *Die Ortsnamen der Sudetenländer als Geschichtsquelle*, 2. Aufl., München 1961; für Mähren: L. Hosák, R. Šrámek, *Místní jména na Moravě a ve Slezsku*, Bd. 1–2, Praha 1970–1980; für Österreich: E. Schuster, *Die Etymologie der niederösterreichischen Ortsnamen*, Bd. 1–3, Wien 1989–1994; *Ortsnamenbuch des Landes Oberösterreich*, mehrere Bände; E. Kranzmayer, *Ortsnamenbuch von Kärnten*, Bd. 1–2, Klagenfurt 1958; F. Hörburger, *Salzburger Ortsnamenbuch*, Salzburg 1982; K. Finsterwalder, *Tiroler Ortsnamenkunde*, 3 Bände, Innsbruck 1990–1995; für Frankreich: A. Dauzat, Ch. Rostaing, *Dictionnaire étymologique de noms de lieux en France*, 2. Auflage, Paris 1963; für Belgien und die Niederlande: M. Gysseling, *Toponymisch Woordenboek van België, Nederland, Luxemburg, Noord-Frankrijk en West-Duitsland (vóór 1226)*, Bd. 1/2, Tongeren 1960.

Internetfundstellen

Wie bereits beschrieben, ist das Internet Segen und Fluch zugleich. Allein die Eingabe des eigenen Namens in eine der zahlreichen Suchmaschinen kann erste wertvolle Hinweise bringen. Gerade beim Thema Ahnenforschung haben allerdings windige Geschäftsleute den schnellen Weg zum Profit erkannt. Bevor Sie also Ihre Daten und Ihre Kreditkartennummer gegen das Versprechen eintauschen, jemand würde Ihren Namen deuten oder die Familienherkunft ermitteln, vergewissern Sie sich, dass es sich um eine seriöse Beratung handelt. Wie Sie nach der Lektüre dieses Buches sicher wissen, gibt es kein automatisches Programm, das Ihnen per Knopfdruck die gewünschte Auskunft gibt.

Die wichtigsten Quellen aus dem Internet habe ich oben schon angeführt, allen voran ist hier nochmals die Mormonenseite www.familysearch.org zu nennen. Generell aber kann man sagen, dass die Suche im Internet sich in erster Linie auf die Fragen konzentrieren sollte: Woher komme ich? Woher kommt der Name, den ich trage? Wer heißt ebenfalls so? Kann man mit den Namensvettern Kontakt aufnehmen? Hat der eine oder andere von ihnen bereits Untersuchungen zur Herkunft der Familie unternommen? Würde es mir helfen, eine Verbreitungskarte meines Familiennamens zu erstellen?

Leider muss man fast allgemein warnen vor den Etymologien und Deutungen, die im Internet zu Familiennamen zu finden sind. Es gibt nur wenige Seiten, auf denen seriöse und zuverlässige Erklärungen zu erhalten sind. Dazu zählt etwa die Seite *www.onomastik.com*, die ein ehemaliger Student betreut, der jetzt in Kuala Lumpur wohnt. Das Internet macht es möglich, dass man trotz der enormen Entfernung zwischen Deutschland und Indonesien rasch miteinander kommunizieren kann. Außerdem empfehle ich einen Besuch meiner Homepage bei Radio Eins: *www.radioeins.de*, wo ich eine Zusammenstellung von wichtiger Literatur und von Webseiten vorgenommen habe, die weiterführen und helfen können.

Von Montag bis Freitag erforsche ich täglich innerhalb eines »Namenspiels« in diesem Radiosender des RBB gegen 12:10 Uhr die Namenvorschläge von Hörern. Im Internet befindet sich auch eine täglich von den Redakteuren aktualisierte Datenbank der erörterten Namen, die auszugsweise hier bereits abgedruckt worden ist.

Beratungsstellen

Wenn Sie trotz der hier erwähnten Hilfestellungen selbst nicht fündig geworden sind oder bei einer Deutung weiterhin Zweifel haben, dann gibt es natürlich auch den Weg der »Direkthilfe« bei der mit meiner Professur in Leipzig eng verbundenen Einrichtung:

Namenberatung/Gesellschaft für Namenkunde
Universität Leipzig
Beethovenstraße 15
04107 Leipzig
Namenberatung@uni-leipzig.de

Da uns täglich Dutzende von E-Mails, Briefen und Anrufen erreichen, bitte ich um Verständnis, dass ich zur Aufrechterhaltung eines geregelten wissenschaftlichen Betriebs die Nachforschung von privaten Familiennamen über eine kostenpflichtige Nummer kanalisieren musste. Sie erreichen mein Team unter der Nummer 09001-887735 für 1,86 Euro pro Minute aus dem deutschen Festnetz. Diese Nummer können Sie übrigens auch wählen, wenn Sie kompetenten Rat zu Fragen über Herkunft, Bedeutung und Zulässigkeit von Vornamen haben wollen. Mit diesem Thema beschäftigt sich meine exzellente Mitarbeiterin Frau Gabriele Rodriguez, die auch zur Akzeptanz von Familiennamen Auskunft geben kann, wenn Sie sich zum Beispiel mit dem Gedanken tragen, ihn ändern lassen zu wollen. (Dazu gleich mehr im Anhang!) Auf diesen Sachgebieten finden Sie keine bessere Expertin, und ich leite alle Anfragen diesbezüglich immer sofort an sie weiter.

Sollten Sie ein schriftliches, professionelles, wissenschaftliches Gutachten wünschen, so dauert das derzeit zirka sechs Monate und kostet 60 Euro. Weitere Hinweise und Beratungen finden Sie wiederum im Internet. Beachten Sie vor allem *www.uni-leipzig.de*, *www.onomastik.com* und *www.gfn.name*.

Ich hoffe, Ihnen hiermit einige brauchbare Hilfestellungen gegeben zu haben, und wünsche Ihnen für eine zufriedenstellende und spannende Erforschung des eigenen Namens viel Erfolg.

Eine unglaubliche Geschichte

Die Namenforschung ist eine Wissenschaft, die sich im Spannungsfeld zwischen Geschichte, Geologie, Botanik,

Geographie und Sprachwissenschaft bewegt. Wie die zahlreichen Beispiele belegt haben, ist eine zweifelsfreie Zuordnung einer einzigen Bedeutung zu einem Namenträger nur bei intensiver Beschäftigung mit der Genealogie des jeweilig individuellen Menschen möglich.

Wir erhalten in unserer Namenberatungsstelle in Leipzig täglich etwa 30 Anfragen per Post, E-Mail oder Telefon mit der Bitte um eine möglichst schnelle Analyse. Vielen konnte mein Team an der Universität Leipzig bereits helfen. Doch obwohl wir uns alle erdenkliche Mühe geben, Licht in das Dunkel der Namengeschichte zu bringen, können wir nichts daran ändern, dass für 40 Familien der Name wohl für immer *unbekannt* bleiben wird – jedenfalls solange sie ihn nicht ändern lassen. Denn tatsächlich gibt es etwa 40 Familien, die den außergewöhnlichen Nachnamen *Unbekannt* tragen, dessen Bedeutung uns übrigens sehr wohl bekannt ist. Dieser Name spielt auf die nicht bekannte Herkunft eines Findelkindes an. Während es bei *Korb* oder *Ufer* daneben noch andere Herleitungsmöglichkeiten gibt, geht *Unbekannt* unzweifelhaft auf die ungeklärten Geburtsumstände und den Fundort zurück. Mit etwas Pech konnte es in ähnlich gelagerten Fällen sogar passieren, dass das Kind gar keinen phantasievollen Namen bekam. Es blieb *Unbenannt*. Und diesen Nachnamen findet man deshalb heute noch knapp 20 Mal in den deutschen Telefonbüchern.

Ebenso wie *Unbekannt* liegt der Schwerpunkt der Verbreitung von *Unbenannt* in Thüringen. Vor allem dort gibt es noch weitere Un-Namen, etwa *Ungelenk* oder *Unbehaun*, was den Genealogen und Historiker W. Schmidt-Ewald zu einem Aufsatz über »Die Un-Menschen in Thüringen« veranlasste.[17] Und damit wurde schließlich wieder einmal bewiesen: Namenforschung ist und bleibt eine *un*-glaubliche Geschichte.

17 In: Genealogie und Heraldik 3,1951.

Anhang

Einige Hinweise zum Namenrecht

Nicht immer werde ich gebeten, nur die Bedeutung eines Namens zu untersuchen. Sehr häufig bekomme ich auch Anfragen von Menschen, die besser einen Rechtsanwalt aufgesucht hätten. Denn sie beschäftigen sich mit Fragen wie zum Beispiel: Darf ich meinen Sohn *Kim* nennen, oder ist das ein Vorname nur für Mädchen? Oder: Ich leide unter meinem Nachnamen *Morgenschweiß* und würde ihn gerne ändern. Darf ich das?

Diese und ähnliche Fragen wurden im Lauf der Zeit so zahlreich, dass ich mich entschlossen habe, ihnen eine kurze Passage im Anhang dieses Buches zu widmen, obwohl sie im engeren Sinne natürlich nichts mit Namenforschung zu tun haben. Auch wenn ich durch meine Tätigkeit einiges an juristischem Laienwissen erworben habe, würde ich mir doch nie anmaßen, darüber eine beratende Auskunft zu geben. Ganz abgesehen davon, dass mir das gar nicht erlaubt wäre. Deshalb habe ich einen Experten auf dem Gebiet des Namenrechts gebeten, mir bei den folgenden Ausführungen mehr als nur eine Hilfestellung zu leisten.[18]

Wahl des Vornamens

Die meisten unter uns werden wohl am ehesten mit der Frage konfrontiert, welchen Namen sie sich für ihr Kind vorstellen könnten. Von allen Problemen des Namenrechts

18 Die rechtlichen Hinweise beruhen auf einem Aufsatz zum Thema »Namensrecht« und der Beratung durch Brien Dorenz, Rechtsanwalt in Köln, ausführlich nachzulesen auf *www.ds-recht.de*

erscheint mir dies als eines der häufigsten. Juristisch gesehen darf ein Vorname grundsätzlich frei gewählt werden. Das hört sich zunächst einmal sehr gut an, birgt aber dennoch eine Menge Probleme. Denn gesetzlich ist beispielsweise nirgendwo geregelt, wie viele Vornamen ein Mensch besitzen darf. Außerdem fehlt es an konkreten Bestimmungen, welche Vornamen erlaubt sind und welche Sie Ihrem Kind nicht geben dürfen, zum Beispiel weil sie anstößig sind oder aus anderen Gründen.

Geschlechtsspezifische Vornamen

Die erste und vielleicht wichtigste Regel ist, dass Sie Ihrem Nachwuchs einen Vornamen geben müssen, der zum Geschlecht passt. Für Jungen sind also nur männliche und für Mädchen nur weibliche Vornamen zulässig. Eine Ausnahme gilt in Deutschland aus traditionell-religiösen Gründen für den weiblichen Vornamen *Maria*, der einem Jungen gegeben werden darf. Aber nur zusätzlich zu einem oder mehreren anderen männlichen Vornamen.

Die meisten Vornamen, die uns bekannt sind, bereiten hier keine Schwierigkeiten. Doch mit unserer immer kleiner werdenden, vernetzten Welt scheint es auch so etwas wie eine Globalisierung von Vornamen zu geben. Immer mehr Eltern suchen sich ungewöhnliche, ausländische, ja sogar exotische Vornamen aus. Und hier beginnen die Probleme. Darf ich zum Beispiel meinen Sohn *Aranya* nennen? Ja, entschied der Bundesgerichtshof (BGH) bereits am 17. Januar 1979. Solange der Name im Ausland zum Geschlecht des Kindes passt, kann er auch in Deutschland vergeben werden. In diesem Fall war die Entscheidung richtig, da *Aranya* ein indischer Jungenname ist.

Der BGH ging sogar noch einen Schritt weiter. Nach seiner Ansicht soll der ausländische Vorname sogar dann erlaubt sein, wenn er *geschlechtsneutral* ist. Dann muss das Kind aber mindestens noch einen zweiten, eindeutig das Geschlecht kennzeichnenden Namen bekommen. Unter dieser Voraussetzung sind Vornamenkombinationen wie

Max Mikado, *Bo Victoria*, *Raven Frederike*, *Uragano Mary Sarah* oder *Max Geronimo Godot* anerkannt worden.

Diese gerichtlichen Entscheidungen ändern aber im Ergebnis nichts daran, dass ein Junge keinen ausländischen weiblichen und ein Mädchen keinen ausländischen männlichen Namen erhalten darf.

Phantasienamen

Die Eltern haben nicht nur die Qual der Wahl aus Abertausenden bekannter Vornamen. Sie können ihrem Sprössling auch völlig frei erfundene Vornamen geben. Unzulässig sind allerdings solche Phantasienamen, die geeignet sind, ihren Träger der Lächerlichkeit preiszugeben oder ihn in sonstiger Weise zu diskriminieren.

Aus diesem Grund sind etwa Vornamen wie *Verleihnix*, *Stompie*, *Woodstock*, *Heydrich* oder *Mechipchamueh* von den Gerichten nicht zugelassen worden, während beispielsweise die Namenschöpfungen *Tamy Sarelle*, *Samandu* und *Speedy* nicht beanstandet wurden.

Auch bei geschlechtsneutralen Phantasienamen ist in Deutschland immer ein zweiter, das Geschlecht eindeutig kennzeichnender Vorname hinzuzufügen.

Eignung eines Namens als Vorname

Eigentlich versteht es sich von selbst, dass Eltern keinen Nachnamen als Vornamen für ihr Kind wählen dürfen. Wer würde sein Kind auch schon *Müller*, *Schmidt* oder *Klawitter* nennen wollen? Nun ja, wenn man sich die vielen Entscheidungen ansieht, die deutsche Gerichte bisher zu treffen hatten, dann kann wohl auch mit einem solchen Antrag immer wieder gerechnet werden. Anders ist es allerdings etwa bei dem Namen *Wolf*, da es sich hier sowohl um einen Vor- als auch um einen Nachnamen handelt. In derartigen Fällen ist diese Vornamengebung natürlich zulässig.

Es entsprach einige Jahrzehnte lang der ganz überwiegenden Meinung in der Rechtsprechung, dass die Namen *Jesus* und *Christus* für Vornamen ausscheiden. Das religiöse Empfinden der deutschen Bevölkerung würde dadurch gestört werden. Von dieser Rechtsprechung ist nunmehr das Oberlandesgericht (OLG) Frankfurt am Main bezüglich des Namens *Jesus* abgerückt, da dieser Vorname in Spanien durchaus für einen Jungen gebräuchlich ist.

Unzulässig sind Namen, wenn sie geeignet sind, über den Namenträger täuschende oder irreführende Vorstellungen zu erwecken. Deshalb kommt etwa der akademische Grad *Doktor* nicht als Vorname infrage. Verboten ist auch das ausländische Adelsprädikat *Lord*.

Im Übrigen ist die deutsche Rechtsprechung sehr uneinheitlich und teilweise sogar widersprüchlich. Nach einem Urteil des Landgerichts Hamburg ist *Grammophon* als Vorname ungeeignet. *Jazz* wiederum ist laut Amtsgericht Dortmund erlaubt, als anerkannte Kurzform von Jazz(man) – Jasmin.

Im Zusammenhang mit der Frage, ob geographische Bezeichnungen als Vornamen in Betracht kommen, hat das Landgericht München entschieden, dass ein Mädchen *Europa* heißen darf. Auch *Bavaria*, der lateinische Name für Bayern, ist ein zulässiger weiblicher Vorname, während das Amtsgericht Kassel die Bezeichnung *Borussia*, also neulateinisch für *Preußen*, als Vorname für ein Mädchen abgelehnt hat.

Im Zusammenhang mit Blumen- und Pflanzennamen haben das Amtsgericht Koblenz und das Amtsgericht Nürnberg die Bezeichnungen *Azalee* und *Jasmin* jeweils als Mädchennamen anerkannt, und das Amtsgericht Stuttgart hat die Bezeichnung *Oleander* als Jungennamen gebilligt. Das Amtsgericht Traunstein hat dagegen die Bezeichnung *Pfefferminze* als Vorname für einen Jungen abgelehnt.

Sollten Sie an Tiernamen denken, dann bitte ich Sie, den Namen *Möwe* aus Ihrer Liste zu streichen. Ihm wurde die Eignung als Vorname für ein Mädchen abgesprochen.

Anzahl der Vornamen

Nach deutschem Recht muss jede Person mindestens einen Vornamen haben. Doch gibt es auch eine Obergrenze? Wie viele sind maximal erlaubt? Das Gesetz gibt keine Antwort auf diese Fragen. Dennoch entspricht es der ganz überwiegenden juristischen Meinung, dass ein Mensch nicht eine unmäßige Anzahl Vornamen besitzen darf.

Das Bundesverfassungsgericht (BVerfG) hat sich in einer Entscheidung vom 28. Januar 2004 mit der Frage beschäftigt, ob eine Mutter berechtigt ist, ihrem Sohn zwölf Vornamen zu geben, und zwar *Chenekwahow, Tecumseh, Migiskau, Kioma, Ernesto, Inti, Prithibi, Pathar, Chajara, Majim, Henriko* und *Alessandro*. Das höchste deutsche Gericht hat diese Frage unter Hinweis auf das Kindeswohl verneint und die Grenze bei fünf Vornamen gezogen. Diese Entscheidung steht im Einklang mit der sonstigen Rechtsprechung, die eine Obergrenze ebenfalls bei vier bis fünf Vornamen zieht. Der Junge hieß nach der Entscheidung des Bundesverfassungsgerichts übrigens *Chenekwahow Migiskau Kioma Ernesto Tecumseh*. Immer noch eine auffällige Häufung ungewöhnlicher Vornamen für das arme Kind, wenn Sie mich fragen.

Änderung des Vornamens

Selbst wenn die Eltern alle Regeln berücksichtigt haben und der Name schließlich ins Geburtenbuch ordentlich eingetragen wurde, kann es sein, dass das Kind später mit seinem Vornamen überhaupt nicht einverstanden ist, obwohl ihn die Eltern gewissenhaft und sorgfältig ausgewählt haben. Dann will es den Vornamen ändern lassen, was grundsätzlich aber nur möglich ist, wenn ein wichtiger Grund dafür vorliegt. Natürlich kann man nicht abschließend regeln, was nun wichtig ist und was nicht.

Die Rechtsprechung hat beispielsweise den Übertritt zu einer anderen Religionsgemeinschaft als Grund für die Änderung anerkannt. Ein *Andreas* durfte deshalb laut einem Urteil des Bayerischen Verwaltungsgerichtshofs nach einer Hochzeit mit einer Frau islamischen Glaubens seinen Vornamen in *Abdulhamid Andreas* ändern.

Nach einer Entscheidung des hessischen Verwaltungsgerichtshofs sind Personen, die durch den Namen schwere seelische Belastungen ertragen müssen, zur Änderung berechtigt. Diese psychischen Wunden können zum Beispiel durch belastende Erinnerungen an Familienmitglieder gleichen Namens hervorgerufen worden sein, wie etwa im Falle sexuellen Missbrauchs.

Die große Häufigkeit eines Vornamens begründet indessen – anders als bei Familiennamen – keinen wichtigen Grund zur Namenänderung. Besonders vorsichtig sollten Eltern sein, wenn sie einen geschlechtsneutralen Namen wählen. Wie bereits beschrieben, wird das zwar in der Regel genehmigt. Aber das Kind kann später Vornamen wie Kim, Kay oder Uli ändern lassen. Als »wichtiger Grund« wird anerkannt, wenn jemand darlegt, dass er damit »nicht zurechtkommt«.

Wurde der alte Name erst einmal abgelegt, so stellt sich natürlich die Frage, was bei der Wahl eines neuen Namens jetzt zu beachten ist. Grundsätzlich besteht hier wieder die freie Wahl. Jedoch sollte vermieden werden, dass der Ärger von vorne losgeht. Unzulässig sind also wiederum anstößige Vornamen oder solche, die eigentlich nur als Nachname bekannt sind. Von diesem Grundsatz hat der Bundesgerichtshof übrigens eine bemerkenswerte Ausnahme zugelassen. Mit Rücksicht auf ostfriesische Bräuche erklärte es das Gericht für zulässig, einem Mädchen den Familiennamen *»ten Doornkaat«* als Vornamen zu geben, allerdings neben weiteren weiblichen Vornamen. Der vollständige Name des Mädchens lautete damit *Annechien ten Doornkaat Hinriette Koolman*, wobei *Koolman* den Familiennamen bildete.

Keine Vornamenänderung und damit jederzeit problemlos möglich ist eine Mittel-Initialbildung (wie zum Beispiel bei Johannes B. Kerner). Solange der Rechtsverkehr nicht über die eigene Identität getäuscht wird, sind auch orthographische Veränderungen wie ein Akzent über einem Vokal zulässig (etwa *Gréta* statt *Greta*).

Eine besondere Möglichkeit zur Änderung von Vornamen regelt das Transsexuellengesetz (TSG). Danach kann bei Vorliegen bestimmter Voraussetzungen der Vorname einer Person geändert werden, wenn die sich aufgrund ihrer transsexuellen Prägung dem anderen Geschlecht als zugehörig empfindet und deshalb ihren ursprünglichen Vornamen als nicht mehr passend ablehnt.

Rufname

Für den Fall, dass Sie mehrere Vornamen haben, können Sie sich einen davon als Rufnamen auswählen. Die wenigsten von Ihnen wissen sicherlich, dass jeder berechtigt ist, seine eingetragenen Namen zu wechseln. Wenn Sie also zum Beispiel jahrzehntelang den Namen *Paul Anton* hatten, können Sie selbst im hohen Alter noch den *Anton* vorziehen und nun *Anton Paul* heißen. Allerdings dürfen Sie damit nicht beabsichtigen, den Rechtsverkehr über Ihre Identität zu täuschen. Der Wechsel zwischen erstem und zweitem Vornamen stellt keine Namenänderung im Sinne des Gesetzes dar.

Änderung des Familiennamens

Dieses Buch, das Sie gerade in den Händen halten, ist nur deshalb möglich geworden, weil es in Deutschland über Jahrhunderte hinweg jedem Bürger erlaubt war, sehr einfach seinen Namen zu ändern. Was sich für uns Wissenschaftler als ein spannendes Betätigungsfeld eröffnete, bedeutete natürlich für jede ordentliche Verwaltung ein Grauen und eine Zumutung. Ein vernünftiges Miteinander-Leben wäre längst nicht mehr möglich, wenn Frau *Semmler* morgen *Nordmann* und übermorgen *Schmidt* heißen würde. Deshalb darf der Nachname (wie schon der Vorname) nach § 3 des Namenänderungsgesetzes (NÄG) nur dann geändert werden, wenn ein »wichtiger Grund« vorliegt. Und das ist die absolute Ausnahme.

Sie kommt schon mal dann nicht in Betracht, wenn die Namenänderung nur damit begründet wird, dass einem der jetzige Nachname nicht mehr gefällt oder dass ein anderer Name besser klingt und eine stärkere Wirkung auf Dritte ausübt. Und wenn jemand beabsichtigt, nur unbezahlten

Rechnungen oder gar dem Gerichtsvollzieher zu entgehen, darf er seinen Namen natürlich auch nicht ändern lassen.

Allerdings – und das ist für viele überraschend – ist eine Änderung häufig dann gerechtfertigt, wenn ein Familienname in dem engeren Lebensbereich des Namenträgers mehrfach vorkommt und damit häufig zu Verwechslungen führt. Bei so genannten Sammelnamen wie *Maier*, *Müller*, *Schmidt* und *Schulz* wird dies grundsätzlich vermutet.

Änderungen sind regelmäßig auch bei solchen Familiennamen gerechtfertigt und möglich, die anstößig oder lächerlich klingen beziehungsweise die Anlass zu frivolen oder unangemessenen Wortspielen geben können (wie zum Beispiel die oben behandelten Namen *Fick*, *Morgenschweiß*, *Moese* und dergleichen).

Eine Namenänderung ist in der Regel ferner auch dann gerechtfertigt und erlaubt, wenn Schwierigkeiten in der Schreibweise oder bei der Aussprache eines Familiennamens vorkommen, die den Antragsteller in seiner Lebensführung behindern. So ist beispielsweise die Änderung des polnischen Familiennamens *Trzebine* in den phonetisch gleich lautenden Namen *Tschebiner* zugelassen worden. (Ein Herr mit dem polnischen Namen *Mrzowinski* durfte seinen Nachnamen in *Mor* ändern.)

Es reicht nicht aus, dass ein Familienname ausländisch klingt oder einfach nur fremdländischen Ursprungs ist. Manchmal wird aber ein seltener oder auffälliger Familienname durch die Berichterstattung in den Medien über eine Straftat so eng mit Tat und Täter verknüpft, dass in weiten Kreisen der Bevölkerung ein Zusammenhang angenommen wird, selbst längere Zeit nach der Tat. In diesen Ausnahmefällen kann der Familienname des Täters – und gegebenenfalls auch der seiner Angehörigen – zur Erleichterung der Resozialisierung geändert werden.

Wahl des neuen Familiennamens

Wurde dem Antrag auf Namenänderung stattgegeben, kann der Antragsteller sich endlich einen anderen Namen aussuchen. Es besteht dabei aber kein rechtlicher Anspruch auf einen bestimmten neuen Familiennamen. Vielmehr stellt das Gesetz an die Wahl eines neuen Namens eine Reihe von Anforderungen. Der neue Familienname darf zum Beispiel jetzt kein Sammelname mehr sein, wie etwa *Meier* oder *Müller*. Namen, die durch ihre Länge im täglichen Gebrauch zu Schwierigkeiten und vermutlich sowieso zu Abkürzungen führen, sollen ebenfalls vermieden werden.

Der neue Familienname darf außerdem auch keinen falscher Eindruck über familiäre Zusammenhänge erwecken. Ein Name, der durch frühere Träger bereits eine herausragende Bedeutung erhalten hat, beispielsweise auf historischem, literarischem oder politischem Gebiet (wie etwa *Goethe*, *Bismarck* u.a.), darf im Allgemeinen nicht gewählt werden.

Pseudonym (Wahlname)
Die vorstehenden Ausführungen hatten ausschließlich den bürgerlichen Namen, also den »Zwangsnamen«, zum Gegenstand. Von diesem ist der Wahlname zu unterscheiden, der sich dadurch auszeichnet, dass er im Gegensatz zum gesetzlich vorgeschriebenen Vor- und Nachnamen willkürlich gewählt und jederzeit geändert oder abgelegt werden kann. Zu den Wahlnamen zählen insbesondere die von mir bereits ausführlich behandelten Pseudonyme.

Wenn Sie sich je mit dem Gedanken tragen sollten, sich einen Künstlernamen zuzulegen, dann haben Sie hierzu grundsätzlich jede erdenkliche Freiheit. Diese Namenwahl unterliegt nicht den strengen gesetzlichen Regelungen für Vor- und Familiennamen. Möglich sind daher Phantasienamen, Namen von Romanfiguren sowie ein- oder mehrgliedrige Namen oder nur Vornamen. In Betracht kommen hier sogar auch Namen mit Adelsbezeichnung oder akademischem Grad, was der Allgemeinheit bei einer Namenänderung nicht gestattet ist.

Obwohl das Pseudonym ein Wahlname ist, kommt ihm gleichwohl volle Namenfunktion zu, da es einen bestimmten Menschen von anderen Menschen unterscheidet. Deshalb erfüllt die Unterzeichnung eines Vertrages mit dem Pseudonym auch das gesetzliche Schriftformerfordernis, das heißt, man kann mit ihm rechtlich bindende Verträge schließen und ihn in den Pass eintragen lassen. Voraussetzung hierfür ist aber immer, dass jemand mit dem Pseudonym »Verkehrsgeltung« erlangt hat. Das heißt im Klartext: Wenn Sie ein Pseudonym wählen, müssen Sie mit dem Künstlernamen bekannter sein als unter Ihrem bürgerlichen Namen.

Wenn Ihnen das allerdings gelungen ist, werden Sie sicher genug Anwälte um sich herum haben, von denen Sie hierüber bereits ausführlich aufgeklärt worden sind.

Dank

Zum Abschluss wollen sich die Autoren bei den »Namen« bedanken, ohne die es dieses Buch gar nicht geben würde. Jürgen Udolph möchte an dieser Stelle vor allem seinem Lehrer Wolfgang P. Schmid aus Göttingen danken, der dem damals ziemlich mittelmäßigen Studenten in einem Gespräch am 20. Januar 1970 riet, über slawische Flussnamen nachzudenken. Ein sehr guter Tipp, wie sich schon bald herausstellte. Familiennamen interessierten ihn damals noch gar nicht. Das änderte sich erst, als Volker Wieprecht und Robert Skupin die Idee hatten, mit ihm eine Radiosendung darüber zu machen, und ihm damit überhaupt erst den Denkanstoß gaben, mithilfe der Analyse von Familiennamen das Interesse der Allgemeinheit an der Welt der Onomastik zu wecken. Sebastian Fitzek bedankt sich zuvorderst bei Thomas Koschwitz, der ihn eines schönen Nachmittags in einem Eiscafé am Berliner Ostbahnhof mit Jürgen Udolph bekannt machte und damals mit seiner Kreativfirma *Knüllerkönig* (ein Name, der wohl keiner Analyse bedarf) die Idee für dieses Buch hatte.

Einen ganz herzlichen Dank auch an Sandra Maischberger und die Herren Norbert Blüm, Johannes B. Kerner, Markus Maria Profitlich und Jim Rakete, deren kostbare Zeit wir für unsere Interviewfragen in Anspruch nehmen durften. Für Gespräche und Diskussionen über die Namen und deren Bedeutung müssen folgende Personen der Namenberatung der Universität Leipzig und der Fachrichtung »Deutsch-Slawische Namenforschung« ganz besonders herausgehoben werden: Dr. Dietlind Krüger, Frau Gabriele Rodriguez, Frau Daniela Ohrmann M.A., Frau Judith

Schwanke M.A., Herr Marko Meier M.A., Frau Sandra Berndt M.A. und Frau Franziska Menzel M.A.

Herrn Roman Hocke sei gedankt, dass er seinen Ruf als herausragender Literaturagent wieder einmal bestätigte, indem er uns in Rekordzeit mit dem C. Bertelsmann Verlag erfolgreich zusammenbrachte. Ohne ihn wäre das vorliegende Werk immer noch eine lose Idee in unseren Köpfen. Ein herzlicher Dank geht an Brien Dorenz für sein juristisches Expertenwissen, das er uns für die Ausführungen zum Thema Namenrecht zur Verfügung stellte, und an Herrn Prof. Dr. Konrad Kunze für die unkomplizierte und schnelle Erstellung der Karten über die Verteilung von Familiennamen. Zudem danken wir Christa und Freimut Fitzek sowie Peter Prange für ihre vielen wertvollen Hinweise nach dem »Probelesen«. Natürlich dürfen wir an dieser Stelle auch nicht unseren hervorragenden Lektor Robert Fischer vergessen, der hunderte Seiten bedrucktes Papier zu einem lesbaren Buch formte.

Besonderen Dank schule ich meinen Mitarbeiterinnen Franziska Menzel und Judith Schwanke für sorgfältige Korrekturarbeiten sowie Herrn Prof. Dr. Walter Wenzel für wichtige Hinweise.

Schließlich danken wir Ihnen, dem Leser. Auch wenn wir Ihren Namen vermutlich gar nicht kennen, sind wir doch froh, dass Sie diese Zeilen in diesem Augenblick lesen und damit unserem Buch überhaupt erst einen Sinn geben.

Jürgen Udolph & Sebastian Fitzek
Leipzig/Berlin, im Juli 2005

Namenhäufigkeit in Deutschland, Schweiz, Österreich

Deutschland

		Anzahl	‰			Anzahl	‰
1	*Müller, -ue-*	269984	9,5	36	*Herrmann*	34115	1,2
2	*Schmidt*	194884	6,9	37	*König, -oe-*	33907	1,2
3	*Schneider*	114849	4,0	38	*Mayer*	33885	1,2
4	*Fischer*	99241	3,5	39	*Walter*	33502	1,2
5	*Meyer*	92902	3,3	40	*Peters*	32193	1,1
6	*Weber*	85504	3,0	41	*Möller, -oe-*	32183	1,1
7	*Schulz*	78173	2,7	42	*Huber*	31860	1,1
8	*Wagner*	77518	2,7	43	*Kaiser*	31600	1,1
9	*Becker*	76665	2,7	44	*Fuchs*	31548	1,1
10	*Hoffmann*	72809	2,6	45	*Scholz*	30688	1,1
11	*Schäfer, -ae-*	66539	2,3	46	*Weiß*	29834	1,0
12	*Koch*	60727	2,1	47	*Lang*	29768	1,0
13	*Bauer*	59505	2,1	48	*Jung*	28629	1,0
14	*Schröder, -oe-*	57307	2,0	49	*Hahn*	27422	1,0
15	*Klein*	56872	2,0	50	*Keller*	26068	0,9
16	*Richter*	56094	2,0	51	*Vogel*	25987	9,5
17	*Wolf*	50258	1,8	52	*Friedrich*	25986	0,9
18	*Neumann*	48628	1,7	53	*Günther, -ue-*	25955	0,9
19	*Schwarz*	45442	1,6	54	*Schubert*	25713	0,9
20	*Schmitz*	44012	1,5	55	*Roth*	25694	0,9
21	*Krüger, -ue-*	43855	1,6	56	*Berger*	25569	0,9
22	*Braun*	43163	1,5	57	*Frank*	25350	0,9
23	*Zimmermann*	42638	1,5	58	*Beck*	24936	0,9
24	*Schmitt*	41739	1,5	59	*Winkler*	24832	0,9
25	*Lange*	41189	1,4	60	*Jäger, -ae-*	23515	0,8
26	*Hartmann*	41168	1,4	61	*Baumann*	23081	0,8
27	*Hofmann*	40742	1,4	62	*Krämer, -ae-*	23028	0,8
28	*Krause*	40063	1,4	63	*Lorenz*	22871	0,8
29	*Werner*	39245	1,4	64	*Böhm, -oe-*	22791	0,8
30	*Meier*	38898	1,4	65	*Albrecht*	22080	0,8
31	*Schmid*	37039	1,3	66	*Simon*	21988	0,8
32	*Schulze*	36712	1,3	67	*Ludwig*	21834	0,8
33	*Lehmann*	35416	1,2	68	*Schumacher*	21520	0,8
34	*Köhler, -oe-*	34386	1,2	69	*Franke*	21470	0,8
35	*Maier*	34222	1,2	70	*Schuster*	21256	0,7

		Anzahl	‰			Anzahl	‰
71	*Winter*	21024	0,7	106	*Peter*	15357	0,5
72	*Schulte*	20922	0,7	107	*Arnold*	15355	0,5
73	*Kraus*	20726	0,7	108	*Voigt*	15341	0,5
74	*Stein*	20669	0,7	109	*Franz*	15291	0,5
75	*Vogt*	20642	0,7	110	*Lindner*	15053	0,5
76	*Otto*	20585	0,7	111	*Peterson*	15025	0,5
77	*Martin*	20531	0,7	112	*Wenzel*	14847	0,5
78	*Groß*	20405	0,7	113	*Nagel*	14614	0,5
79	*Sommer*	19546	0,7	114	*Seifert*	14561	0,5
80	*Brandt*	19450	0,7	115	*Bock*	14532	0,5
81	*Haas*	18823	0,7	116	*Paul*	14393	0,5
82	*Heinrich*	18401	0,6	117	*Barth*	14367	0,5
83	*Schreiber*	18355	0,6	118	*Kern*	14234	0,5
84	*Seidel*	18268	0,6	119	*Mohr*	14131	0,5
85	*Graf*	17798	0,6	120	*Kruse*	14109	0,5
86	*Kuhn*	17408	0,6	121	*Förster, -oe-*	14102	0,5
87	*Dietrich*	17407	0,6	122	*Riedel*	13976	0,5
88	*Engel*	17392	0,6	123	*Wilhelm*	13940	0,5
89	*Pohl*	17358	0,6	124	*Lenz*	13934	0,5
90	*Busch*	17269	0,6	125	*Ott*	13912	0,5
91	*Ziegler*	17260	0,6	126	*Grimm*	13854	0,5
92	*Kühn, -ue-*	17223	0,6	127	*Langer*	13783	0,5
93	*Hansen*	16938	0,6	128	*Hermann*	13751	0,5
94	*Horn*	16801	0,6	129	*Ritter*	13729	0,5
95	*Wolff*	16800	0,6	130	*Thiel*	13717	0,5
96	*Bergmann*	16682	0,6	131	*Berg*	13604	0,5
97	*Sauer*	16633	0,6	132	*Haase*	13541	0,5
98	*Thomas*	16467	0,6	133	*Hoppe*	13357	0,5
99	*Ernst*	16402	0,6	134	*Zimmer*	13175	0,5
100	*Pfeiffer*	16374	0,6	135	*Kaufmann*	13078	0,5
101	*Jansen*	16143	0,6	136	*Marx*	12982	0,5
102	*Götz, -oe-*	16136	0,6	137	*Jahn*	12938	0,5
103	*Hübner, -ue-*	16113	0,6	138	*Arndt*	12929	0,5
104	*Beyer*	15943	0,6	139	*Fritz*	12895	0,5
105	*Kramer*	15476	0,5	140	*Lutz*	12778	0,4

Schweiz

		Anzahl			Anzahl
1	*Müller*	35394	21	*Roth*	7324
2	*Meier*	21705	22	*Suter*	6942
3	*Schmid*	19312	23	*Bachmann*	6922
4	*Keller*	15013	24	*Baumgartner*	6902
5	*Weber*	13604	25	*Studer*	6567
6	*Huber*	12017	26	*Kaufmann*	6549
7	*Schneider*	11823	27	*Bucher*	6469
8	*Meyer*	11774	28	*Bühler*	6450
9	*Steiner*	10611	29	*Kunz*	6416
10	*Fischer*	9728	30	*Berger*	6366
11	*Brunner*	9208	31	*Lüthi*	6182
12	*Baumann*	9186	32	*Frey*	6175
13	*Gerber*	9050	33	*Marti*	6037
14	*Frei*	8991	34	*Hofer*	5963
15	*Zimmermann*	8575	35	*Lehmann*	5599
16	*Moser*	8533	36	*Zürcher*	5533
17	*Widmer*	8472	37	*Schweizer*	5516
18	*Wyss*	8115	38	*Christen*	5438
19	*Graf*	7982	39	*Martin*	5113
20	*Peter*	7364	40	*Egli*	5103

Österreich

		Anzahl			Anzahl
1	*Gruber*	13069	21	*Maier*	6365
2	*Huber*	12836	22	*Schmidt*	5982
3	*Bauer*	11406	23	*Reiter*	5780
4	*Müller*	10528	24	*Mayr*	5769
5	*Wagner*	10443	25	*Wolf*	5617
6	*Mayer*	9303	26	*Lang*	5368
7	*Steiner*	9050	27	*Baumgartner*	5326
8	*Pichler*	8940	28	*Brunner*	5309
9	*Moser*	8617	29	*Wimmer*	5250
10	*Hofer*	8337	30	*Egger*	5243
11	*Berger*	8148	31	*Auer*	5236
12	*Fuchs*	7607	32	*Binder*	4880
13	*Leitner*	7587	33	*Wallner*	4766
14	*Fischer*	7224	34	*Lechner*	4724
15	*Eder*	7169	35	*Aigner*	4375
16	*Schmid*	7006	36	*Koller*	4344
17	*Weber*	6626	37	*Schuster*	4199
18	*Schwarz*	6596	38	*Lehner*	4167
19	*Schneider*	6584	39	*Haas*	4146
20	*Winkler*	6552	40	*Graf*	3660

Register

Nachnamenregister

Sachregister

Bildnachweis

Die Karten über die Verteilung von Familiennamen auf den Seiten 25, 32, 57, 73, 94, 142, 143, 217, 262, 264 stammen von Konrad Kunze.

Die Tabellen über die Häufigkeit von Familiennamen in Deutschland, Österreich und der Schweiz auf den Seiten 305–307 nach: Konrad Kunze, dtv-Atlas Namenskunde. Graphiker Hans-Joachim Paul. © 1998 Deutscher Taschenbuch Verlag, München.